한국의 시민과 시민 사회

국립중앙도서관 출판시도서목록(CIP)

한국의 시민과 시민 사회 : 사사로운 개인에서 공공의 시민으로 / 박영신, 이승훈 지음. -- 서울 : 북코리아, 2010
p. ; cm

색인수록
ISBN 978-89-6324-091-6 93330 : ₩13000

시민 사회[市民社會]

330.904-KDC5
301-DDC21 CIP2010004367

한국의 시민과 시민 사회

- 사사로운 개인에서 공공의 시민으로

박영신 · 이승훈 지음

북코리아

머리말 PREFACE

언제부터인지 학계 안팎으로부터 시민 사회에 대한 논의가 뜨겁다. 경쟁과 효율성이 모든 판단의 척도가 되어 버린 현대 사회에서 인간성의 파괴를 우려하는 사람들도, 개인과 사회의 도덕 이상을 실현하는 수단으로서의 정치 권력이 거꾸로 개인들의 참여를 배제하고서 이들을 오히려 수단시하고 있는 현실을 개탄하는 사람들도, 모두가 시민 사회의 활성화를 대안이라고 말한다. 시민 사회가 마치 현대 사회가 겪고 있는 모든 문제들에 대한 만병통치약이라도 된 듯하다.

하지만 그 뜨거운 관심만큼 시민 사회에 대한 깊이 있는 논의를 찾기 어려운 것도 사실이다. 시민 사회에 관한 서구 이론과 논쟁들도 많이 소개되었고, 그 이론에 비추어 우리 시민 사회의 역사와 특성을 분석한 글들도 적지 않다고 할 수 있다. 그럼에도 불구하고, 실제로 시민 사회를 움직이는 시민들과 이들 활동의 바탕이 되는 시민 사회의 문화 가치에 대한 관심과 분석은 의외로 소홀했던 것도 사실이다. 한국 시민 사회를 깊이 있게 분석하기 위해서는, 시민 사회를 만들고 그 안에서 활동하는 시민들이 어떤 언어와 가치지향성을 가지고 있는지, 그들이 무엇을 위해, 어떤 방식으로 결속 관계를 만들고 있는지를 먼저 분석해야 한다. 이에 대한 분석이 전제되지 않는다면 시민 사회에 대한 수많은 논의들은 뿌리없는 공허한 주장들이 되기 쉽기 때문이다.

이 책으로 묶은 글들은 이런 문제 의식을 바탕으로 쓰여진 것들이다. 각기 다른 사람이, 다른 시기에, 서로 다른 지면을 통해 발표한 글들이다. 그렇지만 두 글쓴이의 문제의식은 결코 다르지 않다고 할 수 있다. 그것은 두 사람이 스승과 제자로서의 첫 만남에서부터 동료 연구자로서 교류하고 있는 오늘에 이르기까지, 적지 않은 시간 동안 동일한 학문 공동체 안에서 함께 다듬어 온 것이기 때문이다.

이 책은 다음과 같은 순서로 구성되어 있다. 제1부 시민 사회와 공공성에서는 시민 사회가 직면하고 있는 문제를 공공성이라는 관점에서 논의하고 있다. 이를 위해서 공공성의 개념과 사상, 그리고 공공성을 둘러싼 논쟁의 역사를 간략하게 소개한다. 제2부 시민 사회와 시민 문화에서는 우리 시민 사회의 문화 바탕에 대한 논의를 하고 있다. 깊은 차원에서 시민 사회의 활동을 조건지우고 있는 문화와 종교의 문제를 다루고 있으며, 같은 맥락에서 문화 형성 또는 변혁에 인문학이 어떤 역할을 할 수 있는지를 탐색하는 글을 포함하고 있다. 마지막 제3부 공공의 시민 만들기에서는 실제 공공 의식을 갖춘 시민이 어떻게 만들어지는지에 대한 관심을 담고 있다. 실제 사회운동 참여자들과의 인터뷰를 통하여 이들이 어떤 관심과 가치, 계기, 그리고 과정을 통해서 사회운동에 참여하게 되었는지를 밝혀 보고 있다.

이 책을 엮으면서 가졌던 문제의식이 이 글들을 통해서 충분히 해결되었다고 할 수는 없을 것이다. 다만 그러한 관심과 논의가 이 글들을 통해서 좀 더 깊어지고 풍성해지기를 기대할 뿐이다. 글쓴이들 또한 한국의 시민과 시민 사회에 대한 논의의 확장과 심화를 위해서 계속해서 노력할 것이다.

부족하나마 이 글들이 엮여져 나오는 데 많은 분들의 도움이 있었다. 같은 연구실에서 공부하면서 스승과 제자, 선배와 후배, 동료들로서 맺었던, 사회학 연구 모임의 구성원들에게 먼저 감사한다. 이 글들의 많은 부분은 이들과의 토론을 통해서 구체화된 것들이라 할 수 있을 것이다. 그리고 책의 출판을 주저하고 있을 때, 먼저 나서서 책의 가치를 인정해주고 출판을 격려해주었을 뿐 아니라, 출판사를 직접 소개해주었던 숭실대학교 박정신 교수에게도 감사를 드린다. 아마 그의 도움이 없었다면 이 책은 출판은 불가능하거나, 아니면 훨씬 더 늦어졌을 것이다. 마지막으로 결코 만만치 않은 출판 시장 상황에도 불구하고 별다른 상품성도 없는 사회과학 책의 출판을 기꺼이 허락해주신 북코리아 이찬규 사장님께도 감사의 마음을 전한다.

2010년 11월

ㅂㅇㅅ/ㅇㅅㅎ

차 례 CONTENTS

제 1 부

시민 사회와 공공성

제1장

근대와 공공성 딜레마

1. 들어가는 말

최근 우리 사회에서 공공성과 관련된 논쟁이 한창이다. 한국에서 공공성 논의가 주목받게 된 배경은 크게 정치적 민주화와 외환위기로부터 비롯된 신자유주의라는 사회적 변화 때문이었다.[1] 두 가지의 변화는 한국 사회에 이해관계와 권리 주장, 그리고 경쟁의 논리를 급속하게 확산시켰다. 민주화는 공공 영역에서 개인의 기본권에 대한 주장을 활성화시켰고, 신자유주의는 경쟁력 강화라는 명목으로 많은 사람들을 시장으로 몰아갔다. 결국 민주화와 자유주의는 우리 사회에 이해관계의 논리와 권리 주장을 급속하게 확장시키는 결과를 낳았다. 이런 맥락에서 사회 전체의 도덕 질서와 공공선에 대한 논의가 제기되는 것은 당연한 것이었다. 하지만 한국에서의 공공성

1 신광영, "노동운동과 공공성," 『문화과학』 제23호(2000), 79쪽; 오건호, "노동운동의 사회공공성 활동에 대한 평가와 제안: 요구에서 참여로," 『시민과 세계』 제11호(2007), 70쪽; 최현, "시민운동의 진로 모색: 노동 없는 민주주의?" 『시민과 세계』 제11호(2006), 87-92쪽 등을 볼 것.

논의는 매우 혼란스럽다. 무엇보다도 각자가 사용하는 공공성의 개념이 입장에 따라 매우 다르다.[2] 공공성 문제나 그 해법에 대한 진단 또한 각각 다른 차원에서 진행됨으로써, 생산적인 토론보다는 서로의 입장 차이만을 확인하는 결과를 낳곤 한다. 따라서 이론적 차원의 공공성 개념과 문제틀, 그리고 공공성 실현을 위한 여러 대안 등을 체계적으로 다루는 작업이 무엇보다도 필요하다고 생각한다. 이런 맥락에서 이 글은 서구 사상의 전통에서 공공성 문제가 어떻게 다뤄져 왔는가를 분석하는 데 목적이 있다. 비록 서구 사상 중심의 논의이지만, 현재 혼돈스럽게 진행되는 한국 사회의 공공성 논의에도 시사하는 바가 많으리라고 생각된다.

사실 공공성에 대한 관심은 그 역사가 매우 오래되었다고 할 수 있다. 서구의 경우, 공공성 문제는 근대, 곧 개인들이 중세의 전통, 신분, 종교 질서로부터 해방되고, 개인의 행위 동기로서 이해관계에 주목하기 시작하면서 본격적으로 논의된 것이라 할 수 있다. 사회의 구성원들이 각자 자신의 이해관계만을 추구한다면, 사회의 질서가 과연 유지될 수 있겠는가? 각 개인의 이해관계를 초월하는 도덕적 질서는 어떻게 만들어져야 하는가? 이처럼 근대의 질서 문제는 곧 공공성 문제에 다름 아니었다. 이 문제를 도스토예프스키는 자신의

2 '공공성'을 특집으로 다루고 있는 한 학술지 논문들만 봐도 여러 차원에서 공공성 개념을 규정하고 있다. 각각의 입장에 따라, 공공성 특징을 탈시장화/탈이윤화 또는 '강제된 비계급성'으로 규정하는가 하면, 한편에서는 공동체의 구성원 모두가 배제되지 않는, 참여의 확대와 연대를 공공성의 내용으로 규정하기도 한다(이를 보기 위해서는, 공공성을 특집으로 다루고 있는 『시민과 세계』, 11호(2007)를 볼 것). 공공성과 관련된 이러한 규정들은 모두 다 맞는 말이지만, 동시에 공공성 개념의 한 가지 차원만을 지적하는 한계를 가지기도 한다. 공공성 개념의 다차원성에 대해서는 2절에서 다루기로 한다.

소설 속에서 이반 카라마조프의 입을 통해 다음과 같이 표현했다. "신이 없다면 무슨 일인들 못할 것인가?" 중세를 지탱해주던 종교적 질서가 세속화되었다면, 이것을 대신할 새로운 도덕 질서의 근원은 어디서 찾아야 하는가라고 물었던 것이다. 따라서 공공성 문제는 중세의 질서가 무너진 곳에서, 새로운 근대 질서를 어떻게 세울 것인가라는 맥락으로부터 제기되었다.

따라서 이 글은 서구 근대 질서의 형성 과정에서 공공성의 이슈가 제기된 맥락은 무엇이며, 공공성의 개념과 그 딜레마는 무엇인지, 그리고 더 나아가 그 딜레마를 해결하기 위한 대안으로서 어떤 해법들이 제시되었는지를 밝혀보고자 한다. 이를 위해 이 글은 다음과 같은 순서로 구성된다. 먼저, 일상생활에서 공(the public)과 사(the private)라는 용어가 어떻게 사용되는지를 살펴보고, 이를 바탕으로 공공성의 개념들을 규정할 것이다. 그런 다음 공공성의 다양한 의미들을 크게 3가지 차원으로 유형화하고자 한다. 공공성의 개념에는 여러 차원들의 의미가 포함되어 있고, 각각의 차원들은 서로 연결되어 있기도 하지만, 동시에 갈등과 모순 관계를 나타내기도 한다. 공공성 논쟁의 핵심에는 언제나 공공성 개념의 각 차원들이 가지는 이러한 모순과 갈등 관계가 밑바탕에 깔려있다. 이를 바탕으로 마지막 절에서는 공공성의 다차원성과 그 딜레마를 해결하기 위한 여러 접근 방식들을 유형별로 분류하여 설명하고자 한다. 공공성 논의는 언제나 그 실현 주체의 문제를 포함하고 있다. 공공성 실현을 위한 구체적인 대안 역시 공공성의 실현을 가능케하는 주체가 무엇인가라는 문제로 환원될 수 있다. 이 글에서는 개인 안에 내재하는 사회성, 계급, 국가, 공동체 등으로 주체를 유형화하고, 각 유형에 속하는 학자들의 사상을 예로 들어 설명할 것이다.

이 글은 서구의 근대 사상을 분석 대상으로 삼고 있지만 사상사를 다루려는 것은 아니다. 그보다는 공공성의 개념과 실현 방식을 유형화하고 명확히 함으로써, 구체적인 수준에서 진행되는 한국의 공공성 논쟁에 일정한 분석틀을 제시하는 데 목적이 있다. 그런 이유로 이 글에서 다뤄지는 사상가들은 사상사에서 차지하는 비중이 아니라, 유형을 설명하는 데 얼마나 적합한가라는 기준으로 선택되었다. 또한 이 글은 공공성에 대한 역사적이고 현실적인 분석을 목표로 하지 않는다. 공공성 개념과 사상에 더 많은 초점을 두고 있다. 여기에서 인용되는 현실 사례들 역시 개념과 사상의 이해를 돕기 위한 수단으로서 활용될 뿐이다.

2. 공공성 개념과 유형화

'공공성'(publicness)란 말 그대로 '공적인 것'(the public)의 특성을 의미하는 것이다. 곧, 공적인 영역에 적합한 특성 또는 규범적 속성을 의미하는 것이라 할 수 있다. 따라서 공공성의 개념을 규정하고 이해하기 위해서는 먼저 '공적인 것'과 '사적인 것'의 의미를 파악할 필요가 있다.

하지만 공과 사의 의미와 경계는 초역사적으로 규정되어 있는 것이 아니다. 그것은 역사에 따라서 많은 변화를 겪어왔고, 또한 사회마다 매우 다양한 형태를 띠고 있다. 따라서 공공성 개념에는 오랜 시간 동안의 역사 변화와 다양한 사회 배경이 중첩되어 있을 수밖에 없고, 그런 이유로 공공성 개념을 한마디로 규정하고 유형화하기는 쉽지 않다.[3] 이번 절에서는 일상적으로 사용되는 수사적 의미에서 '공'과 '사'의 개념을 규정하고, 그것이 이론적 입장에 따라서 어떻게 활용되고 있는지를 살펴보고자 한다. 그런 다음 공공성의 개념을 유형화하고 그 개념에 가진 딜레마를 밝혀볼 것이다.

1) 공과 사의 구분

'공적인 것'의 일상적인 의미는 서로 밀접하게 관련된 네 가지 차원으로 나누어 살펴볼 수 있다.[4] 첫째는 가시성과 비가시성에 따른 구분이다. 다른 사람들에게 보이고 들리는 것은 공적인 것이고, 다른 사람들의 시선으로부터 숨겨져야 할 것은 사적인 것으로 분류된다.[5] 우리가 '사생활'이란 말을 사용할 때 이런 차원에서의 공과 사 구분을 따르고 있는 것이다. 본래 '사적인 것'(the private)은 '박탈'(to deprive)을 의미하는 라틴어 'privatus'에서 유래하였다.[6] 곧, 사적인 것이란 다른 사람들의 시선으로부터 박탈되었음을 의미하였다.

한편 타인의 시선을 받을만한 가치가 있는 활동과 타인의 시선으로부터 감추어져야 할 활동의 내용은 시대에 따라 다르게 규정되었다. 고대 그리스에서는 생존을 위한 영역인 '필연'의 영역과 효율성

3 공과 사의 의미와 경계가 (서구에서) 역사적으로 어떻게 변해왔으며, 비서구 사회에서는 어떻게 이해되었는지를 보기 위해서는, S. I. Benn/G. F. Gaus, *Public and Private in Social Life*(New York: St. Martin's Press, 1983)를 볼 것.

4 이 글은 철저히 서구에서의 논의를 바탕으로 한다. 동양에서의 공과 사의 의미는 서구와는 또 다른 형태의 분석을 필요로 한다. 동양과 서양의 비교를 보기 위해서는, 최석만, "공공과 사사: 유교와 서구 근대 사상의 생활 영역 비교," 『동양사회사상』 제5집(2002)을 볼 것.

5 Jeff Weintraub/Krishan Kumar, *Public and Private in Thought and Practice*(The University of Chicago Press, 1997), 5쪽.

6 Hannah Arendt, 『인간의 조건』(이진우 · 태정호 옮김)(서울: 한길사, 1996), 112쪽.

의 원리가 지배하는 '필요'의 영역, 곧 가정과 경제 생활은 타인의 시선을 받을만한 가치가 없는 것으로 사적인 영역으로 분류되었다. 오직 공동체 일을 논의하는 정치의 영역만이 각자의 개성을 드러낼 수 있는 자유의 공간으로서 다른 사람들의 시선을 받을만한 공적 활동에 해당하였다.[7] 하지만 근대의 등장은 이러한 공과 사의 지형을 바꾸어 놓았다. 시장 경제의 등장과 계약적 관계가 사회의 주요 영역을 차지하게 되면서, 시장 영역은 공적 영역으로 자리를 옮기게 되었다. 이제 공적 영역은 이기적 개인주의와 비인격적인 관계가 지배하는 공간이 되었다. 이와 함께 타인의 시선으로부터 감춰져야 할 사적 영역도 그 의미가 변하게 된다. 가족애, 사랑, 우정 등과 같은 친밀성의 영역이 사적 영역으로 자리매김된 것이다.[8]

페미니즘에서의 공사 구분은 이러한 분류를 따른다. 이들은 사적 영역을 가사의 영역으로, 그리고 가족 외부의 정치 및 경제 활동을 공적 영역으로 규정한다. 그리고 이러한 공사 영역이 사회구조와 이데올로기에 의해 젠더화되었다고 주장한다. 곧, 사적 영역을 여성의 활동 영역으로, 공적 영역을 남성의 활동 영역으로 고정시키면서, 가사 활동을 비가시성으로 영역으로 밀어넣었다는 것이다. 이로써 여성의 활동인 가사 영역이 이론적 논쟁이나 사람들의 관심으로부터 벗어나 억압되었다고 본다.[9]

한편 공적 영역을 '사회성'(sociability)의 공간으로 분류하는 논의도 이러한 가시성에 의해 공사 영역을 분류한다. 여기에서 '사회성'이란

---

7 윗글, 102-112쪽.

8 Jeff Weintraub/Krishan Kumar, 윗글, 35-36쪽.

9 윗글, 28쪽.

구체제(old regime)에서 익명의 타자들 사이의 관계를 중재해주던 관례나 관습을 의미한다. 앞서 본 것처럼, 근대 사회는 인간 관계를 친밀한 사적 관계와 계산적이고 비인격적인 공적 관계로 극단화시켰다. 하지만 과거 공적 영역의 인간 관계는 친밀하지는 않지만, 그렇다고 비인격적이지도 않은 '사회성'에 의하여 중재되었다.[10] 구체제는 익명의 사람들이 서로 상호교섭할 수 있는 의례(ritual)와 문화적 각본을 제공하였기 때문에, 근대 사회처럼 사회의 구성원들이 원자화되어 소외되지 않을 수 있었다는 것이다. 이것이 아리에스(Aries)가 구체제 사회에서 "삶이란… 공적으로 영위되었다"라고 말한 맥락이다. 이들이 추구하였던 공동체는 고대 그리스의 폴리스와 같은 정치 공동체가 아니라 코스모폴리스(cosmopolis)였다. 다양성과 개방성 그리고 공동체적 결속이 아닌 다양한 집단들의 비정치적 공존 등이 이들의 이상이었다.[11] 따라서 이들에게 공적 영역이란 근대 사회에서 사라진 구체제의 상호교섭의 공간을 의미한다.

두 번째 차원은 접근의 개방성(openness)에 따른 구분이다. 모든 사람들에게 접근이 개방되어 있는 것을 공적인 것으로, 그리고 소수에게만 접근이 제한되어 있는 것을 사적인 것으로 규정한다. 공공장소, 공공 영역, 사유 재산과 공공재 등은 이러한 차원에 따른 용법이다.[12] 시민됨(citizenship)[13]과 관련하여 논의되는 공공성 개념이 주

10 Richard Sennett, *The Fall of Public Man*(Norton, 1992), 16-19쪽.

11 Jeff Weintraub/Krishan Kumar, 윗글, 18쪽, 26쪽.

12 S. I. Benn/G. F. Gaus, 윗글, 7-8쪽.

13 Citizenship은 보통 '시민권'으로 번역된다. 이런 번역은 법률적인 권리 개념의 뉘앙스를 강하게 풍긴다. 하지만 Citizenship과 관련된 논의에서 이 개념은 공공 활동에 대한 관심과 참여 등 시민 미덕과 연관되어 쓰이고 있다. 따라서 이 글에서는 공공의식을 가진 시민이라는 의미에서, 또한 이러한 시민은 태어나는 것이 아니고 만들

로 이러한 차원에서 공과 사를 구분한다. 이들에게 공적 영역은 정치의 영역을 뜻한다. 보통 정치의 의미는 두 가지 뜻으로 쓰인다. 하나는 주권(sovereignty)의 개념으로 법률의 집행과 행정을 통해 다스리는 중앙집권화된 통치 기구라는 의미이며, 다른 하나는 고대 폴리스 또는 공화주의 전통에 기초한 것으로, 집단적인 의사결정 과정에의 참여를 의미하는 개념이다. 시민됨에서 공적 영역으로 분류되는 정치는 후자에 해당한다. 다시 말하면, 지배와 추종이라는 의미가 아니라, 토론과 심의, 집단적 의사결정으로서의 정치를 의미하는 것이다.[14] 따라서 이들에게 공공성이란 의사결정 과정이 소수에게 제한된 것이 아니라, 관련된 모든 사람들에게 개방되어 있다는 의미로 쓰이게 된다. 새터민, 이주노동자 등 다문화주의에 대한 논의나 공공 여론의 형성 등과 관련된 논쟁에서 사용되는 공공성 개념이 이 차원에 해당한다.

세 번째 차원은 행위자의 지위에 따른 공사의 구분이다. 행위자가 자신을 위하여 행동하게 될 때 사적인 것으로, 공동체나 국가의 관리로써 행동할 때 공적인 것으로 규정한다. 그것은 다른 말로 하면, 행위 결과가 미치는 범위에 따른 공사 구분과 유사하다고 볼 수 있다.[15] 사적 지위자의 행위는 그 결과가 교류에 직접적으로 관련된 사람들에게 국한되지만, 공적 지위에 있는 행위자의 행위 결과는 직접적으로 연관된 사람들을 넘어서는 효과를 가지기 때문이다. 이때 공적인 것은 관직(official)을 의미하며, 따라서 국가가 공공성의 담지

어진다는 과정적 의미를 강조하고자 '시민됨'으로 쓰고자 한다.

14 Jeff Weintraub/Krishan Kumar, 윗글, 11-12쪽.

15 신진욱, "공공성과 한국사회," 『시민과 세계』 제11호(2007), 6쪽.

자로서 규정된다.[16] 여기에서의 공적 영역 역시 정치의 영역을 의미하지만, 앞서 보았던 '시민됨'이라는 의미에서가 아니라, 주권이라는 통치 기구라는 뜻에서이다. 공무원이라는 용어는 이에 해당하는 용법이다.

이러한 공사 구분을 사용하고 있는 입장은 자유주의 경제학 모델이다. 이 모델에 따르면, 국가의 행정, 공공 부문, 정부 조직 등을 공적으로 영역으로, 시장 경제, 사적 부문, 비정부조직 등을 사적인 영역으로 분류된다. 이들에게 사회란 합리적으로 자기 이해를 추구하는 개인들로 이루어져 있다. 따라서 사회 질서도 공리주의적 개인과 국가 사이의 균형의 문제로 이해한다. 한편에서는 '보이지 않는 손'에 의한 이해관계의 자연스러운 조화를 질서의 근원으로 보는가 하면, 다른 한편에서는 보상과 처벌 구조를 통하여 개인들이 합리적으로 자신의 이해관계를 추구할 수 있도록 강제하는 국가 기구를 질서의 근원으로 파악한다.[17]

마지막으로 네 번째 차원의 공사 구분은 개인과 집단에 따른 구분이다. 여기에서 개인이나 개인과 관련된 것은 사적인 것으로, 집단이나 전체의 이익과 관련된 것은 공적인 것으로 규정된다. 이러한 구분은 부분과 전체 사이의 구분이라는 형태를 띠기도 한다.[18] 최근에는 환경 등의 이슈와 관련하여, 집단 또는 전체의 범위가 현재 공동체에 소속된 모든 구성원들 뿐 아니라, 앞으로 다가올 세대까지를 포함하는 것으로 확대되어 사용되기도 한다. 일상적으로 사용하는

16 S. I. Benn/G. F. Gaus, 윗글, 9-10쪽.
17 Jeff Weintraub/Krishan Kumar, 윗글, 9쪽.
18 S. I. Benn/G. F. Gaus, 윗글, 9-10쪽; 신광영, 윗글, 78-79쪽.

공익 또는 공공선이라는 말은 이와 같이 포괄적인 의미에서 부분이 아닌 전체의 이익을 뜻하는 것이다.

이 네 번째 차원의 공공성은 모든 이론적 입장들이 궁극적으로 추구하는 목표이다. 다만 그것에 접근하는 방법이 서로 다를 뿐이다. '가시성' 또는 '접근의 개방성'으로 공적인 것을 이해하는 입장에서는 다양성의 공존이나 모든 사람들의 참여 그 자체가 공익의 실현이라고 주장한다. 이들에게 공동체 전체의 이익이란 실체를 가진 가치가 아니다. 모든 사람들이 합의하면 그것이 공익으로서의 가치를 지니는 것이라 할 수 있다. 따라서 이해관계를 추구하는 것이 반드시 공공성의 가치와 대치되는 것은 아니다. 자유주의 모델이 이러한 입장과 비슷하다. 반면 공익을 구체적 내용을 지닌 특정한 가치로 이해하는 입장에서는 이와는 다른 접근 방법을 취한다. 사회를 개인의 욕망이나 이해관계에 맡겨둘 때 공동체 전체의 이익이 훼손되기 때문에, 설득이나 강제력을 통하여 개인의 이해관계와 욕망을 제어할 수 있어야 한다고 주장한다. 도덕적 실체로서 국가를 상정하고 있는 헤겔이나 폴라니의 논의[19](Stanfield, 1997: 159-160), 그리고 공동체주의자들의 주장이[20] 여기에 해당한다. 사실 이러한 두 가지 접근방법은 공공성 개념이 가지고 있는 주요한 딜레마 가운데 하나이다. 그리고 이것은 앞서 살펴보았던 다차원적 공공성 개념이 내재적으로 가지고 있는 딜레마이기도 하다. 지금까지의 논의를 그림으로 정리하면 다음과 같다.

---

19 J. R. Stanfield, 『칼 폴라니의 경제사상』(운용찬 옮김)(서울: 한울아카데미, 1997), 159-160쪽.

20 Stephen Mulhall/Adam Swift, *Liberals and Communitarians*(Blackwell, 1995), 31쪽.

〈표 1.1〉 공과 사의 구분[21]

	공/사 구분	사적 영역	공적 영역	사회사적 준거
공화주의 이론	접근성	가정(oikos)	정치 공동체	고대 폴리스
연기론적 접근 (dramaturgic)	가시성	가정 (domesticity)	사회성 (sociability)	구체제 (Old Regime)
페미니즘	가시성	가정	시장 경제	자본주의
주류 경제학	집합성	시장 경제	정부(행정 개입)	자본주의

이상의 표가 나타내는 것처럼, 공공성의 개념 규정은 매우 다차원적이고, 역사적 맥락에 따라, 또한 이론적 입장에 따라서 다양하게 규정될 수 있다. 하지만 공공성을 총체적으로 이해하기 위해서는 이러한 다차원성을 함께 고려하여, 그것이 가지는 딜레마와 가능성을 종합적으로 판단해야 한다.

2) 다차원적 공공성과 딜레마

앞서 공과 사의 경계를 구분하는 기준을 크게 4가지 차원에서 살펴보았다. 그 각각의 차원들을 분석하면, 공공성은 크게 3가지 유형으로 구분할 수 있다. 첫 번째 유형은 '절차적 공공성'이다. '가시성'이나 '접근성'이라는 기준에서 사용되는 공사의 구분이 여기에 해당한다. 가시적 투명성과 모든 사람들에 열려진 접근성이라는 기준은 공공성을 구성하는 기본 전제에 해당한다. 어느 누구도 비밀스럽게 행해진 일과 소수의 독점에 의한 결과를 공공성이라고 말 할 수 없

21 이 표는 와인트로브와 쿠마의 그림(Jeff Weintraub/Krishan Kumar, 윗글, 35쪽)에 공/사의 수사학적 개념을 덧붙여 글쓴이가 재구성한 것이다.

기 때문이다. 따라서 '가시성'이나 '접근성'이라는 차원의 공공성 개념은 결과보다는 절차적 정당성을 의미하는 것으로 사용되곤 한다. 공공성 두 번째 유형은 '내용으로서의 공공성'이다. 개인(부분)과 전체라는 공사의 구분이 여기에 해당한다. 개인(부분)이 아닌 전체라는 의미로 공공성의 용어를 사용할 때, 그것은 전체와 관련된 어떤 속성이라는 뜻을 가진다. 곧 과정이나 절차가 아니라, 특정한 내용을 담고 있는 용어가 된다. 이때 공공성은 개인이나 부분이 아닌 전체의 이익, 곧 공익을 의미한다고 볼 수 있다. 이러한 내용으로서의 공공성은 절차적 공공성의 결과로서 확보되어야 한다. 절차적으로 정당하다 할지라도 그 결과가 전체가 아닌 소수의 이익을 옹호하게 된다면 진정한 의미에서의 공공성이라고 할 수 없기 때문이다. 마지막으로 세 번째 유형의 공공성은 주체로서의 공공성이다. 곧 절차적 공공성에 기반하여 내용으로서의 공공성을 끌어내는 실천의 주체를 의미하는 공공성이다. 일상에서 국가와 관련된 활동이 공적인 것으로 이해되는 것은, 국가야말로 절차적 정당성에 기반하여 공공성의 내용을 실현할 수 있는 주체라고 생각하기 때문이다. 최근에는 세계화 흐름과 맞물려 국가를 더 이상 공공성의 독점적 주체로 파악하지는 않는다. NGO, UN 등과 같은 초국가 기구들도 새로운 공공성의 주체로서 주목받고 있다. 하지만 국가가 가장 대표적인 공공성의 주체로서 거론되는 것은, 그것이 현실적으로 타당하든 그렇지 않든, 부정할 수 없을 것이다. 지금까지 논의한 공공성의 유형과 그 관계를 그림으로 나타내면 다음과 같다.

〈그림 1.1〉 다차원적 공공성 개념

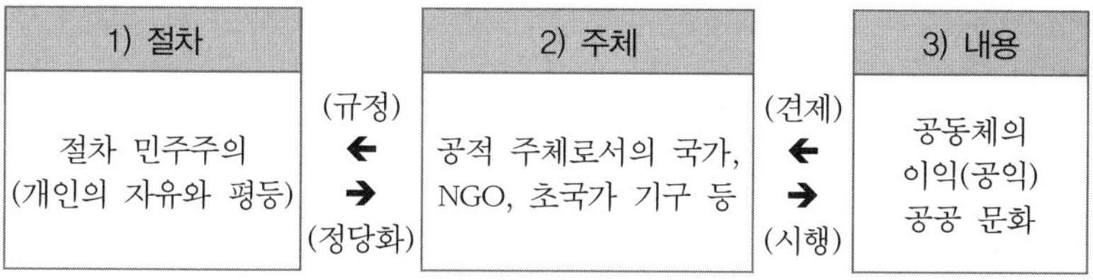

이처럼 세 가지 유형의 공공성 개념을 포괄적으로 함께 고려할 때 비로소 공공성을 종합적으로 이해했다고 할 수 있다. 개인의 자율성과 평등에 기반한 참여는 공적 주체로서의 활동에 정당성을 부여한다. 그리고 공공성의 주체는 이러한 정당성을 바탕으로 구체적인 공익을 실현하게 된다. 역으로 실현된 공공성의 가치들은 활동 주체의 행위를 견제하는 역할을 하게 되고, 나아가 구성원의 자격과 참여 범위를 제한함으로써 절차 민주주의 바탕을 마련하게 된다. 하지만 대부분의 공공성 논의는 이 가운데 어느 한 차원만을 강조하는 경향이 있다. 그래서 같은 공공성 개념을 가지고 서로 다른 내용의 주장을 하게 되는 것이다.

한편 절차, 주체, 내용 등과 같은 공공성 개념의 각 차원들은 서로를 보완하는 관계이면서, 동시에 서로 모순되는 내용들을 담고 있는 긴장관계이기도 하다. 따라서 공공성 개념에는 내재적 딜레마가 존재한다. 가장 먼저 지적할 수 있는 딜레마는 절차적 공공성과 공적 주체 사이에 존재하는 긴장이다. 모든 사람들에 대한 접근의 개방성을 요구하는 절차적 공공성은, 구성원의 자격과 범위를 제한하는 공적 주체의 활동과 긴장 관계를 갖게 될 수밖에 없기 때문이다. 보기를 들어, 한나 아렌트가 근대의 민족 국가의 모순을 지적한 것도 이러한 딜레마에 해당한다고 볼 수 있다. 그녀에 따르면, 민족 국가는 민족과 국가라는 각각 서로 다른 갈등적 원칙에 기초해 있기 때문에, 이 둘을 연결시킨 근대 국가는 내재적으로 긴장을 포함할 수밖에 없다고 본다.[22] 근대 국가의 구조는 그들의 민족에 상관없이 기본적으로 영토 내 살고 있는 모든 거주자들을 보호해야 할 임무가 있다. 이는 법 앞에서의 평등이란 입헌주의의 원리로 나타난다. 하지만 민족주의는 법적 범주로서의 시민을 민족의 구성원, 곧 공동체나 정체성의 범주와 동일시하였다. 따라서 민족의 구성원 아닌 사람들은 자신들의 법적 지위에 상관없이 이등 시민이 되어버리는 결과는 낳게 된다. 이러한 논리는 단지 근대 민족 국가에만 제한되지 않는다. 모든 집단적 주체들은 소속됨을 규정하는 범위와 자격에 대한 제한을 하게 된다. 그럴 경우 그러한 자격을 결여한 개인들은 자유롭고 평등한 참여의 권리를 박탈당할 수밖에 없다. 이익집단에 속하지 못한 개인들의 소외가 여기에 해당한다고 할 수 있겠다.

두 번째로 지적할 공공성 개념의 딜레마 또한 첫 번째의 문제와 밀접하게 관련되어 있다. 곧, 자유로운 개인들의 평등한 참여가 반드시 공동체 전체의 이익으로 자연스럽게 귀결되지 않는다는 문제이다. 오히려 절차적 공공성은 내용으로서의 공공성과 모순 관계에 있기도 하다. 내용으로서의 공공성을 실현하기 위해서는, 사회 구성

22 Jean L. Cohen, "Rights, Citizenship, and the Modren Form of the Social: Dilemmas of Arendtian Republicanism," *Constellations* 3권, 2호(1996), 167-168쪽; 코헨은 민족의 성원됨이 반드시 인간으로서의 기본 권리를 보장하는 것은 아니라며 한나 아렌트의 논의를 비판한다. 같은 민족 내에서 정치적 · 경제적 · 사회적인 여러 가지 이유로 기본 권리를 부정당하는 사람들이 있기 때문이다. 하지만 한나 아렌트는 당시의 시대 상황이 보여준 것처럼, 성원됨 제한과 기본권의 보장 사이에 존재하는 긴장의 가능성을 지적한 것이라고 해석할 수 있을 것이다.

원들 사이의 신뢰와 이를 바탕으로 공공 활동에 적극 참여하는 시민으로서의 미덕을 필요로 한다. 하지만 절차적 공공성이 요구하는 이해관계와 권리 주장은 이러한 전제를 위태롭게 할 수 있다. 다시 말하면, 내용으로서의 공공성을 실현하기 위해서는 장기적인 맥락에서 단기적인 개인의 이해관계나 권리 주장을 유보하거나, 사회적 약자 또는 소수자를 위하여 자신의 이해를 양보할 수 있어야 한다는 점에서 시민으로서의 미덕을 필요로 한다. 그리고 이러한 시민 미덕과 도덕성은 개인의 이해관계를 넘어서는 초월적 가치 또는 개인을 강제할 수 있는 공동체의 권위로부터 나온다.[23] 공동체에의 소속감과 구성원들의 결속이 공동체에 대한 관심과 타인에 대한 배려라는 시민으로서의 미덕을 낳기 때문이다. 하지만 절차적 공공성은 이러한 공동의 정체성 및 결속과 대립되는 측면이 존재한다. 모든 개인들의 자율성과 가치를 보편적으로 평등하게 인정하게 되면, 사람들이 함께 공유하는 공동의 가치 영역은 줄어들 수밖에 없다. 구성원 사이의 신뢰나 결속 관계를 위축시키는 것이다. 더 나아가 개인의 권리나 이해관계를 절대화함으로써 주위의 다른 사람들이나 사물들은 상대화되고 도구적 의미만을 가지게 된다. 결국 개인들 간의 갈등과 충돌을 조절하고 공익을 지향하게 할 수 있게 하는 바탕을 상실하게 되는 것이다.

셋째로 사회 구성원들의 신뢰와 결속이 반드시 전체로서의 사회의 이익과 이어지는 것은 아니라는 점에서 공적 주체와 내용으로서의 공공성 역시 긴장 관계가 존재한다. 앞서 본 것처럼, 사회 구성원

23 Adam Seligman, *The Problem of Trust*(Princeton University Press: 2000), 115쪽.

들의 신뢰 관계와 결속은 공동체에 대한 관심과 참여를 낳게 하는 중요한 전제로서 지적되었다. 자원 결사체나 집단에의 참여는 직접 접촉하는 상호 교섭을 증진시켜 신뢰와 호혜성과 같이 협동에 필요한 규범과 가치를 학습시키고, 이러한 신뢰와 호혜 규범은 공동의 목표를 보다 효과있게 달성하게 하는 바탕이 되기 때문이다.[24] 하지만 이와 반대되는 연구 결과들도 존재한다. 공동의 정체성에 기반한 공적 주체가 언제나 전체로서의 사회의 선(the good)에 이바지하는 것만은 아니라는 것이다. 오히려 사람들 사이의 신뢰와 결속 관계가 강하면 강할수록, 그것이 보편적 미덕으로 집단 밖으로 확장되기 보다는 내부로 제한되기 때문에 민주주의에 부정적인 효과를 가진다는 것이다.[25] 따라서 공공성 주체라는 개념 내에는 집단의 결속과 미덕을 내부로 제한하려는 경향과, 그것을 전체로서의 사회의 공공선에 이바지하는 방향으로 확장시키려고 하는 경향이 긴장관계를 유지하면서 함께 공존하고 있다고 볼 수 있다. 따라서 신뢰에 기초한 공동체의 결속이 언제나 전체로서의 공공선에 이바지 하는 것만도 아니다.

24 Cabriel Almond/Sidney Verba, 1972, *The Civic Culture: Political Attitudes and Democracy in Five Nations*(Princeton University Press: 1972), 309쪽; Robert Putnam, 2000, *Bowling Alone: the Collapse and Revival of American Community* (Simon & Schuster: 2000), 22-23쪽; Robert Wuthnow, 1996, *Christianity and Civil Society: the Contemporary Debate*(Trinity Press International: 1996), 46쪽.

25 Daniel Bell, "Residential Community Associations: Social Capital and Participation in Urban Neighborhoods," *American Behavioral Scientist,* 40권 5호(1998); Dylan Riley, "Civic Associations and Authoritarian Regimes in Interwar Europe: Italy and Spain in Comparative Persperctive," *Americna Sociological Review,* 70호(2005); 정재영, 『한국 교회 소집단 운동의 공동체성에대한 연구』, 연세대학교 대학원 사회학과 박사학위 논문(2001), 36-47쪽.

이상의 내용을 요약하자면, 공공성의 딜레마는 크게 두 가지 문제를 어떻게 조화시킬 것인가에 관한 것이다. 하나는 특정의 사람들을 배제하지 않은 채, 모든 개인들의 가치와 이해관계를 보편적 권리로서 인정하는 것이고, 다른 하나는 이렇게 보편적 권리를 가진 개인들이 협력하여 어떻게 공동체 전체의 이익을 추구하는, 도덕적 질서를 만들 수 있을 것인가 하는 문제이다. 앞서 보았듯이, 이 두 가지의 요구는 각자 서로를 보완하는 측면이 있지만, 동시에 서로 모순되는 측면도 존재한다. 모든 개인에 대한 보편적 권리의 인정은 공공성의 기초가 되는 절차적 정당성의 바탕이 되지만, 이 주장이 극단화되면 내용으로서의 공공성 실현을 위한 시민들의 결속과 공동체에 대한 헌신을 방해하게 된다. 반대로 공동체의 정체성과 결속, 미덕을 지나치게 강조하게 되면, 모든 구성원들의 보편적 권리에 대한 인정을 배제하거나 침해할 수 있게 되는 것이다.

3. 공공성 딜레마의 극복과 그 한계

지금까지 공공성 개념의 다차원성과 그 딜레마를 설명하였다. 이번 절에서는 서구에서 공공성 딜레마가 등장하게 된 사상적 배경을 먼저 검토하고, 이후 딜레마를 해결하기 위한 사상가들의 다양한 노력들을 유형화하여 살펴보고자 한다. 서구에서 공공성 문제가 등장하게 된 배경은 공공 영역에서 (합리적) 이성과 윤리가 분리되는 과정을 통해 알 수 있다. 근대 초 불안하게 통합되어 있었던 이성과 윤리가 어떻게 분리되기 시작했으며, 또 이를 재통합하려는, 다시 말하여 공공성의 딜레마를 극복하려는 어떤 시도들이 있었는지를 분석하고자 한다. 결국 공공성 딜레마의 극복은 공공 영역에서 이성과 윤리를 어떻게 다시 통합할 수 있을 것인가의 문제이고, 또 그것을 실현할 수 있는 주체는 무엇인가라는 문제라고 할 수 있을 것이다.

1) 인간 본질에 관한 모순적 이해

근대 공공성 문제는 이해관계를 인간 행위의 중요한 동기로 인식하게 되는 과정과 그 맥을 같이 한다. 중세 시대에는 전통과 신분 질서, 종교, 소규모의 공동체 등이 개인과 사회를 이어주는 끈이었다. 따라서 공동체로부터 분리된 자율적 개인에 대한 인식은 희미할 수밖에 없었다. 이러한 중세 질서가 16세기 종교 개혁의 영향을 통하여 균열이 생기게 된다. 캘빈주의의 등장은 친족과 토지에 기초한, 전통적이고 귀속적 결속으로부터 개인을 해방시켰다. 이는 자율적인 주체로서 개인의 등장을 가능케 한 바탕이 되었고, 나아가 사람들 사이의 관계, 곧 사회의 본질 또한 바꾸어 놓았다. 사람들 사이의 관계와 조직은 이제 더 이상 귀속적 지위에 따라 규정되지 않았다. 캘리의 표현대로, 공유하고 있는 신념, 곧 이데올로기적 유대가 새로운 사회 조직의 원리가 되었다.[26] 이제 공적 영역에서는 목적 합리적이고 형식 합리적인 행위가 지배적인 영향을 끼치게 되었다. "전통적인 신분과 혈연 등등으로 표현되는 대인간적 유대의 바탕에서 이루어졌던 전통적 생활의 유형으로부터, 원칙적으로 개인의 이익을 추구하려는 자발적인 목적 때문에 집단을 구성하는 새로운 생활의 유형이 나타났다"는 말이다.[27] 이처럼 개인의 지위와 사회 조

---

26 Adam Seligman, *The Idea of Civil Society*(Princeton University Press: 1992), 68-69쪽.

직의 원리가 바뀌면서, 당연히 개인과 사회를 이어주는 규범적 질서도 변하게 되었다. 도덕의 근원은 이제 공동체로부터 개인에게로 옮겨졌다. 도덕적 삶의 영역도 초월적인 영역이 아닌 세속의 영역으로 옮겨졌다. 베버가 명쾌하게 분석하고 있듯이, 종교개혁이 금욕주의의 원리를 수도원 밖의 세속의 영역으로 확장시켰던 것이다.

이러한 사회 변동의 맥락에서 인간 본질에 관한 새로운 이해가 등장한 것은 당연한 것이었다. 이제 인간의 정체성은 보편적이고 도덕적인 요소와 사적이고 이기적인 요소로 구분되었다. 18세기 서구에서는 인간 본질에 관한 이러한 이중적이고 모순적인 두 가지 이해가 공존하였다.[28] 먼저 사적 이해관계를 추구하는 존재로서의 인간 이해는 중세 질서가 흔들리면서 새롭게 등장한 생각이었다. 새로운 도덕 질서의 바탕으로 이해관계가 주목받은 것이다. 본래 인간의 행위 동기로서의 이해관계라는 개념은 전적으로 지배자와 정치가에 관한 것이었다. 지배자와 정치가들이 변덕스럽고 예측불가능한 열정에 휘둘리게 되면 공동체 전체가 위험에 빠질 수 있기 때문에, 이러한 사악한 열정을 제어할 수 있는 긍정적인 열정의 하나로 이해관계에 주목하기 시작했다. 지배자와 정치가들이 이해관계에 의해 행동할 때 열정의 부정적인 영향을 어느정도 통제할 수 있다고 생각한 것이다. 하지만 그 후 수십 년 동안 영국과 프랑스 저술가들이 이러한 양분법을 인간 행위 일반에 적용하기 시작하였고, 일단 이해관계라는 개념이 나타나자 이것은 곧 인간 행위의 패러다임이 되었다. 18세기 엘베티우스가 "자연의 세계가 운동의 법칙에 의하여 지배되듯

27 차성환, 『한국 종교 사상의 사회학적 이해』(서울: 문학과지성사, 1992), 249쪽.
28 Adam Seligman, 윗글(1992), 78-79쪽.

이, 도덕은 이해관계의 원리에 의하여 지배된다"라고 주장한 것도 이러한 맥락에서이다.[29] 열정은 파괴적이고 이성은 무용지물이라고 생각했던 당시의 지식인들에게 인간 행위의 동기로서 이해관계를 발견한 것은 일종의 구원의 메시지였다.

이해관계가 사회질서의 근원으로서 환영받았던 것은 크게 세 가지 이유에서이다.[30] 첫째는 예측성이다. 모든 사람들이 예측할 수 없는 열정에 의해서 행동한다면 통치가 불가능해진다. 하지만 특정한 사안에 대한 사람들의 이해관계를 알면 그의 의도를 알아내고 판단할 수 있기 때문에 사회질서를 유지하는데 유익하다는 것이다. 둘째는 불변성이다. 인간 성정의 가변성은 지속가능한 사회질서를 창조하는데 가장 큰 난관으로 생각되었다. 가장 나쁘고 위험한 특징은 대부분의 열정적 행위가 변덕스럽다는 것이었다. 반면 사람들이 이해관계에 충실하게 되면 확고부동하고 질서정연해진다고 보았다. 마지막은 이해관계의 무해함이다. 열정은 광폭하고 위험하지만 물질적 이익을 추구하는 것은 단순하고 무해한 것이라 생각되었다. 이해관계를 추구하는 상인의 부드럽고, 평화롭고, 해가 되지 않는다는 이미지는, 약탈하는 군대와 잔혹한 해적과 대비되면서 새로운 사회질서의 바탕으로 설득력을 가졌던 것이다.

반면 여전히 중세 기독교 세계관의 영향을 받아 이타적이고 도덕적인 본성을 가진 존재로 인간을 이해하려는 입장도 함께 공존하고 있었다. 세상은 여전히 신의 섭리에 의해 통치되는 질서로 이해되었

29 Albert O. Hirschman, 『열정과 이해관계: 고전적 자본주의 옹호론』(김승현 옮김)(서울: 나남, 1994), 48-49쪽.

30 윗글, 54-67쪽.

다. 이전 시대와 달라진 점이 있다면, 질서의 바탕이 되는 인간의 도덕 감정이 인격적인 신과의 직접적인 유대로부터 분리되었다는 것이다. 이제 사회 질서의 바탕은 인간 내면으로부터 찾아질 수 있는 '자연스러운 박애심'이었다.[31] 공적 영역에서 사람들이 도덕적으로 행동하는 이유는 다른 사람들로부터 인정을 받기 위한 것으로 이해되었다. 존경이나 인정에 대한 욕구는 타인의 칭찬에 근거한다. 따라서 개인의 자아는 결코 사회로부터 완전히 분리되어 고립될 수 없다. 개인의 자아 가운데는 본래부터 사회적인 요소, 곧 다른 사람들과의 유대라는 차원이 포함될 수밖에 없는 것이다.

18세기 스코틀랜드 계몽주의자들에게 이러한 인간의 두 가지 본질은 서로 긴장관계를 유지하면서도, 조심스럽게 통합되어 있었다. 이들이 새로운 질서의 도덕 바탕으로 이해관계라는 열정에 주목한 것은 사실이었다. 하지만 이 새로운 이해관계라는 열정은 신이 인간에게 심어준 자연적인 도덕 감정, 곧 사회성의 바탕 위에서 작동하는 것이었다. 이들에 따르면, 사람들이 시장에서 물건을 교환하기 위해 만날 때도 그 밑바탕에는 다른 사람들의 인정의 욕구가 작동하게 된다. 시장에서의 교환이 단순히 중립적인 공간이 아닌, 윤리적 공간으로 이해되는 이유이다. 토마스 페인(Thomas Paine)이 에드먼드 버크(Edmund Burke)를 논박하면서 쓴 『인간의 권리』(1791-1792)에서도 그러한 사례를 찾아볼 수 있다.[32] 그에 따르면, 모든 개인들은 선천적인 사회성이 있기 때문에 서로 자신의 이해관계를 추구하며 또한

---

31 Adam Seligman, 윗글(1992), 34쪽.

32 John Keane, 『국가와 시민사회: 조절이론의 국가론과 사회주의 시민사회론』(한국정치연구회 정치이론분과 엮음)(서울: 녹두, 1993), 212-219쪽.

상부상조라는 공유된 의식 위에 평화롭고 행복한 경쟁과 유대의 관계를 만드는 것이 가능하다. 아담 스미스가 역시 이러한 맥락에서 해석이 가능하다. 그가 '보이지 않는 손'을 주장한 『국부론』뿐 아니라, 『도덕감정론』의 저자이기도 하다는 점을 함께 고려할 때 그러하다. 그에게도 역시 교환이 일어나는 시장은 시장 그 자체가 제공할 수 없는 도덕 바탕이 전제되어야 제대로 작동할 수 있는 것이었다. 만약 이런 도덕 바탕이 전제되지 않는다면, 시장이란 그야말로 약육강식이 지배하는 정글일 뿐이며 시장 법칙도 제대로 작동하지 않게 될 것이다. 따라서 18세기 스코틀랜드 계몽주의자들에게 이해관계는 추상적이고 고립된 성질이 아니고, 타인의 인정과 존중이라는 맥락에서 이해되었다.

이로써 사적 이해관계에 따라 움직이는 개인들이 전체로서의 공공선(보편성)을 추구할 수 있는 바탕이 마련되었다. 그것은 이성과 자애심이라는 인간의 도덕 감정이 조화를 이룬 결과였다. 인간의 도덕 감정 위에서 작동하는 이성은 공동체에 대한 애착과 공공선에 대한 이해를 가능케 하였고, 이로써 사회 전체의 이익을 자신의 사적인 이익보다 우선시할 수 있게 된다는 것이다.[33] 이해관계를 추구하는 개인들이 사회의 도덕적 질서를 창출할 수 있는 것은, 바로 이성과 도덕 감정이 통합될 수 있었기 때문이었다.

2) 이성과 윤리의 분리

18세기 스코틀랜드 계몽주의자들에 의한 사적 이익과 공적 윤리

---

33 Adam Seligman, 윗글(1992), 34쪽.

의 통합은 철학자 흄에 의해 결정적으로 분리된다. 존재와 당위, 이성과 도덕성의 영역이 각각 분리되면서, 공적 영역은 이성의 독자적인 원리, 곧 이해관계에 의하여 작동하는 것으로, 그리고 도덕과 당위의 영역은 사적인 영역으로 제한되게 되었다. 이로써 개인들의 자율성과 기본권에 대한 바탕은 마련되었으나, 공적 영역에서 사적 이해관계를 넘어서는 도덕적 행위의 가능성은 위축되었다. 개인의 자유와 평등의 권리를 강조하면서, 시민 사이의 결속과 이를 통한 공공선의 추구는 희생되었기 때문이다. 이는 공공성에 관한 자유주의적 이해의 길을 열어놓은 것이었다.

흄은 이성에 의하여 파악할 수 있는 것과 감정을 통해서 파악할 수 있는 것 사이를 명백하게 구분한다. 그리고 인간 행위의 동기, 곧 윤리 영역은 오직 감성을 통해서만 파악할 수 있다고 보았다. 개인과 사회, 그리고 공과 사가 통합될 수 있었던 것은 불안정하지만 이성과 동기(감정)의 요소가 함께 공존하고 있었기 때문이다. 하지만 흄에게 이성은 이제 행위 동기의 차원에서 찾아볼 수 있는 것이 아니었다. 인간의 동기는 단지 열정으로 이해되었고, 이것은 보편적 진리를 이해하는데 아무런 의미도 없는 것이었다. 이성은 도덕 감정과 분리되었고, 도덕적인 것으로부터 이성적 토대를 발견할 수도 없게 되었다. 이성은 계산에 의해, 그리고 인생의 목적은 열정에 좌우되는 것이었다. 정의(justice) 역시 개인의 이해관계 때문에 준수되는 것이지, 도덕 감정이나 합리적 판단 때문이 아니다. 흄의 이러한 인식은 많은 스코틀랜드 계몽주의자들과 확실하게 구분되는 점이다. 사회 질서의 바탕으로서 스코틀랜드 계몽주의자들이 가지고 있었던 이해관계와 도덕 감정, 그리고 이성 사이의 불안정한 통합이 해체된 것이다. 이제 사회질서의 근간은 이해관계가 되었다.[34] 이러한 차이는 대표적인 스코틀랜드 계몽주의자 퍼거슨(Adam Ferguson)과 흄의 사회 결속에 대한 아래의 논의에서 확인할 수 있다. 퍼거슨에 의하면,

> 직업의 분화는, 그것이 비록 기술의 향상을 약속하고, 또 실제로 상업이 진전됨에 따라 기술에 의한 모든 생산품들을 더욱 완벽하게 만들기도 하지만 결국 궁극적으로는, 일정 정도, 사회의 유대를 파괴하고, 현명함(ingenuity)의 자리를 기술의 단순한 형식과 규칙으로 대체해 버리며, 공동의 작업장으로부터 개인들을 철수하게 만든다 (줄임) 이런 방식으로 공동체의 구성원들은 친족이나 이웃을 제외하고는, 다른 모든 유대감을 상실한다. 그리고 매매 외에는 서로 교섭할만한 공동의 관심사를 갖지 못한다: 성실함과 우정을 가지고 관계(connection) 또는 교섭이 일어날 수 있지만; 그 관계나 교섭에서 민족 정신은 더 이상 발휘되지 않는다.[35]

반면 흄에 따르면,

> 인간의 감정 가운데, 이익 추구를 억제하고, 타인의 소유를 탐내지 않음으로써 사회의 적합한 구성원이 될 수 있도록 할만한, 충분한 힘과 올바른 방향성을 가진 열정이 없다는 것은 확실하다. 낯선 사람에 대한 자비심만으로는 이러한 목적을 실현하는데 부적합하다 (줄임) 따라서 이해관계에 대한 애착을 통제할만한 다른 어떤 열정도 존재하지 않는다. 오직 이해관계만이 스스로의 방향을 조정함으로써 이해관계를 통제할 수 있을 뿐이다.[36]

---

34 윗글, 37-40쪽.

35 Adam Ferguson, *An Essay on the History of Civil Society, 5th ed.*(London: 1782); (Ferguson, 1782): Adam Seligman, 윗글(1992), 39쪽에서 다시 따옴.

36 David Hume, *A Treatise of Human Nature*(Macmillan: 1948), 185쪽; Adam Seligman,

이처럼 퍼거슨은 단순히 상업과 이해관계에 추동된 행위가 극단화되면 사회의 공통 기반과 도덕 감정을 파괴될 것이라고 우려한 반면, 흄은 (이성적인) 자기 이해관계의 추구만이 사회 질서를 지탱해줄 유일한 기반이라고 주장한다. 이로써 공적 영역은 이성의 원칙 또는 이해관계의 논리가 지배하는 영역이 되었고, 개인들 사이의 결속과 신뢰 그리고 공동의 정체성 등은 설 자리를 잃게 되었다.

칸트는 이성과 도덕을 분리한 흄을 비판하면서, 이성을 다시 도덕의 영역과 통합시키려고 한 철학자이다. 사람들 사이의 관계를 규정해주는 원리로서, 이해관계가 아닌 새로운 도덕 원칙을 만들고자 하였던 것이다. 하지만 결국 이성과 도덕의 통합, 이 글의 표현대로 하자면, 절차적 공공성과 내용으로서의 공공성의 통합이라는 그의 시도는 불완전한 결과를 낳았을 뿐이다. 칸트는 도덕 감정과 공감(sympathy)이라는 스코틀랜드 계몽주의자들의 개념에 새로운 정식화를 시도한다. 하지만 스코틀랜드 계몽주의자들과는 달리, 그것은 자연적으로 주어진 것이라기 보다는, (실천) 이성의 엄격한 원리에 따른 것이다. 칸트에 의하면, 개인의 권리와 정의는 이성의 원칙을 따르는 자율적 개인들을 통해 스스로 도덕법칙을 구성해낸다. 이 도덕법칙이란, 모든 개인의 의지(will)는 타인의 자율성과의 합의라는 조건에 제한된다는 것이었다. 칸트의 정언명법이 바로 그렇다. 이처럼 칸트는 도덕과 윤리의 문제를 자기 이해관계를 뛰어넘는 적극적인 차원에서의 미덕으로서 규정하는 것이 아니라, 타인의 권리를 침해하지 않는 '규제적 원리'로 제한하고 있다. 따라서 공적인 영역을 상

윗글(1992), 39-40쪽에서 다시 따옴.

호적, 이성적 합의 영역, 곧 권리의 영역으로 파악하고, 윤리적 영역을 개인의 내적인 삶의 영역으로 분리한다. 그리고 공적 영역에서의 개인과 개인, 개인과 사회의 관계는 타인들에게 외적으로 영향을 미치는, 그래서 타인들의 합리적 동의를 얻어야 하는 경우에만 이뤄지는 것으로 본다. 이는 칸트 역시 윤리와 권리를 구분하고, 권리는 공적 영역에 윤리는 사적 영역에 귀속시켰던, 흄의 틀에서 벗어나지 못했음을 의미한다.[37]

흄과 칸트의 이러한 논리는 이후 자유주의 사상에 많은 영향을 끼쳤다. 자유주의에서는 공적 영역이 공동체의 결속이나 특정한 가치에 의해 지배되는 것으로 아니라, 개인의 권리나 이해관계, 그리고 이들의 합의 영역으로 이해하기 때문이다. 따라서 자유주의자들에게 공공성이란 특정한 실체를 가진 개념이 아니라, 구성원들의 합의 결과 그 자체를 의미하는 것이다. 곧 정당한 절차가 결과의 정당성을 보장한다고 보는 것이다. 현대 자유주의의 대표자라 할 수 있는 롤스의 『정의론』이[38] 칸트 철학에 기대고 있는 것도 이런 맥락에서 이해할 수 있을 것이다.

하지만 이러한 논리는 공공성을 절차적 공공성 차원에 제한시키는 것이다. 구성원들의 자유와 평등, 그리고 이들의 합의 결과가 과연 전체로서의 공공선을 실현하고 있는가의 문제는 여전히 의문으로 남겨져 있다. 또한 참여 과정에서 소수자나 사회적 약자에 대한 형식적 절차만을 강조하게 되면, 실제로는 경쟁력 있는 소수의 기득권층을 옹호하는 결과를 낳는다는 비판을 받기도 한다. 따라서

37 Adam Seligman, 윗글(1992), 43-44쪽.

38 John Rawls, 『정의론』(황경식 옮김)(서울: 이학사, 2003).

19-20세기를 거치면서, 이러한 자유주의 논리에 대항하여 이성과 윤리를 재통합하려는 다양한 시도가 있었다.

3) 이성과 윤리의 재통합을 위한 시도들

이성과 윤리의 분리에 기초하고 있는 자유주의는 다양한 이론적 입장으로부터 비판되었다. 비판자들은 인간 소외, 개인의 원자화, 공공성 쇠퇴 등 현대 사회의 다양한 문제들을 자유주의와 관련하여 파악하였다. 개인의 자율성과 독립성을 강조하는 자유주의는 개인들 사이의 관계를 고립된 것으로 인식함으로써 공동의 정체성과 신뢰를 파괴하였으며, 개인의 이익을 절대화하여 사회를 극단적인 이해갈등의 장으로 만들었고, 나아가 함께 협력하여 공동의 목표를 성취하는 인간의 능력을 위축시켰다는 것이다. 따라서 이들은 공적 영역에 도덕적 차원을 다시 도입함으로써, 이러한 문제들에 대처하고자 하였다. 이는 절차적 공공성과 함께 내용으로서의 공공성도 성취하려는 시도라 할 수 있겠다. 이번 단락에서는 이러한 시도들을 크게 네 가지 유형으로 나누어 간략하게 논의하고자 한다.

첫 번째 유형은 도덕적 실체로서의 국가를 통하여 공적 영역에서의 이해 갈등을 해결하려는 시도이다. 대표적인 철학자가 헤겔이라고 할 수 있다. 칸트에 대한 헤겔 비판의 핵심은 공적 권리와 사적 도덕의 분리이다. 칸트와 같이 도덕을 '규제적 원리' 차원에만 국한시키는 것은 도덕의 적절한 위치를 박탈하는 것이다. 도덕은 공적 영역의 행위 원리로도 통합되어야 한다.[39] 이처럼 이해관계와 도덕

39 Adam Seligman, 윗글(1992), 44쪽.

을 다시 통합하려는 태도로 볼 때, 헤겔 역시 18세기 스코틀랜드 계몽주의자들의 영향을 받았다고 할 수 있다. 하지만 헤겔은 도덕 감정과 같은 추상적 인간 본질을 통해서가 아니라, 역사적 과정을 통해서 해결을 모색했다는 점에서 차이가 있다.

헤겔의 견해에 따르면, 시민 사회의 다양한 요소들 사이에 필연적인 동일성이나 조화는 존재하지 않는다. 시민 사회는 욕망의 체계이고, 이기적 개인주의에 의해 규정되기 때문에, 오히려 사적인 이해관계와 권리의 주장들이 서로 충돌하는 전쟁터와 같은 곳이다. 따라서 시민 사회 내의 다양한 상호교섭은 공통점이 없고, 깨어지기 쉽고, 또한 심한 갈등에 빠지기도 한다.[40] 물론 시민 사회 내에서도 자치체(corporations)를 통하여 사적인 이해 관계나 필요 등을 전체의 이익이라는 틀에서 인식하게 되기도 한다. 또한 특수한 개인을 넘어서는 집단에 대한 소속감을 심어줌으로써, 보다 높은 수준의 윤리적 삶 또는 공공 정신에 따른 삶의 형태를 익히게도 된다. 하지만 자치체는 시민 사회 내의 다양한 집단들에 제한되기 때문에, 그러한 집단에 속하지 못하는 가난한 자들과 임시 노동자들은 배제될 수밖에 없다. 결국 자치체는 사회 전체를 대변하지 못한다.[41] 또한 이들은 공공 정신에 입각한 시민이라기 보다는 다른 사람들을 경원시하는 이기적인 부르조아라는 점에서 근본적으로 한계를 가질 수밖에 없다.[42] 따라서 시민 사회 내의 이해 갈등은 국가라는 도덕적 실체를 통하여 보편성의 원리 아래 귀속시켜야 한다. 공적 합리성의 담지자

40 John Keane, 윗글, 220-221쪽.

41 Adam Seligman, 윗글(1992), 49쪽.

42 John Keane, 윗글, 222쪽.

로서의 국가만이 개인과 시민 사회의 이기주의가 야기하는 자기파괴적인 결과를 제어할 수 있다.[43] 이처럼 헤겔은 시민 사회 내에서의 사적 이해관계의 갈등을 자연적인 조화를 통해 해결하지 않고, 국가라는 도덕적 실체의 개입을 통해 해결한다. 다시 말하면, 국가라는 공적 주체에게 절차적 공공성과 내용으로서의 공공성 실현의 책임을 부과하고 있는 것이다.

칼 폴라니 역시 사회 질서의 바탕으로서 공공성의 실현을 보편주의적 국가를 통해 해결하려한 학자이다. 폴라니는 토지, 노동, 화폐 등과 같이 허구적 상품이 자본주의의 자기조정적 시장을 통해 작동하게 될 때, 전체로서 사회는 파괴될 수밖에 없다고 본다. 따라서 국가의 방어적 개입이 필요하게 된다.[44] 폴라니에게 국가는 시장에 반대하여 사회 전체의 이해관계를 대표해 주는 보편적인 실체이며, 사회의 질서와 진보에 필수적인 것이다. 따라서 그는 갈등을 자아내는 사적 이해관계, 특수주의적 이해관계를 초월하여 일반적이고 보편적인 공공성을 옹호한다는 점에서 헤겔의 관점과 유사하다.[45] 그 역시 공공성 실현의 책임을 보편주의적이고 도덕적 실체인 국가에 부과하고 있다.

이들은 공공성 문제를 국가라는 공적 주체의 문제로 귀속하여 해결하려 한다는 점에서 공통점이 있다. 곧 절차적 공공성을 바탕으로

---

43 Eugene Kamenka, "Public/Private in Marxist Theory and Marxist Practice," S. I. Benn/G. F. Gaus(엮음), *Public and Private in Social Life*(ST. Marin's Press: 1983), 272쪽.
44 J. R. Stanfield, 윗글, 151-159쪽.
45 Fred Block/Margaret R. Somers, "경제주의적 오류를 넘어서: 칼 폴라니의 전체론적 사회과학," 『역사사회학의 방법과 전망』(박영신 · 이준식 · 박희 옮김)(서울: 민영사, 1986), 92-93쪽.

국가가 공적 영역에 개입함으로써, 사적 이해관계를 조절하고 사회 전체의 공공선을 실현해야 한다는 것이다. 하지만 현실에서 볼 때, 국가가 공공성을 독점함으로써 얻게 되는 이득보다는 폐해가 훨씬 심한 경우가 많다. 유신 시절을 통해 경험했듯이, 이러한 논리는 자칫 공공성을 국가 그 자체와 동일시할 위험이 상존한다. 이 경우 '공'의 개념이 현실의 구체적인 영역을 초월하지 못하고, 한국의 유사 가족주의 문화와 결합하여 국가주의를 정당화하는 이데올로기로 전락할 위험이 있다. 국가의 하위 집단은 모두 '사적인 것'으로 '공적인' 국가에 비추어 억압될 수 있는 것이다.

두 번째 유형은 공사 분리의 문제를 계급 공공성으로 해석하고 해결하려는 시도이다. 맑스의 경우가 대표적이다. 공과 사의 분리를 다루는 맑스의 논의는 그의 소외 개념에서 찾아볼 수 있다.[46] 사실 맑스 자신이 공과 사의 분리 문제를 체계적으로 다루지는 않는다. 헤겔 철학의 영향을 받은 맑스에게 공사의 문제는 보편과 특수의 관계라는 형태로 제시되고 있다. 맑스에게 인간이란 다른 동료 인간들과 공유하는 공동의 특성이나 본질을 가진, 보편적 존재이다. 따라서 자유롭다는 것은 인간이 이러한 보편적 속성에 따라 행위한다는 것을 의미한다. 그것은 모든 인간에게 보편적이기 때문에, 내적으로 모순이나 긴장이 없으며, 다른 사람들과 갈등과 대립을 야기하지도 않는다. 반면 특수성은 자신과 타인들과의 공통성을 발견하지 못하기 때문에, 서로 대립적이고 갈등 관계에 머무르는 상태이다. 이러한 관점에서 볼 때, 결국 소외란 특수성 상태에 있어서 보편성으로

46 Eugene Kamenka, 윗글, 271쪽.

서의 자신의 궁극적 존재를 실현하지 못하고 있는 상태이고, 반대로 소외의 극복이란 보편성의 인식을 통해 특수성을 극복하는 것이며, 나아가 개인이 자신을 위해 행위할지라도 전체로서 인류에게 이바지하게 되는 그런 상태를 말한다. 이러한 보편 의지는 자유주의에서처럼 모든 특수 의지들의 총합을 의미하는 것이 아니라, 인간의 본질적이고 보편적인 속성의 결과이다. 이 보편 의지가 인간의 모든 행위와 관계를 결정하게 될 때, 개인과 사회, 공과 사의 분리와 긴장도 사라지게 되는 것이다.

따라서 맑스에게 공공성의 문제는 인간의 보편적 속성을 회복하는 문제가 된다. 그렇다면 보편적 존재로서의 인간의 실현을 가로막고 있는 것은 무엇인가? 그것은 근대의 자본주의 체제이다. 사적 소유와 노동 분업에 기초한 자본주의 체제는 인간을 자기 자신과 노동 활동, 동료로부터 소외시킨다. 노동을 통하여 서로 협력하고 자신의 궁극적 본질을 실현시켜 가는 것이 아니라, 끊임없는 경쟁 상태에 내몰려 자신, 동료, 자연과 갈등하고 대립하게 된다는 것이다.[47] 이는 자신의 특수성에 매몰되어 보편성과 대립하고 있는 형국이다. 결국 시민 사회 내의 존재는 공동체적 결속을 결여한, 사적인 이해관계 사이의 갈등의 장이 되었다. 결국 정치로부터 시민 사회의 해방은 시민 사회의 이기적 정신을 제어했던 공동체의 결속을 제거한 것이기도 하다. 맑스는 정치와 시민 사회를 보다 높은 차원에서 재통합시키고자 하였다. 그것이 공공성 문제에 대한 해답이기 때문이다.[48]

하지만 그 방법은 헤겔처럼 도덕적 실체로서의 국가의 개입을 통

---

47 Karl Marx, 『경제학-철학 수고』(김태경 옮김)(서울: 이론과실천, 1987), 57-63쪽.
48 Adam Seligman, 윗글(1992), 55-56쪽.

해서 해결될 수 있는 것이 아니다. 맑스에게 국가란 공적인 형태의 외관을 띠고 있지만, 또 다른 사적이고 특수적인 권력에 불과하다. 국가는 사회 내의 지배 계급을 대변하는 기구일 뿐이기 때문이다.[49] 공공성 문제의 해결은 오직 시민 사회 자체 내에서 해결되어야 한다. 그는 그 역할을 노동 계급에게 찾고 있다. 노동 계급이야말로 인간 소외의 원천인 자본주의 체제의 모순을 가장 잘 인식할 수 있을 뿐만 아니라, 역사상 마지막 계급 투쟁의 주체로서 이들의 계급 이익이 곧 인류 전체의 이익이 되기 때문이다. 따라서 사적 소유의 철폐와 노동 분업의 극복, 그리고 이를 통한 소외 극복은 개인과 사회, 특수와 보편, 그리고 공과 사의 분리를 제거하게 된다.

이상과 같이 맑스에게 공공성 문제는 역사의 이성을 구현하는 노동 계급에게 그 역할이 주어져 있다. 하지만 현실에서 사회의 공공성과 관련된 노동 계급의 역할에 대해서는 많은 비판이 제기되고 있다. 한편에서는 사회주의의 몰락의 역사적 사례가 보여주듯이 맑스의 대안은 도덕적으로도 지지될 수 없고 또 현실적으로도 불가능한 것으로, '구원론적 신화'에 불과하다고 비판한다.[50] 또한 현재의 노동 운동이 공공성의 담지자로서의 역할보다는 또 하나의 이익 집단으로 전락했다고 비판하기도 한다. 이는 노동운동이 공공성을 가진 의제를 제시하고 있지 못하고 있는 것을 통해 알 수 있다. 따라서 공공성을 위해서는 노동자 일반이 아니라, 실업자, 여성, 장애인, 학생, 시민 등 사회의 진보와 자신의 이해를 일치시킬 수 있는 새로운 주체가 필요하다고 주장한다.[51] 다른 한편에서는 공공성 문제를 탈

49 Eugene Kamenka, 윗글, 273쪽.
50 Adam Seligman, 윗글(1992), 57쪽.

계급적 문제가 아니라 계급적 헤게모니의 문제로 보면서, 노동운동이 기존의 노사관계의 틀을 벗어나 사회 전체의 변혁을 위한 사회운동적 성격을 추구해야 한다고 주장한다.[52] 이러한 논쟁들이 의미하는 것은 결국 노동 계급의 공공성은 이들이 역사적으로, 사회적으로 가지고 있는 객관적 위치로부터 자연스럽게 도출되는 것이 아니라는 점이다. 이는 결국 공적 주체로서의 노동 계급이 어떻게 절차적 공공성과 내용으로서의 공공성을 함께 실현할 수 있을 것인가라는 문제를 다시 제기한다. 곧 계급적 공공성 논쟁은 공공성 문제에 대한 결론이 아니라, 공적 주체로서의 노동 계급의 역할에 대한 질문이며, 그 방법에 대한 문제제기라고 할 수 있다. 어떻게 노동 계급의 담론 속에 비정규직, 이주노동자, 환경, 기타 사회적 소수자 등의 입장을 모두 포괄할 수 있을 것인가라는 절차적 공공성의 문제, 그리고 어떻게 노동자들이 집단 이기주의에 매몰되지 않고 사회 전체의 이익을 위한 사회운동으로 나갈 수 있을 것인가라는 내용으로서의 공공성 문제, 이 두 가지 문제를 공적 주체로서 노동 계급은 직면하고 있다.

세 번째 유형은 개인 안에 내재하는 사회성의 요소를 강조함으로써, 개인의 이해관계와 권리 주장을 공공성 차원으로 승화시키려는 유형이다. 최근 공동체주의자들의 주장이 여기에 해당한다. 이들은 도덕 감정을 통하여 공과 사의 분리를 극복하려 하였던 18세기 스코틀랜드 계몽주의 전통을 다시 부활시키려 한다. 하지만 도덕 감정이라는 인간의 본성에 과학적 형태의 이성을 부여하고 있다는 점에서

51 최현, 윗글, 95-96쪽.

52 신광영, 윗글, 85쪽, 91쪽.

차이가 있다.[53]

아마도 뒤르케임이 이러한 유형의 학자에 속한다고 할 수 있을 것이다.[54] 그는 기본적으로 인간을 이중인으로 파악한다. 인간은 이해관계를 추구하고자 하는 동기와 이타적으로 행위하려는 동기 모두를 가진 존재이다.[55] 이러한 개인들이 함께 모여 사회 질서를 만들어 가기 위해서는 이기적 동기를 도덕적 맥락 속에 위치시켜야 한다. 그에 따르면 이기적 동기만으로 움직이는 시장 관계는 사회 질서를 만들어 낼 수 없다. '계약 속에 내재하는 비계약적 요소'라는 개념에서 설명하듯이, 시장에서의 계약 관계가 제대로 기능하기 위해서는 시장에서 제공해줄 수 없는 규범적 바탕이 제공되어야 한다.[56] 이 규범적 바탕 또는 도덕적 결속이 전제되어야 사회 질서의 유지가 비로소 가능하기 때문이다.

그는 이러한 도덕적 결속의 근원으로서 '인간성의 종교'를 제안한다. 이것은 개인을 존중하는 개인의 종교로서 다원화된 근대 사회에서 인간들을 묶어줄 수 있는 유일한 토대이다. 그리고 인간성의 종교 또한 다른 모든 종교가 그렇듯이 사회를 통해 성립된다. 개인들이 뜻을 모을 수 있는 유일한 공통적 목표로서 이러한 이상을 제공

53 Adam Seligman, 윗글(1992), 124쪽.

54 뒤르케임을 공동체주의자의 맥락에서 해석하는 것은 다소 오해를 불러일으킬 수 있다. 뒤르케임의 사상 자체가 다양한 해석의 여지를 가지고 있을 뿐 아니라, 공동체주의에 대한 해석 자체도 너무 다양하기 때문이다. 다만, 여기에서는 글의 목적상 개인 안에 내재하는 사회적 요소를 강조하고 있다는 가장 원론적인 수준에서 뒤르케임을 공동체주의의 전통에 포함시키고 있다.

55 Emile Durkheim, "The Dualism of Human Nature and Its Social Condition," Robert Bellah(엮음), *Emile Durkheim on Morality and Society*(University of Chicago Press: 1973), 149-163쪽.

56 Emile Durkheim, *The Division of Labor in Society*(Free Press: 1947), 206쪽.

해줄 수 있는 것은 사회 밖에 없기 때문이다.

> 이런 까닭에 개인은 사회의 원인이기 보다는 사회의 결과라고 줄곧 말하면서도 모순없이 개인주의자가 될 수 있는 것이다. 개인주의 그 자체는 모든 도덕과 모든 종교와 꼭 같이 사회적 산물이기 때문이다. 개인은 그를 신성하게 만드는 도덕적 믿음조차도 사회로부터 받아들인다. 이것이 칸트와 루소가 이해하지 못한 점이다.
> 그들은 그들의 개인주의적 윤리를 사회로부터 연역한 것이 아니라, 고립된 개인이라는 관념으로부터 그것을 연역하려 하였다. 이러한 일은 불가능하다.[57](강조는 글쓴이)

이렇듯 뒤르케임은 인간에 내재하는 사회적 요소를 통하여 사적 개인과 사회를 통합하고자 하였으며, 개인의 이기성을 넘어서는 사회적 목표를 인간 행위의 동기에 통합하고자 하였다. 이런 점에서 뒤르케임은 현대 공동체주의자들에게 상당한 영향을 끼쳤다고 할 수 있다. 대표적인 공동체주의자 찰스 테일러는 현대 사회의 불안정성을 고립된 개인주의에서 찾고 있다. 그에 따르면 진정한 개인주의는 다른 사람들과 함께 공유하고 있는 문화적, 도덕적 지평을 공유할 때 실현될 수 있다고 주장한다. 그는 이러한 도덕 이상을 '자기 진실성의 이상'이라고 부른다.[58] 그 역시 개인의 자아 가운데 사회적으로 구성되는 부분이 있음을 인정하고, 이를 통해 극단적 개인주의를 사회 전체의 목표와 조화시켜야 한다고 주장한다.

---

57 Emile Durkheim, "개인주의와 지성인," 박영신(엮고 씀), 『변동의 사회학』(서울: 학문과사상사, 1980), 159쪽.

58 Charles Taylor, 『불안한 현대 사회』(송영배 옮김)(서울: 이학사, 2001), 27쪽.

하지만 개인 내부의 사회성을 강조하는 공동체주의자들의 논리 가운데서도 여전히 공공성의 긴장과 갈등은 존재한다. 공동체 또는 공동의 정체성은 다른 공동체 또는 정체성과의 차이를 기반으로 구성된다. 따라서 공동체성의 강조는 그 안에 포섭되지 않는 주변인들을 제외할 수 있다는 위험을 항상 가지게 된다. 이는 절차적 공공성에 대한 위협이다. 또한 앞서 지적한 것처럼, 현실적으로 공동의 정체성이 언제나 전체로서의 사회에 선(the good)에 이바지하는 것은 아니다. 오히려 집단 이기주의를 조장하여 사회 전체에 부정적인 영향을 미칠 수도 있기 때문이다. 따라서 이러한 접근 역시 공공성 문제에 대한 이론적 해결 가능성을 보여준 것뿐이지, 실제 그 실천에 있어서는 공공성의 다차원적 관계들을 종합적으로 고려해야 한다.

마지막으로 공적 영역에서의 (합리적) 이성과 윤리의 재통합 가능성에 대하여 매우 비관적인 전망을 하는 유형도 있다. 아마도 막스 베버가 이러한 유형에 속한다고 할 수 있을 것이다.[59] 그의 방법론적 입장에서 기인하는 것이기도 하지만, 이성과 윤리의 재통합에 대한 적극적 주장을 개진하고 있지 않다는 점에서 적어도 그 가능성을 높게 보고 있지는 않다. 베버에 따르면, 합리화 과정은 점점 더 많은 삶의 영역을 이성의 영역으로 옮겨놓았다. 그것은 결국 삶의 영역으로부터 윤리적 가치를 박탈하고, 인간의 삶을 수단-목적 관계가 지배하는 도구적 계산의 형태로 바꾸어 버렸다. 그의 유명한 표현처럼, '세계의 탈주술화'(disenchantment of the world)는 "영혼 없는 전문

59 물론 베버를 이러한 유형에 분류하는 것은 베버에 대한 매우 단순한 해석일 수 있다. 박영신은 베버의 카리스마 개념에 기대어 현대 사회 문제에 대한 베버의 대안을 적극적으로 해석하고 있다(박영신, 『현대사회의 구조와 이론』(서울: 일지사, 1986), 7-36쪽을 볼 것).

가, 가슴 없는 감각주의자"들의 세상을 만들었다.[60] 그럼으로써 이제 궁극적이고 숭고한 윤리는 공적인 삶으로부터 퇴각해버렸고, 초월적인 종교적 삶의 영역이나 사적 영역의 인간 관계에서나 겨우 발견할 수 있는 것이 되었다.[61] 보편적 이성이 구축해놓은 합리성의 견고한 '쇠우리'는 더 이상 가치의 개입을 필요로 하지 않는다. 이성과 윤리의 재통합 가능성을 암울하게 보는 이유이다.[62] 하지만 베버는 공적 영역에서 가치의 회복 가능성 자체를 닫아두지는 않았다. 카리스마의 등장이나 가치합리성의 회복 등 그 가능성에 대한 적극적 해석의 여지를 남겨두고 있다.

반면 포스트모더니즘은 베버의 이런 비관적 전망을 더 극단적으로 밀고 나가 아예 이성의 가능성 자체를 부정한다. 이들은 이성의 작용을 통하여 공공선(the good)에 도달할 가능성 자체에 도전한다.[63] 당연히 이성을 통한 사회의 통합 가능성도 부정한다. 아마도 이들은 공적 영역을 사회성(sociability)이 지배하던, 곧 지나치게 친밀하지도, 그렇다고 서로 고립되지도 않는, 그저 다양한 것들의 공존 상태를 지향했던 구체제의 공적 영역을 이상적으로 보고 있는지도 모른다. 가치의 다원성을 추구했던 자유주의가 공동체주의자들로부터 결국 개인의 자율성을 최고의 가치로 전제한다는 비판을 받았던 반면[64],

60 Max Weber, 『프로테스탄티즘의 윤리와 자본주의 정신』(박종선 옮김)(서울: 두리, 1987), 247쪽.

61 Adam Seligman, 윗글(1992), 128쪽.

62 브라이언 터너는 근대 자본주의와 합리성에 대한 베버의 모호한 입장이야말로 문제의 핵심이라고 주장한다. Brien S. Turner, 『근대성과 탈근성의 역사사회학』(최우영 옮김)(서울: 백산서당, 2004), 38쪽을 볼 것.

63 Adam Seligman, 윗글(1992), 129쪽.

64 Stephen Mulhall/Adam Swift, 윗글, 67쪽.

포스트모더니즘은 어떠한 가치의 우선성도 부정한다는 점에서 이러한 비판으로부터 자유롭다. 하지만 다양성의 공존이라는 점에서 개인들의 보편적 권리만을 주장할 뿐 이들은 공공성의 문제틀 자체를 무효화시킨다. 먼저 보편적인 공공선 자체를 부정하기 때문에 내용으로의 공공성 자체가 이슈가 될 수 없으며, 또한 목표로서의 공공선을 부정하기 때문에 이를 실현하기 위한 공적 주체의 문제에 대해서도 무관심하다. 따라서 이들이 주장하는 다양성의 공존이라는 이상은 선언적 의미 이상을 갖기가 어렵게 된다.

4. 나오는 말

앞에서 밝힌 것처럼, 공공성 개념은 크게 세 가지 차원으로 규정될 수 있다. 그리고 그 각각의 차원들은 서로 자연스럽게 연결된다기 보다는, 오히려 긴장과 모순 관계에 있음도 살펴보았다. 절차적 공공성이 반드시 내용으로서의 공공성을 보장하지 않는다. 달리 표현하면, 모든 사람들의 참여가 모두의 이익이라는 결과를 낳는 것만은 아니라는 것이다. 오히려 모든 사람들에게 동등한 권리를 인정하게 되면, 각 개인의 권리 주장을 조절할 수 있는 초월적 가치나 원리가 부정될 수 있기 때문이다. 반면에 사회 전체의 공공선이라는 가치의 강요는 반대로 개인의 자율성과 동등한 권리를 부정하는 결과를 낳을 수도 있다. 공공성을 실현해야 하는 공적 주체 역시 이러한 긴장으로부터 자유롭지 못하다. 공적 주체의 문제는 누가, 어떻게 공공성을 정의하고 실천하는가의 문제이다. 다시 말하면, 공적 주체의 문제는 실천 주체의 범위('누가'의 문제)와 실천 내용(공공성 정의의 문제)의 규정으로부터 자유로울 수 없다는 것이다. 따라서 한편으로는 공적 주체의 범위 제한과 개방에 대한 갈등이, 다른 한편으로는 집단의 이익과 사회 전체의 이익 사이의 긴장이 존재할 수밖에 없다.

하지만 대부분의 공공성 논쟁은 공공성의 세 가지 차원 가운데 한두 개의 차원만을 강조하고 있다는 한계가 있다. (합리적) 이성과 윤리 사이의 분리를 전제하며 등장한 자유주의는 절차적 차원만을 공공성의 문제로 제기하고 있다. 절차적 정당성을 확보한 것은 그 결과가 무엇이든지 그 자체로서 공공선이라는 것이다. 이들은 실체로서 존재하는 공공성의 부정하기 때문에, 당연히 공적 주체에 대한 문제도 고민할 필요가 없다.

반면 이러한 자유주의의 주장을 비판하는 입장들은 다양한 공적 주체를 통하여 공적 영역에서 이성과 윤리를 재통합하려 한다. 도덕적 실체로서의 국가, 노동계급의 역사적 역할, 그리고 다양한 공동체들의 회복 등이 공공성 과제를 해결하기 위한 공적 주체들로 제시되고 있다. 하지만 공공성의 주체로 설정된 이들 범주가 필연적으로, 또는 자연스럽게 내용으로서의 공공성을 실현하는 것은 아니다. 이들 공적 주체들은 한편으로는 사회적 소수자를 비롯한 다양한 범주의 사람들의 참여를 확대시켜야 한다는 요구와 공동의 정체성을 기반으로 구성원들 사이의 신뢰와 결속을 만들어야 한다는 모순적 요구 사이를 조절해야 한다. 다른 한편으로는 이들 주체의 활동이 집단의 이익을 추구하려는 경향과 집단의 이익을 넘어서 전체로서의 사회의 이익을 추구하려는 이중적 경향 또한 조절해야 한다.

따라서 여러 학자들이 제시하고 있는 해법들은 그 자체로서 이론적 해답이 아니라, 공공성 형성의 가능성에 대한 모색으로 이해할 수 있을 것이다. 이것은 결국 공적 영역에서의 행위 규범과 사람들 사이의 관계를 어떤 방향으로, 누가, 어떻게 구성할 것인가의 문제이기도 하다. 현재 한국 사회의 공공성 갈등도 이를 둘러싼 것이라 할 수 있다. 이 갈등의 결과가 어떤 모습으로 귀결될지를 미리 예측할 수는 없지만, 올바른 공공성 논의를 위해 필요한 것은 분명하다. 공공의 이슈에 관심을 가지고 적극 참여하는 (넓은 의미에서의) 시민들의 존재이다. 이들을 통해 공적 주체의 형성과 공공성 딜레마의 해결을 위한 활동을 시작할 수 있기 때문이다. 이런 의미에서 공공 시민의 존재는 공공성 논의의 결과이면서 동시에 전제라 할 수 있을 것이다.

이승훈.『민주사회와 정책연구』통권 제13호. 2008.

제2장

사사로운 이해와 공공선, 대립인가 공존인가?

1. 들어가는 말

그들 각자는 서로 분리되어 생활하기 때문에 다른 사람의 운명에 대해서는 무관심하다. 그의 자녀, 개인적인 친분을 가진 사람들이 그에게는 전체 인류에 해당한다. 그 이외의 다른 동료 시민들의 경우 가까이서 생활은 하지만 알지는 못하며, 접촉은 하면서도 피부로 느끼지는 않는다. 요컨대 자기 자신에게만 집착해 있으며 혼자의 힘으로 생활하려 한다. 그리고 설사 그에게 친척은 존재한다 할지라도 국가는 그에게 아무런 의미를 지니지 못한다고 말할 수 있을 것이다.

이런 부류의 사람들에게 보호자격의 거대한 권력이 군림하게 되는데, 이 권력은 스스로 이들을 만족스럽게 해주고 또 이들의 운명을 감시해 주려고 나선다. (줄임) 이와 같은 정부는 매일 인간의 자유로운 행위가 별 쓸모가 없도록 만듦으로써 자유로운 행위의 빈도를 줄여 버린다. 그래서 정부는 인간의 의지를 아주 좁은 범위 내에다가 제한시켜 버리며, 점차 인간으로부터 스스로 활동하고자 하는 의욕을 박탈해 버린다.[1]

극단의 개인주의가 낳을 수 있는 위험성을 지적한 토크빌의 말은 많은 시간이 지난 오늘날의 사회에도 여전히 유효하다. 그의 논지를 둘러싸고 벌어지는 미국 사회의 많은 논의들이 그 증거라 할 수 있다. 비단 이러한 논의는 미국 사회에만 국한되는 것도 아니다. 오늘날 민주주의와 공공 영역에 대한 논의에서 그의 영향을 부인한다는 것은 불가능한 일이 되었다.

하지만 사실 "어떻게 사사로운 개인들이 공공성을 지향할 수 있는가?"라는 질문은 매우 오랫동안 되풀이되어 왔다. 가깝게는 주체로서의 개인과 사사로운 영역이 분화되기 시작한 근대 이후부터 계속되어 왔다고 할 수 있다. 개인의 사사로운 이익의 추구가 전체로서 공공선을 낳게 된다는 자유주의자들의 주장에서부터, 선한 국가에 터한 권력과 강제력으로 공공성을 확보하려는 국가주의자들의 입장, 그리고 공동의 가치에 근거한 공동체를 되살리는 것만이 공공성을 확보할 수 있는 바른 길이라고 주장하는 공동체주의자들에 이르기까지 다양하다.

사사로운 이해 관계를 넘어선 공공성의 확보라는 주제는 우리 사회에도 역시 시급한 과제이다. 혈연과 지연의 굴레로부터 벗어나지 못한 근대 이전의 유사 가족주의의 문화, 그리고 경제 논리 아래 다른 모든 가치들을 귀속시키는 이기스러운 경제주의의 논리가 우리 사회의 대표가 되는 윤리 지향성으로 지적되고 있는 현실에서[2] 어떻

---

1 알렉스 드 토크빌, 『미국의 민주주의 II』(임효선 · 박지동 옮김)(서울: 한길사, 1997), 888-889쪽.

2 우리나라의 두 갈래 윤리 지향성으로, '가족주의'와 '경제주의'를 지적하고 있는 글로는, 박영신, "두 갈래의 윤리 지향성, 그 울을 넘어," 한국사회이론학회(엮음), 『윤리와 우리 사회』(서울: 현상과인식, 1998)을 볼 것.

게 공공성을 확보할 것인가 하는 문제로부터 우리 역시 자유롭지 못하기 때문이다.

최근 우리 사회의 시민 사회를 둘러싼 논쟁들도 이러한 맥락에서 이해할 수 있을 것이다. 하지만 시민 사회와 관련된 토론을 포함하여 우리 사회의 공공성을 둘러싼 논의들은 대부분 중요한 내용을 빠뜨리고 있다는 인상을 지울 수 없다. 서구의 개념들과 틀을 빌려와 우리 사회에 대한 그럴듯한 설명을 하고 있지만, 우리 사회의 구성원들이 어떤 삶의 바탕 가운데 살아가고 있는지에 대한 기본 전제가 명확히 설명되지 않고 있기 때문이다.

시민 사회에 관련된 논의 역시 마찬가지이다. 시민 사회의 조건은 국가와 시민 사회의 분리만으로 만족될 수 있는 것이 아니다. "역사에서 언제나 국가만이 인간을 억압한 것은 아니"며 "전통 사회의 편견과 제도 또한 인간을 억압"해 왔다. 따라서 "공공의 문제에 관심을 가질 뿐 아니라 이를 해결하기 위하여 자유롭게 토론하고 참여할 수 있는" 시민의 존재 또한 시민 사회의 조건으로 이해되어야 한다.[3] 시민 사회와 공공 영역에 대한 논의가 우리 사회의 '문화틀'과 상징체계에 대한 경험 분석으로부터 시작해야 되는 이유도 여기서 찾을 수 있을 것이다.

이 글은 이러한 문제 의식을 바탕으로 하고 있다. 미국 사회에서 개인의 자율성과 공공성을 둘러싼 논쟁을 살펴보면서, 민주주의와 공공성 그리고 시민과 시민 사회와 같은 쉽지 않은 문제들이 어떻게 이들의 역사와 문화라는 틀 속에서 논의되고 또 그 해결 방안이 제

3 박영신, "잊혀진 이야기: 시민 사회와 종교," 『현상과 인식』 제24권 제1/2호(2000년 봄/여름), 70쪽.

시되고 있는가를 보여주고자 하는 것이다. 나아가 이들의 논의와 우리의 현실을 비교하는 것은 앞으로 우리 사회를 논의하기 위한 귀중한 자료이자 방법으로 활용될 수 있을 것이다.

따라서 이 글은 다음과 같은 순서로 전개된다. 먼저 미국 사회에서 진행된 개인주의와 공공성에 대한 논쟁의 역사를 간략하게 소개할 것이다. 그리고 셀리그만의 논의를 빌려 서구의 전통에서 공공영역과 사사로운 영역의 관계를 서로 다른 입장에서 파악하였던 '시민 사회'와 '시민 미덕'의 전통을 각각 구분한다. 이어서 미국 사회의 공공성 문제를 분석하는 학자로 대표되는 두 학자, 로버트 벨라와 로버트 우스노우의 논지를 정리한 다음, '시민 사회'와 '시민 미덕'이라는 틀에 비추어 둘의 논지를 비교할 것이다. 그리고 마지막으로 미국 사회에 대한 위의 논의들이 우리 사회에 가지는 의미는 과연 무엇인지에 대해서 간략하게 말하고자 한다.

2. 미국 사회의 공공성을 둘러싼 논쟁

1) 논쟁의 역사

미국 사회와 민주주의에 대한 관심은 1835년 『미국의 민주주의』를 썼던 토크빌에게까지 거슬러 올라간다.[4] 그에 따르면 모든 사람

---

4 사실 미국 사회를 분석하면서 '다수의 독재'와 '시민 결사체의 비판 역할'이라는 주제를 부각시킨 고전 학자로는 토크빌 외에도 베버를 들 수 있다. 베버 역시 이 두 가지 주제에 대하여 깊은 관심을 나타내고 있다. 토크빌이 구조와 이익에 근거한 분석 양식에 보다 기운 반면, 베버는 가치와 신념의 중요성을 더 강조하는 경향이 있다고 하는, Stephen Kalberg, "Tocqueville and Weber on the Sociological Origins of Citizenship: The Political Culture of American Democracy," *Citizenship Studies,* 제1권 제2호(1997년) 볼 것.

이 평등한 민주주의의 사회 상황은 각 개인들을 고립시키는 경향이 있고, 이것은 이들의 보호자를 자처하는 권력에 의한 전제 정치의 위험성을 낳는다. 그가 19세기 미국 사회를 관찰하면서 발견한 사실 가운데 하나는 민주주의가 낳는 이러한 위험성에 대한 경고였다. 하지만 이와 같은 암울한 전망이 그가 말하고자 하는 바의 전부는 아니었다. 다수의 독재를 낳을 수 있는 위험과 함께 그 위험을 상쇄하는 미국 사회의 제도와 습속에도 깊은 관심을 나타낸다. 분권화된 행정, 강력한 사법 제도, 자유 언론, 특히 종교와 시민 결사체 등은 독재를 막고 민주주의로 나가게 하는 미국 사회의 특성이라는 주장이다. 토크빌 이후 '민주주의가 낳는 다수 전제 정치의 위험성'과 '민주주의에서 시민 결사체의 중요성'이라는 주제는 미국 사회뿐 아니라 민주주의에 관한 논의에서 빠질 수 없는 주제가 되었다.

이후 미국의 민주주의의 특성을 설명했던 이 두 가지의 주제는 '시민 결사체의 감소'와 '공공성의 쇠퇴'라는 내용으로 변하게 된다. 이들은 20세기가 들어서면서 미국 사회에서 하나의 혁명이 일어나고 있다고 본다. 그 혁명의 주체는 '심리인'으로서, 그는 자신의 인식과 감정을 넘어서는 어떠한 현실이나 가치도 불신하는 자아 지향의 인간형이다. 이러한 심리인들이 서구 문화가 가지는 도덕성과 공공 미덕을 위태롭게 하고 있다는 것이다.[5] 이러한 주제를 두고 벌어졌던 많은 논쟁들은 그 구체의 내용에서는 약간 차이가 있으나, 자기

5 이 가운데 대표적인 학자로서는 필립 리프(Philip Rieff)를 들 수 있다. 그는 1966년 『상담 치료의 승리(The Triumph of the Therapeutic)』라는 책에서 '심리인'들이 중심이 되어 일어나고 있는 서구 사회의 혁명에 대해 이야기하고 있다. Pual Lichterman, "Beyond the Seesaw Model: Public Commitment in a Culture of Self-Fulfillment," *Sociological Theory*, 13권 3호(1995년 11월), 275쪽을 볼 것.

실현의 문화가 공공선에 대한 헌신을 파괴하고 있다는 주제를 반복하여 주장하는 공통점이 있다. 다니엘 벨, 크리스토퍼 라쉬, 로버트 벨라가 그 대표가 되는 학자들이다. 그 가운데 특히 벨라와 그의 동료들이 함께 쓴 『마음의 습속』은 중요한 의미를 지닌다. 그동안 다른 학자들의 글이 문명의 퇴보에 대한 추상의 비판에 머무른 반면, 벨라와 그의 동료들은 실제 인터뷰 자료들을 통하여 동일 주제에 대한 경험 분석을 시도하고 있기 때문이다.[6] 따라서 『마음의 습속』을 둘러싼 논평과 비판도 매우 활발하게 전개되었고, 책을 둘러싼 심포지움도 열렸다. 하지만 대부분의 논쟁들이 공동체나 개인주의 등과 같은 기본 개념들의 명료화와 현실 적합성에 관한 것들에 주로 집중되었을 뿐, 현대 사회에서의 '공공성의 쇠퇴'라고 하는 커다란 주제에 대한 근본의 비판들은 아니었다.[7]

이러한 논쟁의 구도는 푸트남이 공공성의 문제에 대하여 새 주장을 펼치면서 새로운 국면으로 접어든다. 토크빌의 전통을 이으면서 그는 미국 민주주의의 본질이라고 할 수 있는 시민의 참여가 최근 들어 급격하게 줄어들고 있다고 주장한다. 그의 논의가 이전의 것들과 구별되는 것은 노동 조합에의 참여율, 마을이나 학교 회의에의 참석율, 투표율, 일정한 자원 봉사 활동에의 참여와 같은 여러 가지

---

6 윗글, 278-279쪽.

7 『마음의 습속(Habits of the Heart)』을 둘러싼 논쟁을 보기 위해서는 *Soundings,* 69권 1/2호(1986년 봄/여름)를 볼 것. 특히 논평에 대하여 벨라가 답변하고 있는, Robert N. Bellah, "A Response: The Idea of Practices in Habits," *Soundings,* 제69권 제1/2호(1986년 봄/여름), 또는 자신이 말하는 공동체의 개념에 대해서 밝히고 있는 "Community Properly Understood: A Defense of 'Democratic Communitarianism'," *The Responsive Community*, 제6권 제1호(1995/96 겨울) 또는 Amitai Etzioni(엮음), *The Essential Communitarian Reader*(New York: Rowman & Littlefield, 1998)에 실린 같은 제목의 글을 볼 것.

통계 자료를 활용하여 자신의 주장에 대한 근거로서 활용하고 있다는 점이다. 그의 이런 시도는 저널리즘 수준의 관심에서 벗어나 사회 자본에 대한 보다 깊이 있는 논의를 끌어냄으로써 시민 사회 논쟁을 한 단계 끌어올렸다는 평가를 받고 있다.[8] 하지만 푸트남의 글은 그가 쓴 통계 자료가 과연 정확한가, 자신의 주장을 뒷받침하기 위하여 특정한 자료들만을 따오고 있지는 않은가 하는 문제들을 둘러싸고 또 다른 논쟁을 불러일으켰다. 나아가 주목할만한 사실은 비판자들이 단순히 통계 자료의 타당성과 신빙성에 대한 문제 제기를 넘어서서, 또 다른 경험 자료들을 제시하며 미국 사회의 공공성은 쇠퇴하고 있는 것이 아니라 단지 변화하고 있다고 주장한다는 점이다. 이러한 비판에 앞장섰던 학자들로는 우스노우,[9] 울프,[10] 릭터만[11]을 들 수 있다. 이들은 개인 중심의 문화가 반드시 공공에의 참여를 쇠퇴시키는 것은 아니라는 사실을 여러 가지 경험 자료들을 통하여 제시하고 있으며, 그러한 변화는 정보화 사회 또는 후기 산업 사회로 특징지워지는 현대 사회의 새로운 공공성 참여 방식일 뿐이라고 주장한다.

---

8 푸트남이 1995년 "혼자 볼링하기 : 미국 사회 자본의 쇠퇴(Bowlign alone : America's declining social capital)"라는 글을 발표하면서 이에 대한 새로운 논쟁이 활발하게 이뤄졌다. Robert Wuthnow, *Christianity and Civil Society: The Contemporary Debate* (Pennsylvania: Trinity Press International, 1996), 16쪽을 볼 것.

9 윗글, 15-18쪽.

10 Alan Wolfe, *One Nation, After All*(New York: Penguin Books, 1998), 230-233쪽.

11 Paul Lichterman, 윗글, 278쪽; 물론 릭터만은 벨라와 우스노우 역시 정도의 차이는 있을지언정 푸트남과 마찬가지로 '자기 성취 문화'와 '공공선에의 헌신'이라는 가치를 서로 대비시켜 파악한다는 점에서 다같은 시소 모델이라고 비판한다. 그렇지만 우스노우의 경우 그 둘의 가치가 꼭 대립되는 것만은 아닌, 양립가능한 것이라고 주장한다는 점에서 푸트남 테제에 대한 비판자로서 거론되어야 한다고 생각한다.

토크빌로부터 이어져 온 미국의 민주주의에 대한 관심은 과연 미국 사회의 공공성이 쇠퇴하고 있는가, 아니면 단지 새로운 사회 변화에 맞추어 변화하고 있는 것인가 하는 새로운 국면으로 접어들고 있는 듯하다. 그렇다면 이러한 주장의 차이는 어디로부터 비롯되는 것인가? 이들이 각각 중요하다고 보고 설명하고자 하는 현상은 무엇인가? 그리고 미국 사회의 공공성에 대한 논쟁이 우리 사회에는 어떠한 뜻을 가지는 것인가?

2) 도덕의 근원을 바라보는 두 가지 전통

셀리그만은 미덕과 도덕성의 근원을 공공 영역에서 찾는지, 아니면 사사로운 영역에서 찾는지에 따라서 '시민 미덕'과 '시민 사회'의 두 가지 전통으로 구분하다. 이 두 전통은 모두 '도덕 공동체'의 기초를 세우는 데 관심을 가지며, 동시에 '미덕'이야말로 이 도덕 공동체에 없어서는 안될 요소로 파악한다는 공통점이 있다. 하지만 이 '미덕'을 구성하는 영역이 무엇이냐에 따라서 이들은 서로 갈라진다.

먼저 시민 사회의 전통은 보통 스코틀랜드 계몽주의로부터 시작하며, 아담 스미스와 아담 퍼거슨 같은 사상가들이 이를 대표한다. 반면 시민 미덕의 전통은 고대 그리스와 로마의 정치 철학에 뿌리를 내리고 있으며, 아리스토텔레스로부터 루소, 그리고 아렌트와 같은 사상가들로 이어 내려오고 있다.[12] 셀리그만에 의하면 서구의 역사는 18세기 말에서 19세기 초에 이르러 서서히 시민 사회의 전통이 시민 미덕의 전통을 대신하게 되는 역사이다.

---

12 Adam Seligman, *The Problem of Trust*(Princeton: Princeton University Press, 1997), 106-107쪽.

이들의 차이는 '미덕'과 '도덕 질서'를 어떻게 규정하고 있는가에 달려 있다. 시민 미덕의 전통에서 도덕 이상은 공공의 것이다. 그것은 '집합 의식,' 루소의 표현에 따르면, '일반 의지'에 의하여 규정된다. 각각의 개인들은 자신들의 모든 권력과 인격을 일반 의지의 권위 아래 복종시키고, 또 개인은 나뉘어질 수 없는 전체의 일부분으로 받아들여진다. 이러한 공동체는 시민 미덕의 전통에 보다 근접해 있다는 것이다.[13]

반면 시민 사회의 전통에서는 사회의 도덕 토대를 사사로운 이상에서 찾는다. 이들은 인간의 도덕 감정과 박애 정신은 인간의 본성에 내재한 것으로 파악한다. 물론 스코틀랜드 계몽주의 전통 가운데도 많은 차이들이 있지만, 이들 모두 인간의 도덕 감정을 사회 존재가 아닌 개인의 자아에 뿌리를 두고 있는 것으로 파악한다는 점에서 공통점이 있다. 물론 시민 사회의 전통에서도 공동체라는 환경 가운데 처해 있는 개인의 삶을 고려한다. 보기를 들어, 스미스의 '승인(approbation)'은 자신에 대한 타인의 인식을 통해 자기 자신을 구성해 간다는 것을 보여주는 개념이다. 그러나 중요한 사실은 여기에서 공동체나 사회의 '타자'는 자아 속으로 내면화된다는 사실이다. 이것은 폴리스 내부나 공공 영역에서의 활동을 통해서만 개인이 인간이 될

13 셀리그만은 이러한 공동체를 뒤르케임의 '기계 같은 결속' 관계와 비슷한 것으로 본다. 이것은 마치 시민 미덕의 전통이 과거 사회에나 가능한 것으로 생각하게 할 여지가 있다. 하지만 뒤르케임은 개인 수준을 뛰어넘는 도덕의 바탕을 '기계 같은 결속' 관계에서만 필요한 것으로 보지는 않았다. '유기체 결속' 관계에서도 계약에 앞서 존재하는 가치와 규범을 중요하게 생각하기 때문이다. 따라서 현대 사회에서도 여전히 공동체 차원의 도덕 이상은 매우 중요하다고 할 수 있다. 이와 관련된 논의를 보기 위해서는, 박영신, "사회학의 사회주의: 뒤르케임의 갈등 인식과 사회주의," 『사회학 이론과 현실 인식』(서울: 민영사, 1993)을 볼 것.

수 있다고 보았던 시민 미덕의 전통과는 구별되는 것이다. 이제는 교제, 곧 아담 스미스의 표현에 따르면, '상호 교섭의 공감'이 미덕을 대신하게 된 것이다.[14]

다시 말하면, 시민 미덕의 전통에서는 일반 의지에의 복종이 모든 사사로운 이해의 억제를 통하여 공공의 미덕을 보장할 수 있는 합리적인 행위인 반면, 시민 사회의 전통에서는 동감의 작용에 의한 '공평한 관찰자'의 이상만이 도덕 질서를 보장할 수 있는 심리 수준의 기제라는 것이다.[15] 이 두 전통의 입장을 정리하면 다음의 표와 같다.[16]

〈표 2.1〉 시민 사회와 시민 미덕의 비교

	시민 사회	시민 미덕
미덕의 영역	사사로운 영역	공공 영역
미덕의 정의	도덕 감정: 자연 동감, 관심, 그리고 승인	공유된 공동체
미덕의 메커니즘	공평한 관찰자	일반 의지
자아의 모델	분리된, (그래서) 성스러운 (분화된 편입)	집합 의식에 의해 구성됨 (덜 분화된 편입)
자아의 지향	내부 지향	외부 지향

시민 미덕의 전통에서 공공선은 모든 사사로운 선을 넘어서고, 궁

14 윗글, 112쪽.

15 하지만 스미스의 '공평한 관찰자'를 단순히 동감의 작용에 의해 다른 사람들의 판단에만 구속되는 것으로 해석할 수는 없다. 스미스의 '공평한 관찰자'의 이상에는 분명 현실 구속성을 뛰어넘는 보편성, 곧 신이나 보편 이성과 같은 초월의 가치가 포함된다. 이에 대한 스미스의 논의를 보기 위해서는, 아담 스미스, 『도덕감정론』(서울: 비봉출판사, 1996), 243-244쪽, 그리고 3부 5장을 볼 것.

16 Adam Seligman, 윗글, 115쪽.

극으로 공공의 관심을 위해 자기 이익을 극복하는 데 달려 있다. 이것은 단순히 공공 의식이라기보다는, 개별 시민들이 '자기 참모습'을 실현하고 성취할 수 있는 가능성을 공공의 무대에서만 가능하다고 본 인류의 비전이다. 따라서 이러한 전통 가운데 공공 영역은 자유와 미덕의 영역인 반면, 사사로운 영역은 필연과 수단의 영역이고 감추어야 할 부끄러운 것으로 여겨졌다. 아렌트가 고대 그리스의 보기를 따오면서 삶의 필연성과 관련이 있는 사사로운 영역은 보다 높은 활동, 곧 공공-정치의 영역에 참여하기 위한 전제 조건에 불과한 것으로 파악하고 있는 것은 이러한 전통에 서 있는 것이라 할 수 있다. 그렇기 때문에 공공 영역에 참여하지 못한 사람들을 '백치'라고 불렀던 것이다.[17]

반면 시민 사회의 윤리 이상은 사사로운 것으로, 마음, 정신, 각각의 사회 행위자들의 교섭 행위 내에서 실현되는 것으로 보고 있다.[18] 따라서 시민 사회의 전통은 사회를 자유스럽고 도덕스러운 개인들의 조화로서 이해하는 자유주의 전통과 유사하다. 특정한 도덕 이상을 개별 행위자들에게 부과하기 보다는 공공 영역에서 민주스러운 의사 결정 과정이 가능하도록 각 개인들의 평등을 보장해 주는 역할에 사회는 만족해야 한다.[19] 아담 스미스가 정의의 도덕과 자혜의 도덕을 구분하고, 정의의 도덕을 정부의 엄격한 관리의 영역으로 그리고 자혜의 도덕을 개개인의 자율 영역으로 남겨 두어야 한다고 보았던 것은 이러한 전통에 서 있는 결과라 할 수 있다. 정의의 도

---

17 한나 아렌트, 『인간의 조건』(이진우 · 태정호 옮김)(서울: 한길사, 1996), 82쪽.
18 Adam Seligman, 윗글, 114쪽.
19 윗글, 116-117쪽.

덕은 어기게 되면 타인에게 직접 손해를 끼치는 것이기 때문에 강제력을 사용해서라도 지켜야 하는 것인 반면, 자혜의 도덕은 그것이 부족하다고 해도 직접 해악을 끼치는 것은 아니라는 점에서 힘으로 강제할 수 없다고 보았던 것이다.[20] 이러한 전통 속에서 사사로운 영역은 개인들의 자율과 도덕의 영역인 반면, 공공 영역은 사사로운 개인들이 자유롭게 교섭하는 중립의 공간으로 이해된다. 공공선과 정치에 대한 이러한 두 가지의 비전은 '시민됨(citizenship)'에 대한 자유주의자와 공동체주의자 사이의 논쟁들 가운데 계속되고 있다.[21]

3) 미국 사회의 공공성을 바라보는 두 가지 시각 : 벨라와 우스노우

사실 '시민 미덕'과 '시민 사회'의 전통이라는 틀에서 보았을 때 벨라와 우스노우는 어느 한 쪽에 치우친 극단의 학자라고 볼 수는 없다. 앞서 살펴보았다시피, '시민 사회'의 전통이 사사로운 개인들의 자율성을 바탕으로 공공성의 구성을 생각하는 반면, '시민 미덕'의 전통에서는 공공은 집단이나 사회로부터 주어지는 것이고 개인은 그러한 공공 영역에 참여를 통하여 공공성을 획득해 나간다는 차이점이 있다. 이런 점에서 벨라와 우스노우는 모두 공과 사, 어느 한 쪽에 치우치기보다는 균형의 유지를 매우 중요한 것으로 파악한다. 벨라는 「마음의 습속」에서 공공의 삶과 사사로운 삶이 미국 사회에서 어떻게 기능하는지를 살펴보는 것을 자신의 연구 목적으로 삼고

20 윤원근/박영신, "동감의 사회학: 선한 사회의 조건에 대한 탐구," 『현상과 인식』 제23권 제1/2호(1999년 봄/여름), 60쪽.

21 Adam Seligman, "Between Public and Private: Towards a Sociology of Civil Society," Robert W. Hefner(엮음), *Democratic Civility*(New Jersey: Transaction, 1998), 86쪽.

있다고 밝힌다. 그리고 올바른 공과 사의 관계를 서로가 조화로운 상태, 곧 '사회 생태학'이 회복된 상태로 파악한다. 대부분의 미국 사람들은 생존 경쟁이 치열한 공공의 세계와 그러한 생존 경쟁의 치열함을 견딜 수 있도록, 의미와 사랑을 제공해주는 사사로운 세계 사이의 분열을 날카롭게 인식하고 있다. 하지만 바람직한 사회는 이러한 분열을 극복하고, 두 세계가 조화롭게 융합되는 상태이다.[22] 곧 공공의 세계는 사사로운 개인의 열망이 실현되는 마당이 되고, 사사로운 영역은 사람들이 공공 세계에 참여할 수 있도록 준비시키는 곳이어야 한다는 것이다.[23]

한편 우스노우는 시민 사회가 두 가지의 모순되는 충동, 곧 개인과 공동의 활동 그리고 통일성과 다양성의 균형을 항상 유지해야 하기 때문에 계속된 갈등 관계에 있다고 본다. 그에 의하면, 시민 사회의 논의에서는 사회에 대한 책임만큼이나 개인의 주체도 매우 중요하다. 자유로운 공공 활동이 가능하기 위해서는, 자신의 책임과 헌신의 정도를 계속 점검하면서 자유롭게 선택하는 시민들을 필요로 하기 때문이다. 따라서 시민 사회는 개인주의를 교정하는 것이 아니라, 오히려 그것을 요구하고 강화한다고 할 수 있다. 또한 시민 사회는 통일성과 다양성의 불안정한 혼합물이다. 단일하고, 통일된 도덕 공동체의 비전이 근대 시민 사회 모습의 일부였기 때문에 너무 많은 다양성은 시민 사회에 위협이 되는 요소로 인식하는 경향이 있다. 하지만 시민 사회에 공동의 도덕 비전이 필요한 참 이유는 그것이

---

22 Robert Bellah 등, *Habits of the Hearts*(Berkeley/Los Angeles/London: University of California Press, 1985), 163쪽 그리고 292쪽.

23 윗글, viii-ix쪽.

바로 여러 다양성을 하나로 획일화시키지 않고 평화스럽게 공존할 수 있게 하는 조건이기 때문이다. 때문에 통일성만큼이나 다양성도 중요하다.[24] 이처럼 개인과 공공의 세계는 어느 한 쪽이 다른 한 쪽을 결정하는 문제가 아니고, 서로 긴장과 균형을 유지해야 하는 관계이다.

위와 같이 벨라와 우스노우는 모두 개인의 자율성과 사회나 공동체 차원의 공공성을 균형 있게 강조하고 있다. 하지만 보다 자세하게 살펴보면 문제를 바라보는 시각에서 두 학자는 서로 다른 입장에서 있음을 알 수 있다. 이러한 차이가 미국 사회의 오늘을 바라보는 두 학자의 입장 차이로 나타난다. 곧 벨라에게 현재의 미국 사회는 개인을 공공과 이어주던 공화주의와 성서 전통의 개인주의가 쇠퇴하면서 점점 더 사사로운 관계나 영역에서만 만족을 얻는 이기스러운 개인을 낳는 암울한 사회로 해석된다. 반면 우스노우에게 오늘날의 미국 사회는 공공 의식이 쇠퇴하는 것이 아니고 달라진 사회 환경에 적응하여 변화하고 있는 과도기의 상황으로 해석된다. 이러한 차이는 어디에서 비롯되는가? 이는 어느 한 사람의 주장에 논리상의 비약이 있거나, 아니면 제시하고 있는 경험 자료가 왜곡되었기 때문에 발생하는 문제가 아니다. 이러한 차이는 두 학자가 서 있는 입장, 그로 인해 중요하게 생각하는 측면이 서로 다르기 때문에 발생하는 것이다. 벨라가 공공의 관심과 미덕은 개인의 외부, 곧 사회나 공동체로부터 주어져야 한다는 점에 좀 더 강조점을 두고 있다면, 우스노우는 오히려 인간의 본성에 내재된 선한 감정에서 공공 의식과 미

24 Robert Wuthnow, 윗글, 39-40쪽.

덕의 가능성을 보고 있다. 따라서 벨라가 '시민 미덕'의 전통에 보다 가까운 '자유주의스러운 공동체주의자(liberal communitarian)'라고 한다면, 우스노우는 '시민 사회'의 전통에 보다 가까운 '공동체스러운 자유주의자(communitarian liberalist)'라고 할 수 있을 것이다. 다음 단락에서는 이러한 주장의 근거를 살펴보기로 한다.

(1) 로버트 벨라: 공공 의식의 쇠퇴와 공동체의 부활

벨라가 중요하게 생각한 현상은 현재 사람들이 얼마나 공공의 활동에 참여하고 있는가 하는 단순한 통계 수치가 아니었다. 그에게 중요한 것은 미국 사회가 사람들에게 타인에 대한 관심과 공공 참여를 가치 있는 활동으로 볼 수 있도록 하는 맥락을 제공해 주고 있는가 아닌가 하는 점이다. 만약 사회가 공공 참여에 의미를 부여할 수 있는 전통을 상실해 가고 있다고 한다면, 현재의 통계치가 공공 의식의 쇠퇴를 걱정할 만큼 우려할 만한 수준이 아니라고 해도 미래는 암울한 것이다. 사람들이 공공에 대하여 서로 논의할 수 있는 공동의 기반을 점점 상실해 가는 것이기 때문이다. 이러한 점은 다음과 같은 벨라의 주장에서 확연하게 드러난다.

> 하지만 "개인의 야망과 소비주의"에만 헌신된 삶에 만족하는 사람들은 거의 없다. 대부분의 사람들은 이러저러한 방식으로 자기 중심의 삶이 주는 한계를 초월하고자 노력하고 있다. 만약 미국에 수많은 이기스럽고, 나르시즘 같은 "자기 중심의 세대(me generation)"가 있다면, (본성상 이기스러운 - 옮긴이) 그런 사람들이 많기 때문이 아니다. 그보다는 자기 이해의 가장 중요한 미국의 언어, 곧 개인주의라는 언어가 사람들의 생각하는 방식을 제한하고 있기 때문이다.[25]

다시 말하면 이기스러운 개인이 아니라, 이기스러운 방식으로 생각하게 하는 문화가 있을 뿐이라는 주장이다. 벨라가 보기에 미국 사회는 사람들이 도덕상 의미로운 방식으로 다른 사람들과 서로 연결되어 있다는 사실을 점점 더 깨닫기 어렵게 하는 사회이다. 미국 문화를 특징짓는 경영자나 상담치료자 중심의 문화는 자신을 사회의 보다 큰 맥락과 관련짓게 하기 보다는, 삶의 특정 부분을 자기 자신의 좁은 세계 속으로 숨게 만든다.[26] 성서 개인주의와 공화 개인주의의 전통이 침식되고 있는 것이다. 이 점은 제도 연구에 보다 치중하고 있는 『선한 사회』라는[27] 글에서도 그대로 드러나는 문제의식이다. 그는 현재 미국 사회가 직면하고 있는 문제가 제도에 대한 신뢰를 상실하고 있는 것이라고 본다. 미국의 안정된 민주주의의 토대가 되었던 신뢰의 유산이 침식되고 있는 점이 그의 문제 의식이었던 것이다.[28] 그는 사람들이 스스로 참여하고 있는 '실천'에 대하여 생각하고 말할 수 있는 적당한 '언어'가 있어야 한다고 생각한다. 실천에는 반드시 그에 적합한 철학의 토대가 있어야 하기 때문이 아니다. 그보다는 '실천' 행위와 이를 해석하는 '언어'는 선한 삶에 대하여 서로를 성찰할 수 있게 하고 또한 서로를 지탱시켜 주는 관계이어야 하기 때문이다. 그런 맥락에서 '언어'가 이러한 역할에 실패하게 되면, 실천 행위 또한 쇠퇴할 수 있는 위험이 존재한다고 보았던 것이다.[29]

---

25 Robert Bellah 등, 윗글, 290쪽.

26 윗글, 50쪽.

27 Robert Bellah 등, *The Good Society*(New York: Vintage Books, 1992)

28 윗글, 3쪽.

29 Robert Bellah 등, 윗글(1986), 182쪽.

그렇다면 이러한 문화를 낳게 된 원인은 어디에 있는가? 벨라는 이것이 원인이라고 뚜렷하게 제시하고 있지는 않다. 하지만 그는 여러 곳을 통하여 공공의 문화가 쇠퇴하고 개인주의 문화가 득세하게 된 원인을 간접으로 말하고 있다. 종교의 자유를 찾아 신대륙으로 찾아왔던 역사의 경험을 말하기도 하고, 산업 사회와 그로 인한 대도시의 성장과 공동체의 파괴가 지적되기도 한다. 또는 자본주의 문화의 특징을 이야기하기도 한다. 하지만 벨라는 이 모든 현상을 통칭하여 근대성 자체가 '분리의 문화'임을 지적한다. 이러한 근대의 문화가 우리들의 의식을 조건지우고 있기 때문에 막다른 골목으로부터의 탈출구를 찾기 힘들다고 보는 것이다.[30] 지성인들의 문화가 분절화되어 총체의 시각에서 문제거리를 던지지 못하고 있고, 텔레비전을 비롯한 대중 문화는 더 이상 공공의 미덕을 이야기하지 않고 사사로움만을 추구한다. 이러한 상태에서 근대 '분리의 문화'가 제시할 수 있는 통합의 형태는 두 가지 뿐이다. 그것은 바로 공리 개인주의와 표현 개인주의로부터 나온다. 사람들이 선한 삶의 모습을 공유하고 있지는 않지만, 공리 개인주의는 이들을 개인 차원의 성공을 꿈꾸는 사람이라는 점에서 같은 동료로서 인식할 수 있게 한다. 또한 사람들이 생각하는 바는 서로 다르고 그래서 이들을 분리시키지만, 표현 개인주의는 이들에게 그 내용과는 상관없이 느끼는 바를 통해 사람들을 서로 묶어주게 된다. 하지만 이러한 통합의 기제는 경쟁과 휴식 사이를 극단으로 오가는 불안정일 뿐이며, 또한 시간과 공간, 옳음과 그름, 그리고 의미와 무의미 사이의 어떤 차이도 구별

30 Robert Bellah 들, 윗글(1985), 277쪽.

할 수 없게 하는 사이비 통합일 뿐이다. 이러한 사회에서 우리는 "인생이라는 바다에 고립된 존재일 뿐이며… /우리 수백만의 인간들은 외로이 홀로 살 뿐이다."[31]

이러한 사회를 극복하기 위한 방법으로 벨라는 미국의 전통 가운데, 성서 개인주의와 공화 개인주의의 전통을 되살려야 한다고 주장한다. 사회란 최소 정부에 대한 계약 관계 외 다른 어떠한 공통점도 가지지 못한 사사로운 개인들의 집합일 수 없다. 만약 분리의 문화가 한 사회를 완전하게 지배하게 되면 그 사회는 붕괴하든지, 아니면 권위주의 국가가 등장해 현재의 문화가 제공하지 못하는 강제의 통합을 제공하게 될 것이다. 하지만 미국 사회에 아직도 희망이 남아 있다면 그것은 바로 사람들의 깊은 곳에 살아 있는 이러한 공화주의와 성서 전통이 있기 때문이다. 우리가 누구이며, 다른 사람들을 어떻게 대해야 할지에 대하여 말해 줄 수 있는 것은 바로 이러한 전통들이다.[32] 이러한 주장은 단순히 의식을 개혁하자는 구호 수준의 주장일 수 없다. 그것은 마틴 루터 킹 목사의 인권 운동에서와 같이 그 실현 가능성을 현실 속에서 보여주었으며, 나아가 그 경험이 오늘을 사는 미국인들의 가슴 속에 기억되고 있기 때문이다. 전통의 회복을 위하여 벨라는 미국 사회의 문제와 미래에 대하여 더 풍부한 '언어'를 가지고 토론해야 한다고 주장한다. 그런 뜻에서 전문가들 역시 대안이 될 수 없다. 민주주의는 전문가들의 지배가 아니기 때문이다. 가장 필요한 것은 바로 다양한 의견들이 가지는 도덕상의 의미를 심사숙고하는 능력이다. 가정이나 지역 공동체에서

31 윗글, 281쪽.

32 윗글, 282쪽.

보다 긴 안목으로 사물을 관찰하는 법을 배운 시민들만이 보다 큰 문제거리에 대하여 그러한 능력을 발휘할 수 있다. 따라서 "가족이 민주주의의 학교이며, 학교가 민주주의의 공동체일 때, 그러한 지혜 — 공공의 관심에 대하여 주목할 수 있는 능력—가 학습될 수 있는 것이다."[33] 이러한 지혜나 공공에 대한 관심은 결코 사사로운 개인들의 결정들이 모아진 결과로서 나올 수 있는 것이 아니다. 제도의 맥락에서 개인들이 그러한 결정을 할 수 있도록 가르치고 양성해야만 한다. "의식의 향상이 중요하다. 그리고 공식과 비공식 차원의, 그리고 법률이나 전통을 통한 새로운 제도 유형의 창출 역시 똑같이 중요하다."[34]

하지만 여기에서 지적해야 할 것은 벨라가 주장하는 공동체는 결코 과거 지향이나 유토피아 성격의 공동체가 아니라는 점이다. 몇몇 자유주의자들의 주장에 따르면, 근대라는 상황에서 가치와 목표의 공유에 기초한 공동체는 결국 대면 관계를 중심으로 하는 소규모의 집단에서나 가능한 것이지, 큰 규모의 사회나 제도에는 바람직하지도 가능하지도 않다고 비판한다. 이에 대하여 '민주스러운 공동체주의(democratic communitarianism)'를 주장하면서, 벨라는 그것이 시장이나 국가의 가치와 그 불가피성을 인정하고 있다고 말한다.[35] 단지 시장이나 국가의 기능은 사람들에게 봉사하기 위한 것이지 그들을 지배하기 위한 것은 아님을 지적하면서, 민주스러운 공동체주의는 시장과 국가에 대하여 생각할 수 있는 인간다운 맥락을 제공하려는

33 Robert Bellah 들, 윗글(1992), 272쪽.

34 윗글, 275쪽.

35 Robert Bellah 들, 윗글(1995/1996), 49쪽.

것임을 강조한다. 나아가 민주스러운 공동체가 중요시하는 네 가지의 가치를 '개인의 숭고함,' '결속의 중요성,' '다양한 집단에의 소속,' 그리고 '권리와 의무로서 공공에의 참여' 등으로 제시하고 있다.[36] 이를 통하여 그는 자신이 주장하는 공동체주의 가치의 중요성이 단지 과거나 소규모 집단에만 국한되는 것이 아님을 밝히고자 한 것이다.[37]

지금까지 살펴본 바와 같이 벨라에게 중요한 것은 사회와 공동체가 공공과 개인을 이어줄 수 있는 문화(상징 체계)를 제공해 주고 있는가 하는 점이다. 미국 사회에 대한 그의 진단은 과거에 그 둘을 이어주었던 전통이 현재 미국 사회에서 점점 쇠퇴하고 있으며, 따라서 그러한 전통을 되살려야 한다고 주장하는 것이다. 그리고 그 방법은 의식의 향상에서부터 제도의 개혁에 이르기까지 사회나 공동체가 가르치고 양육해야 한다고 주장한다.

(2) 우스노우: 새로운 형식과 의미의 공공성

벨라와는 달리 우스노우는 미국 사회가 공공성이 쇠퇴하는 것이 아니라고 본다. 그보다는 달라진 사회 환경에 적응하여 새로운 형태와 의미의 공공 참여 방법을 모색하고 있다는 것이다. 우스노우는 여러 통계 자료들을 통하여 자신의 주장을 뒷받침한다. 먼저 그는 미국에서 공공성의 쇠퇴를 주장하는 학자들이 제시하는 자료가 다소 왜곡되어 있음을 지적한다. 보기를 들어, 미국에서 자원 봉사 활

36 이에 대한 자세한 논의를 보기 위해서는 윗글, 52-54쪽을 볼 것.

37 이와 관련하여 공동체주의의 줄기와 이어지는 논의, 박영신, "공동체주의 사회과학의 새삼스런 목소리," 『현상과 인식』 제22권 제1/2호(1998년 봄/여름)를 볼 것.

동이 감소하고 있다는 주장의 근거로 미국 노동부의 자료만을 따오고 있는 데 대하여, 보다 폭넓은 자료를 살피면서 오히려 사회 활동이 증가하고 있음을 보여준다. 가난하거나 아픈 사람들을 돕기 위한 자선 활동과 같은 사회 봉사 활동에 참여하고 있는가 하는 질문에 대하여, 1977년에는 26%, 1981년에 29%, 1986년에 36%, 그리고 1989년에는 41%의 사람들이 "그렇다"라고 응답하였다. 1991년의 자료를 보면, 38%의 사람들이 자원 봉사 활동에 투여한 시간의 양이 늘었다고 응답하였다. 또한 노동조합과 같은 조직에 참여율이 감소하고 있다는 주장에 대하여, '정치-행동 위원회'와 특수-이익 집단과 같은 새로운 형태의 조직 참여율은 오히려 높아지고 있는데 이런 현상은 가볍게 보고 있다고 비판한다.[38]

다시 말하면, 우스노우는 미국인들의 공공 참여가 감소하는 것이 아니고 오히려 참여의 형태가 변화하고 있다고 보는 것이다. 이러한 주장은 소그룹에 대한 그의 입장에서 명확하게 나타난다. 소그룹에의 참여율은 현재 미국 사회에서 주목할 만한 현상 가운데 하나이다. 10명의 미국인들 가운데 4명 정도가 소그룹에 참여하여, 일정하게 만나면서 그 구성원들을 돌보고 격려하고 있기 때문이다.[39] 하지만 소그룹은 자신의 필요를 충족시키기 위하여 참여하는 조직이다. 이들은 자신들의 정서상의 필요를 만족시키거나, 아니면 약물이나 알코올 중독과 같은 문제로부터 벗어나기 위한 도움을 얻기 위하여 참여한다. 교회 관련 소그룹들도 성경 공부나 기도 모임과 같이 겉으로는 공공 참여와 전혀 관계없는 동기를 가지고 참여한다. 그러나

38 Robert Wuthnow, 윗글, 20-21쪽.

39 Robert Wuthnow, *Sharing the Journey*(New York: The Free Press, 1994ㄱ), 4쪽.

이러한 소그룹 참여는 의외의 결과를 낳는다. 소그룹에 참여한 사람일수록 공공 활동의 참여율이 높다는 것이다.[40] 이와 같은 결과가 의미하는 바는 가장 이기스러운 동기에서 시작한 집단에의 참여가 사람들을 공공의 관심으로부터 멀어지게 하고 사사로운 영역에 갇혀 자신의 필요에만 민감하게 반응하는 결과만을 낳게 하지는 않는다는 점이다. 오히려 자신의 '참모습'과 자아에 대한 이해를 강화하는 일종의 치료도 시민 사회에 긍정의 기능을 할 수 있다는 것이다.[41] 다만 과거와 다른 의미와 형태를 가지고 기여할 뿐이다.

그렇다면 오늘의 미국인들이 시민 활동에 참여하는 방식은 과거와 어떻게 다른가? 크게 분리, 인내, 균형이라는 낱말로 표현할 수 있다. 분리의 방식은 다른 사람들의 문제에 전심으로 참여하기보다는 일정한 거리를 두면서 자신의 문제는 스스로 해결할 수 있도록 돕는 데 만족하는 것이다. 인내의 방법은 각 사람들에게 나름대로 존중해야 할 은사가 있음을 인정하는 것이며, 동시에 도와야 할 사람들의 필요와 관심에 참을성 있는 관심을 보여주어야 한다는 것을 의미한다. 마지막으로 균형은 공동체의 활동에 적극 참여하는 사람들도 자신들을 위한 활동과 균형을 맞추어야 한다는 것을 의미한다. 미국인들은 공동체에 대한 책임도 다해야 하지만, 동시에 직업과 가족, 그리고 자신의 개인 필요들에 대하여도 책임을 다해야 한다고 생각한다는 것이다.[42] 이러한 참여 방식의 변화, 곧 자기 자신의 필요에 소홀하지 않으며, 동시에 외부로부터 주어지는 것이 아닌, 자

40 윗글, 320쪽.

41 Robert Wuthnow, *Loose Connections: Joining Together in America's Fragmented Communities* (Cambridge, Massachusetts: Havard University Press, 1998), 169쪽.

42 윗글, 170-174쪽.

기 자신의 판단에 의한 공공 참여와 같은 변화들이 현재 미국 사회에서 일어나고 있다. 미국 사회의 공공성의 쇠퇴를 주장하는 사람들은 이러한 변화들을 보지 못하고, 따라서 이러한 활동의 증가를 균형있게 평가하지 못한다는 것이다. 이처럼 느슨한 형태로 구조화된 새로운 공공 참여의 방식 때문에 사람들은 타인들을 충분히 돌보지 못하고 있다고 느끼고 있으며, 공동체가 와해되고 있다고 걱정한다.[43] 하지만 그것은 공공에의 참여가 변화하고 있는 것이지 쇠퇴하는 것으로 볼 수 없다.

이러한 변화가 생긴 것은 사회 환경이 변했기 때문이다. 곧 오늘의 삶에 다양성, 유동성, 상호 의존성, 전문화가 증대되었기 때문이다. 이러한 현상을 요약하여 우스노우는 미국 사회의 '침투성(porousness)'이 증가되는 현상으로 해석한다. 상호 침투성이 높은 제도는 사람이나 재화, 그리고 정보 등이 그 경계를 쉽게 넘나들 수 있게 된 상황을 의미한다. 미국의 주요 제도들이 이러한 상호 침투성을 높이면서 시민 참여의 방식에 중대한 변화를 일으킨다는 것이다.[44] 과거의 제도나 삶의 방식은 엄격하게 규정된 역할들을 통하여 이루어졌다. 지난날에는 자신들을 규정하고 제한하는 다양한 역할들을 가지고 있었고, 또 그 역할에 충실했다. 하지만 현대 사회의 특징은 보다 많은 협상과 변화를 요구하고 또 허용의 폭이 넓은 제도들로 이루어져 있다는 점에 있다. 이런 환경 가운데서는 여러 가지 가치들 가운데 자신이 옳다고 생각하는 바를 선택할 수 있는 개인의 능력이 매우 중요해진다. 자신에게 주어지는 역할이 매우 다양하고 복잡한 것들이

43 윗글, 203쪽.
44 윗글, 59쪽.

기 때문에 개인의 선택과 자율성을 통하여 스스로의 삶을 구성해 가는 것이 어느 때보다도 중요하다. 따라서 상호 침투성이 높은 제도는 느슨하게 결속된 활동을 더욱 선호하는 경향이 있다. 사람들은 장기간의 구성원됨을 요구하는 조직에 속하기보다는 단기간이나 분산된 헌신을 필요로 하는 활동에 참여하며, 또 특별한 과업 때문에 맺는 잠깐동안의 관계로 이루어진 조직을 선호하게 된다.[45]

미국 사회에서 '시민됨'이란 곧 인격을 의미하였다. 공화주의 전통에서 인격은 또 시민 미덕을 가리키는 말이었다. 그런데 오늘에 와이 인격, 곧 시민 미덕의 의미가 달라지고 있다. 전통 조직에서 미덕의 강점은 공동체에 소속되어 있다는 사실과 크게 관련이 있었다. 공동체에서 닮아야 할 역할 모형을 제공해 주었기 때문이다. 또한 과거의 공동체는 안정되고 동질의 성격을 가지고 있어서 훌륭한 미덕을 구성하는 가치나 활동에 대하여 공동체의 합의가 존재하기 쉬운 상황이기도 하였다. 하지만 오늘날과 같이 상호 침투성이 높은 사회에서 미덕은 공동체에 소속되어 있다고 해서 나온다기보다는, 어떤 대의와 집단에 속할 것인가를 자유롭게 결정하는 개인의 선택으로부터 나온다.[46] 때문에 우스노우에게 미국의 개인주의에 대한 해결책은 공동체를 먼저 내세우는 집단주의 지향으로부터 나올 수 있는 것이 아니다. 그것은 오히려 개인과 공동체의 필요 사이에 존재하는 균형을 깨뜨리는 접근 방법일 뿐이다.[47]

이러한 입장은 미국 중간 계급의 가치와 공공성과의 관계를 연구

45 윗글, 203-204쪽.
46 윗글, 162쪽.
47 윗글, 169쪽.

했던 울프의 접근 방식과도 유사하다. 울프 역시 미국인들의 공공 참여가 쇠퇴하고 있는 것이 아니라, 결속의 본질이 변화하고 있는 것으로 파악한다. 사람들이 사회나 시민 활동에 참여하는 것은 그 자체가 목적이거나 어떤 의무이기 때문이 아니라, 자신의 어떠한 필요(이타스러운 욕망을 포함하여)를 충족시킬 수 있기 때문이다. 이와 같은 수단으로서의 결속은 비록 옅은 결속이지만, 개인들 스스로 자신들에게 적합한 사회 생활을 구성할 수 있는 선택의 가능성을 높여준다는 점에서 장점이 있다. 보기를 들어, 대다수의 미국인들은 전통 형태의 가족이 해체되어 감을 애석해하고 있지만, 동시에 그들이 누리게 된 더 큰 자유에 대하여는 매우 환영한다. 따라서 현재의 자유를 희생하고 다시 과거의 가족 형태로 복귀하기를 바라지는 않는다는 것이다. 이것은 공동체의 이상에도 그대로 적용될 수 있는 사실이다. 따라서 오늘날 미국의 중간 계급에 속한 사람들은 개인의 필요를 공동체의 이상에 맞추려 하기보다는, 오히려 개인의 필요로부터 출발하여 공동체의 참여를 끌어내려고 한다. 이러한 맥락에서 공공 참여 역시 철저하게 각각의 개인들에 의하여 발견되어야 하는 것이다.[48]

(3) 비교: 개인의 자율성과 공동체, 무엇이 우선하는가?

앞서 밝힌 바와 같이 벨라와 우스노우는 개인의 자율성(사사로운 영역)과 공동체(공공 영역)의 중요성을 모두 가치 있게 보고 있다. 이들은 개인의 자유를 절대시하여 공공 영역의 의미를 단순히 개인들의

48 Alan Wolfe, 윗글, 261-262쪽.

자유로운 교섭의 공간이라는 의미로 축소하지도 않았으며, 또한 공동체의 중요성을 지나치게 강조하여 개인의 자율성이 희생되는 것을 바란 것도 아니었다. '선한 사회'에 대한 두 학자의 비전은 개인의 자율성과 공동체의 권위가 서로 대립하지 않고 조화롭게 균형을 이룬 모습이다.

그럼에도 불구하고 '선한 사회'를 위한 조건과 전망이라는 점에서는 강조점의 차이가 있다. 이러한 차이가 결국에는 오늘날의 미국 사회에 대한 진단과 전망에서 다소 대립되는 결과를 낳게 하였다. 벨라의 경우, 보다 중요한 것은 공동체가 각각의 개인들로 하여금 의미있게 생각하고 행동할 수 있는 문화를 제공해 주고 있는가 하는 점이다. 전체 사회로부터 주어지는 공동의 기반이 없는 사회의 구성원들은 그저 모여 있는 '덩어리'일 뿐이지 진정으로 통합을 이루었다고 할 수 없다. 따라서 벨라는 공공과 개인 사이의 관계를 연결해주던 성서와 공화주의 전통이 쇠퇴해가는 미국 사회를 암울한 전망 가운데서 바라보고 있다. 그의 이러한 시각은 현대 사회의 문제를 도덕의 문제로 바라보는 매킨타이어의 입장에 가깝다.[49] 그는 도덕을 합리스럽고 객관스럽게 정당화할 수 있기 위해서는 텔로스(telos)의 개념이 필요하다고 본다. 왜냐하면 텔로스의 개념만이 사실 진술에서 가치나 당위의 진술로의 전환을 정당화할 수 있기 때문이다. 좋은 칼인지, 나쁜 칼인지를 판단하기 위해서는 칼의 용도나 목적을 알아야 하는 것과 같은 것이다. 하지만 현대 사회는 도덕의 문제를 단순히 선호(preference)의 문제로 취급하기 때문에 여러 가지 혼란에

49 벨라가 직접 매킨타이어를 언급하고 있는 Robert Bellah 들, 윗글(1985), 150쪽, 그리고 301-302쪽을 볼 것.

부딪치게 된다. 서로 대립되는 주장을 하는 개인이나 집단이 합리스러운 결말을 낳기 위해서는 서로가 터해서 이야기할 수 있는 공동의 터전, 곧 기준이나 원칙이 있어야 하는데 공동체가 그것을 제공해 주지 못하고 있다는 것이다.[50] 그 결과 자유주의 국가에서의 정치는 도덕에 터한 합의의 문제가 아니고 각자 나름대로의 수단을 가지고 진행되는 시민 전쟁이요, 서로가 적당히 주고 받는 가운데 진행되는 협상이 되어 버렸다.[51] 여기에서 사람들이 시민으로서의 미덕을 갖추게 되는 영역은 공공 영역이다. 공공 영역에의 참여를 통하여 각 개인들은 의미있는 삶이 무엇인지를 배우고, 또한 행동할 수 있게 된다. 이러한 점에서 벨라는 셀리그만이 이야기하는 '시민 미덕'의 전통에 보다 가까이 위치하고 있다고 할 수 있을 것이다.

반면 우스노우의 경우는 '시민 사회'의 전통에 보다 가깝다. 그에게도 공공성은 매우 중요한 가치이다. 하지만 그것은 개인의 자율성을 기반으로 하여 구성해야 하는 것이지, 결코 공동체를 먼저 앞세워 해결할 수 있는 문제는 아니다. 이것은 물론 그가 문화 현상을 보는 데 제도 차원의 분석이 중요하지 않다는 주장을 하는 것은 결코 아니다. 그는 다른 글에서 자신의 문화 연구 방법을 제도 접근이라고 밝히고 있으며,[52] 또한 '성스러움'을 생산하는 여러 제도에 대한 분석을 시도하고 있기도 하다.[53] 다만 그러한 공공성의 토대가

50 Stephen Mulhal/Adam Swift, *Liberals and Communitarians*(Oxford: Blackwell, 1995), 79쪽.

51 Alasdair MacIntyre, "Justice As a Virtue," Sholomo Avineri/Avner Ke-Shalt(엮음), *Communitarianism and Individualism*(New York: Oxford University Press, 1992), 62-63쪽.

52 Robert Wuthnow, *Meaning and Moral Order: Explorations in Cultural Analysis* (Berkeley/Los Angeles/London: University of California Press, 1987), 15쪽.

53 Robert Wuthnow, *Producing the Sacred: An Essay on Public Religion*(Urbana and

인간의 보편스러운 본성 안에 내재해 있으며, 따라서 공공에 대한 논의도 개인의 자율성에서부터 출발해야 한다고 본 점에서 '시민 사회'의 전통에 보다 가깝다고 볼 수 있는 것이다. 이러한 점은 아담 스미스의 『도덕감정론』을 연상케 하는 그의 저서 『동정의 행위』에서[54] 찾아볼 수 있다. 미국 사회의 공공성이 쇠퇴하고 있다고 우려하는 많은 사람들은 오랫동안 미국 문화의 특징으로 지적되어 왔던 '보살핌의 윤리'가 자기 이익만을 추구하고 자신의 필요에만 몰입해 있는 현대의 미국 문화로 인해 흔들리고 있다고 본다. 물론 다른 입장에 서 있는 사람들도 있지만, 거의 모든 사람들이 자기 자신을 위한 개인주의의 언어와 다른 사람을 돌보는 이타주의 윤리를 서로 대립되는 것으로 파악하고 있다는 공통점이 있다. 하지만 미국 사회를 보다 자세히 살펴보면 가장 이기스러운 사람이 남을 위한 활동에도 적극 참여하는 예외의 현상을 발견하게 된다. 개인주의와 이타주의가 복잡한 방식으로 서로 얽혀 있는 것이다.[55] 이처럼 개인의 이익 추구와 공공 참여가 서로 대립되는 것이 아니고 함께 갈 수 있는 것이라고 한다면, 개인의 필요에 근거하여 공공성을 구성해내는 것은 당연한 것이다. 물론 우스노우는 개인의 필요를 채우기 위한 소그룹 운동이 공동체 활동에의 참여를 자극하였다는 점에서 긍정의 평가를 내리면서도, 동시에 자기 자신에게만 집중하게 하는 것은 지금까지 성장 요인으로 작용하였지만 앞으로는 방해 요인으로 작용할 수 있다는 우려를 표하기도 한다.[56] 그럼에도 불구하고 복잡한 다중의

Chicago: University of Illinois Press, 1994ㄴ)를 볼 것.

54 Robert Wuthnow, *Acts of Compassion: Caring for Others and Helping Ourselves*(Princeton, New Jersey: Princeton University Press, 1991)

55 윗글, 22-23쪽.

역할을 요구하는 현대 사회에서 개인의 자율성과 선택을 가장 기본이 되는 미덕으로 가정하면서, 그로부터 공공에의 참여를 끌어내려고 한다는 점에서 우스노우는 '시민 사회'의 전통에 보다 가깝다 하겠다.

3. 결론을 대신하여

이러한 논의가 우리 사회에 가지는 의미는 무엇인가? 물론 벨라와 우스노우를 비롯한 이들의 논쟁은 우리 사회를 두고 벌어진 것도 아니고, 따라서 이들이 우리에게 대안의 모형을 제시해 주는 것도, 더군다나 우리의 문제에 바로 적용할 수도 없는 일이다. 그렇지만 이들의 논의가 시사하는 바를 무시할 수 없는 것 또한 사실이다. 무엇보다 먼저 선한 사회와 민주주의를 위해서는 자기 자신의 이해와 소속 집단에 대한 좁은 충성심의 굴레로부터 벗어나야 한다는 토크빌의 진리를 다시 한번 확인시켜주고 있다는 점을 말해야 할 것이다. 한편으로 개인주의를 이기주의와 혼돈하고 '권리'라는 이름으로 모든 현상을 경제 이익의 관점으로 해석하며, 다른 한편으로 서구와는 달리 다른 사람에 대한 '보살핌'과 자기 희생을 우리의 고유한 전통 가치로 주장하면서 그 가치를 더 넓은 공공의 영역으로 확장하지 못하고 가족주의라는 테두리 가운데 매몰시키고 있는 우리의 현실에서, 보편의 공공성 확립은 더 이상 미룰 수 없는 우리 사회의 당면 과제임을 확인하게 된다. 이 밖에도 벨라와 우스노우의 논의가 철저하게 미국 사회의 문화 전통과 역사와의 대화 가운데 진행되고 있다는 점을 지적할 수 있을 것이다. 그렇기 때문에 이들의 주장을 한국

---

56 Robert Wuthnow, 윗글(1994ㄱ), 340쪽.

사회의 민주주의와 시민 사회를 위한 모형으로 그대로 끌어 쓸 수는 없다. 그러기에 앞서 우리의 삶의 방식과 문화 자원에 대한 진지한 고민과 경험 연구가 있어야 한다. 그러한 연구의 축적이 우리 사회의 공공 영역과 시민 사회를 논의하기 위한 기본 바탕이 될 수 있기 때문이다.

따라서 글을 마무리하는 지금 결론을 대신하여 우리 사회를 향한 다음과 같은 물음들이 떠오르게 된다. 우리의 행동을 근거지우고 해석하는 의미 체계는 과연 무엇인가? 우리 문화의 언어는 어떤 식으로 우리들의 공공 참여를 장려하거나 방해하는가? 과연 우리의 전통과 문화 가운데 개인의 자율성과 공공에의 참여를 이어주며 발전시켜 주는 언어들이 존재하는가? 이를 어떻게 현재의 우리 삶과 이을 것인가? 결코 쉽게 답해질 수 없는, 그렇지만 현재 우리에게 반드시 필요한 것으로 생각되는 무거운 물음들이다. 진정한 시민과 시민 사회가 "국가의 독점 지배 체제로부터 자유스러워야 하는 동시에 친분의 일차 집단이 요구하는 좁은 결속 관계로부터도 자유스러워야" 하는 것이라면,[57] 이들의 논의는 기존의 모든 굴레를 뛰어넘은 초월의 가치를 가지고 우리 사회를 보다 깊이 있게 바라보도록 요청한다. 그리고 이것이야말로 오늘을 사는 우리들에게 가장 시급하게 요청되는 과제일 것이다.

이승훈.『현상과 인식』 제24권 제3호. 2000년 가을.

57 박영신, 윗글(2000), 82쪽.

제2부

시민 사회와 시민 문화

제3장

종교, 삶의 문화, 그리고 시민 사회

1. 논의거리

'시민 사회'에 대한 폭넓은 관심에도 불구하고 시민 사회의 논의는 여전히 단순한 논의의 틀에서 벗어나지 못하고 있다. '국가'와 '시장'과 구분되는 '시민 사회', 이 세 영역의 관계를 둘러싼 문제에 초점을 맞추고자 하는 논의들이 주종을 이루고 있다. 그 너머 더욱 깊은 수준으로 파고들어가고자 하는 논의는 눈에 뜨이지 않는다. 최근에 와서 좀 더 다양한 분석을 시도하는 논의가 있다고 해도 그것은 여전히 현상의 논의 수준에 머물러 있다.

어쩌다 종교의 영역에까지 들어가 보려는 예외의 경우가 있기는 하다. 하지만 그것 역시 틀에 박힌 피상의 논의 수준에서 맴돌고 있을 따름이다. 보기를 들어, 종교에 대한 관심을 기울이겠다고 하는 논의도 주로 사회봉사 활동을 벌이고 있는 종교 집단의 역할에 시선을 집중시키고자 한다. 한편으로는 이해됨직하다. 조선 시대 말기 개신교의 선교 전략도 사회봉사와 밀접히 이어져 있었고[1] 이후 사회

봉사의 제도화 과정에서도 기독교가 끼친 기여와 활동이 무시할 수 없을 만큼 엄청나기 때문이다.

그러나 종교와 시민 사회에 대한 논의는 좀 더 깊은 데로 들어갈 필요가 있다. 봉사 활동에 주목할 경우에도, 어떻게 해서 기독교가 이 영역에 일관된 관심을 두어 왔으며, 또 둘 수밖에 없었는지, 종교 지향성과 사회 활동 사이의 관계에 대하여 논할 수 있어야 한다. 종교와 사회라는 두 영역의 관계는 단순히 우연이라고 할 수 없는 '의미의 관계'가 있기 때문이다. 시민 사회에 대한 논의도 마찬가지이다. 시민 사회는 어떤 '의미'의 틀에 의하여 자체의 정당성을 확보하여 시민 사회다운 사회로 나아갈 수 있으며, 그 사회 구원원은 어떤 '의미'의 세계 안에서 시민다운 시민으로 살아갈 수 있는 것인가? 이와 같은 물음에 다가서려는 논의는 좀처럼 찾아보기 어려운 정황이다. 이 글은 이러한 물음에 답하고자 한다.

2. 종교의 문제

여기서 말하는 '의미'의 문제는 종교와 이어져 있다. 삶의 '의미 체계'를 제공해 주는 것은 종교이기 때문이다. 그러므로 시민 사회의 의미 문제를 논하기 위해서도 종교의 영역과 만나야 한다. 이러한 논지는 곧바로 사방에서 쏘아댈 눈총을 받을 수 있다. 인간의 합리성으로 모든 것을 헤아리고 풀이할 수 있다고 믿고 있는 오늘날, 일찍이 이성에 의해 몰아냄을 당한 종교를 새삼 논의의 한 가운데로

1 박영신, "초기 개신교 선교사의 선교 운동 전략," 「東方學志」, 46-47-48 합집(1985년 6월), 또는 박영신, 『새로 쓴 변동의 사회학』(서울: 학문과사상사, 1996).

끌어들이는 것 그 자체가 지금껏 우쭐거려온 지식 행위의 자존심에 손상을 입힐 것이기 때문이다. 당연히 시민 사회에 대한 논의를 종교에 이어보겠다고 하는 것은 몹시 어색하고 도무지 사리에 맞지 않는 것처럼 들릴뿐더러, 합리성의 무기로 모든 것을 다스릴 수 있다고 확신해 온 오늘의 지식 세계에게는 무척이나 거북살스럽게 느껴지게 될 것이다.

이러한 생각의 맥락에서, 곧바로 떠오르는 인물 하나가 있다. 합리성과 '대화'의 문제를 끌어낸 독일의 철학자 하버마스이다. 시민 사회를 논할 때면 수많은 논자들이 거의 빼놓지 않고 그의 이름과 생각을 들먹일 만큼 그는 탁월한 사상가로 올라서 있다. 인간의 이성을 높이 치켜세우고자 하는 그에게 종교란 오늘의 삶에서 별다른 적절성을 행사하지 못하고 있는 지난 시대의 유물이자 시대에 뒤떨어진 낡은 문화물일 따름이다. 사실상 계몽주의 이후 종교를 겨냥한 여러 갈래의 비판은 예외 없이 이러한 종교 이해에 머물러 있다. 모든 것을 인간의 이성으로 해결해야 하고 또 해결할 수 있다는 입장이기에 그러하다. 그는 오직 이성의 힘으로 삶의 모든 조건을 더욱 합리화해가고자 한다.[2] 그리하여 종교는 아예 떨쳐버려야 할 대상이다. 적어도 지난날의 하버마스가 남긴 그의 사회 이론이다.[3]

그러나 이 생각에는 애매함과 불투명함이 있다. 이성을 누구보다

---

2 Jűrgen Habermas, *The Theory of Communicative Action* I, II (Boston: Beacon Press, 1987).

3 하버마스가 요제프 라칭거 추기경이 교황에 취임하기 한 해 전인 2004년 그와 생각을 나눴던 내용이 책으로 엮어 나왔는데, 여기에서 하버마스는 종교에 대하여 한층 열린 태도를 보여주고 있다. 이것은 중요하다. 그 이전의 생각과 비교가 되기 때문이다. 이에 대한 나의 생각을 곧 글로 발표하고자 한다. Jürgen Habermas/ Joseph Ratzinger, *The Dialectics of Secularization* (San Francisco: Ignatius Press, 2006) 볼 것.

강조하고 있는 하버마스조차도 이성이 이룩해 놓은 '근대'를 완전무결한 이성의 형상물이라고 생각하지 않는다. 인간이 지켜가야 할 '삶의 세계'를 짓누르며 뒤틀어놓고 있는, 참으로 건조하기 이를 데 없는 '정치 체제'와 '경제 체제'가 기승을 부리고 있고 그 소용돌이 속에서 참된 삶이 제 모습을 잃어버리고 이렇게 저렇게 뒤틀리고 비뚤어지고 있기 때문이다. 그가 말하는 '근대의 왜곡'이다. 이 문제를 어떻게 해결할 것인가? 이성을 구가하던 근대가 이렇듯 왜곡된 삶을 낳았다면 그 이성을 더 확장한다고 해서 삶의 왜곡을 바로 잡아 그가 강조하는 '삶의 세계'를 살릴 수 있는 것인가? 이에 대한 해결의 방도가 명쾌하지 않고 그 설득의 힘도 충분하지 않다.

정확히 말하면 '삶의 세계'는 근대로부터 끌어낼 수 있는 것도 아니고 근대의 자원으로 만들어낼 수 있는 것도 아니다. 그것은 오랜 전통과 이어져 있는 세계이고, 종교의 의미 세계와 맞물려 있는 세계이다. 물론 그 종교는 지난날의 틀로 복귀하거나 그 틀을 재생하는 것을 뜻하지 않는다. 여기서 말하는 종교는 계몽주의 이후 이성이 던지는 물음에 계속 귀를 막은 채 자기의 울타리 안에 스스로 감금되어 있는 것이 아니라, 이성이 던지는 물음에 끝없이 귀를 열어두고자 하는 그러한 의미 추구의 세계를 가리킨다. 이것은 고유한 종교의 영역을 포기하자는 것도 아니며, 이성의 지배 아래로 들어가 그 안에서 연명해 가자는 것도 아니다. 떨쳐낼 수 없는 삶의 부분이자 삶의 밑바탕으로 존속해 오고 있고 또 존속할 수밖에 없는 삶의 영역을 가리킨다. 인간이란 그 누구도 삶의 '의미' 문제를 저버리지 못하기 때문이다. 근대의 지배하는 삶의 영역이 넓어지면 넓어질수록 종교의 영역은 졸아들 수밖에 없다는 단순 논리는 전혀 사실과 맞지 않고 차라리 사실에 어긋나고 있다. 원시 시대의 삶의 상황에서도 그리고 근대의 극대화를 누리게 된 오늘날의 삶의 상황에서도 궁극의 의미를 마련해 주는 종교의 기능은 한결같고, 그 힘은 삶 속에 언제나 '충만'해 있다. 역사에서 읽을 수 있는 바와 같이, 종교의 상징과 조직과 행동 지향성은 언제나 바뀔 수 있다. 하지만 종교를 떠받들고 있는 궁극의 의미 세계와 관심은 어떤 가감도 없이 변하지 않고 인간의 삶과 함께 그대로 남아있다. 인간이 목석으로 둔갑하거나 생명 없는 기계로 전락하기 전에는, 바꾸어 말해 인간이 인간으로 남아 있는 한에는 궁극의 의미 세계와 관심을 저버리지 못한다. 이 점은 근대를 이룩한 근대인에게도 꼭 같이 적용되는 인간의 조건 상황이며 삶의 정황이다. 벨라의 말로 인간은 '종교 인간'(homo religious)이며,[4] 종교 인간으로서의 인간의 모습은 어느 시대 어느 공간에서도 떨쳐버릴 수 없는 인간 존재의 특성이다.

그러므로 하버마스가 말 하는바 뒤틀려 짓눌리고 있는 '삶의 세계'를 되살리기 위해서는 삶의 의미를 자아내었던 종교의 전통과 만나지 않을 수 없으며, 삶의 의미를 찾고 그 의미의 틀에 기대어 살아가는 '종교 인간'의 삶을 논구하지 않을 수 없다. 근대가 만들어놓은 어두운 체제 밑에서 삶은 구겨질 대로 구겨져 이웃을 잃은 채 오직 자기의 이익과 편리만을 추구한다. 잔인한 시대의 삶의 정황이다. 그렇다고 해서 근대의 모순 속에 삶을 내맡길 것은 더욱이 아니다. 자기중심의 계산과 타산에 터한 삶 그 너머 이웃 일반과 함께 삶에 참여하는 공동체의 결속 관계를 새롭게 다져갈 수 있어야 한다. 이

4 로버트 엔. 벨라, 『사회 변동의 상징 구조』(서울: 삼영사, 1982), 29-30쪽.

러한 생각의 줄기에서 벨라는 하버마스의 '근대 계획'을 받아들이지 못하며 '이성의 절대화'를 신뢰하지 못한다. 삶이 갈기갈기 찢기어 고립과 이기성과 소외의 세계를 낳고 있는 '근대의 왜곡'을 바꿔 바로잡기 위해서는 깊은 수준에서 공동체의 결속 관계를 떠받쳐주는 종교의 세계와 새삼 만나야 한다.[5]

3. 종교와 사회 관심

종교에 대한 사회(과)학의 이해는 사회 이전으로 거슬러가지 못한다. 종교가 인간의 삶과 이어져 있고 그 삶의 의미 세계를 담당하고 있는 한 종교에 대한 논의는 인간들이 함께 모여 사는 그 사회로부터 시작할 수밖에 없다. 사회의 실체가 드러나는 바로 그 어디에서, 삶에 일정한 의미를 주고 그 의미 안에서 삶을 엮어간 삶의 의미 세계가 나타났고 그 의미의 세계에 어울리고 그 의미를 나타내는 종교 의례가 행해졌다는 뜻이다. 이러한 뜻에서 사회와 종교는 역사의 처음부터 함께 숨쉬고 있었으며 그 오랜 삶의 역사를 함께 움직여 왔다고 할 수 있다.

종교는 원래 가족 중심이었다. 삶의 단위가 가족이었고 종교의 관심 영역이 가족 안에 갇혀 있었다. 애초부터 인간은 선택의 기회를 누리지 못하였다. 가족이라는 집단 속으로 태어났을 뿐이다. 자신이 누구인지를 확인하는 것도 그 개인이 태어난 가족 안에서 가능하였다. 출발의 거점이 개인이 아닌 가족이라는 집단이었다. 그 속에서

5 Robert N. Bellah/Steven M. Tipton (엮음), *The Robert Bellah Reader* (Durham, North Carolina: Duke University Press, 2006), 107-122쪽.

자기 식구들과 함께 살았으며, 그렇게 살아가는 동안 자기의 모습도 익힐 수 있었다. 집안의 어른이 세상을 떠나게 되면 그는 집안 식구들과 함께 먼저 떠난 조상을 기리는 종교 의례에 참여하여, 자신도 그 가족의 구성원이라는 것을 확인하게도 되고 자기 집안과의 결속을 굳혀갈 수도 있었다. 가족 구성원들에게 죽은 선조는 신앙의 대상이었고 집안의 어른은 종교 의례를 집행하는 제사장이었다. 이러한 의례 때문에 한 집안에 속한 사람과 그 집안에 속하지 않은 사람이 구별되기도 했다. 이러한 과정을 밟으면서 가족은 자체의 뚜렷한 의미를 획득하였고 개인도 자기의 모습과 됨됨이를 굳혀갔다. 가족이 최초의 사회 형태로 역사 속에 그 모습을 드러내기에 이른 과정이었다.[6]

중국의 종교에 뿌리를 둔 우리 전래의 조상 숭배 의식을 보아도 마찬가지이다. 종교는 가족의 존속과 결속에 의미의 틀을 마련해 주는 기능을 수행하였다. 삶의 관심도 자연히 가족의 결속과 지속성 및 그 확장에 머물러 있었다. 죽은 선조는 살아있는 후손으로부터 제사를 받는 한편, 살아있는 후손은 죽은 선조의 보호를 받는다는 조상 숭배의 의식이 제도화되면서 그것은 곧 신앙의 체계로 굳어지게 되었다. 전래하는 종교마다 특수한 점이 없지는 않았지만 조상과 후손 사이의 관계를 강조하고 혈연의 관계를 강화시켜 왔다는 점에서는 모두가 같았다. 유교를 받아들인 이후에는 이러한 조상 숭배가 더욱 공식화하고 체계화한 형식을 갖추기에 이르렀을 뿐이다.[7] 조상

---

6 N. D. Fustel de Coulanges, *The Ancient City* (Baltimore: Johns Hopkins University Press, 1980), 1부, 2부 1-8장.

7 최길성, 『韓國의 祖上崇拜』(서울: 예전사, 1986), 17-31쪽.

숭배와 같은 의례를 통하여 가족이나 친족 구성원은 자기가 속한 가족이나 친족 집단의 결속 관계를 확인시키고 그러한 관계의 중요성을 강화할 수 있게 되었다. 가족 중심의 의미 체계를 제공해 준 것은 종교의 기여였다.

이후 서구 사회의 종교와 제도는 특별한 방식으로 변화의 과정을 밟는다. 국가의 등장과 함께 가족에 대한 관심과 헌신의 요구는 그 독점의 자리를 잃게 되고 그 관심과 헌신의 도도 약화되었다. 작은 친족 집단이라는 사회 단위에서 권위를 행사해 온 집안의 '아버지'라는 우두머리처럼, 국가의 통치자들은 '국가의 아버지'로서 권위를 행사하고자 하였다. 이제 종교는 더 이상 작은 가족 단위의 존속과 복리라는 좁은 관심의 영역 안에 머물러 있을 수 없었다. 종교는 가족 단위를 넘어 국가라는 더욱 넓은 단위의 안정과 번영에 관심과 헌신을 쏟는 기능을 맡아야 했다. 이러한 요구에 따라 종교 의례도 바뀌었다. 혈연에 터한 가족이나 친족 집단을 단위로 하여 베풀었던 종교 의례와는 달리, 국가 구성원 모두들 한 덩어리로 묶어 모을 수 있는 국가 단위의 종교 의례로 확장되어야 했다. 당연히 의례의 공간도 가족의 울타리를 벗어나서 국가의 신전으로 옮겨갔다.[8] 가족 단위로 예배를 보는 의례의 관행이 완전히 사라지지는 않았지만 종교 의례가 더 이상 가족 단위 안에 머물러 있을 수 없었다. 도시의 구성원 모두가 참여하는 국가 수준의 제사와 예배의 의례를 필요로

---

8 Fustel de Coulanges, 윗글, 132-137쪽, Max Weber, *The City* (London: Heinemann, 1958), 94-98쪽. 박영신, 『역사와 사회 변동』(서울: 민영사/한국사회학연구소, 1987), 29-30쪽, 그리고 신약의 세계를 사회학으로 풀이하면서 이와 같은 점을 강조하고 있는 글, Kee, Howard C., *Christian Origins in Sociological Perspective* (London: SCM Press, 1980), 4장도 볼 것.

했기 때문이다. 도시 국가의 신전은 도시 국가의 결속을 강화시켜주는 종교 의례의 공간이었다.

종교 의례의 집례자도 아버지로부터 통치자인 왕으로 바뀌었다. 조상을 기리는 자기 가족 중심의 종교 의례에 참여하고 참여하지 못하는 것을 기준으로 삼아 가족 구성원의 자격이 결정되던 관행으로부터 벗어나, 국가 단위로 행한 종교 의례에 참여하고 참여하지 못하는 것을 기준으로 삼아 도시민의 자격이 결정되는 법과 제도가 나타나기 시작하였다.[9] 종교는 국가 중심의 의식 세계에 어울리는 새로운 '의미의 체계'를 발전시켜 갔다.

기독교의 등장은 위에 든 가족 중심의 의미 틀과 국가 중심의 의미 틀이 행사해 왔던 종교 지향성을 허물어뜨린 새로운 의미 체계의 탄생을 뜻하였다. 더 이상 가족이나 친족이 절대의 관심 세계일 수 없었으며 국가와 민족 또한 절대의 헌신 대상일 수 없었다. 기독교는 가족 단위이든 국가 단위이든 그것이 삶의 족쇄가 될 수 없다는 새로운 의미의 세계를 선포하였다. 가족의 이익과 복리에 모든 관심을 집중시켜서도 안 되며 국가의 결속과 목표에 모든 에너지를 쏟아부어서도 안 된다는, 그야말로 세상을 뿌리째 새로 보는 급진의 의미 체계였다. 기독교는 가족 중심의 혈연관계와도 상관없고 인종과 국가의 구분과도 무관한 인간 일반에 대한 관심과 보살핌을 강조하는 삶의 지향성을 강조하고 나왔다.

'선한 사마리아인'이 바로 이러한 삶의 의미와 지향성을 가리켰다. 기독교는 참다운 '이웃'의 이미지를 설정한다. '선한 사마리아인'의

9 Fustel de Coulanges, 윗글, 특히 185-190쪽 볼 것.

이야기는 거의 죽게 된 사람을 보고도 옆으로 피해 가는 사람들과는 달리 그 사람을 보고 '불쌍히 여겨' 그에게 다가가서 상처를 싸매주고 돌보는 삶을 모범으로 그려놓고 있다.[10] 기독교의 의미 체계 안에서는 더 이상 혈연의 울타리가 중요하지 않으며 인종과 국가의 담벼락과 사회 신분의 칸막이가 전혀 중요하지 않았다. 이 의미의 체계는 사회의 모든 구획과 모든 담벼락을 넘어설 수 있는 변형의 가능성을 불어넣어 그러한 삶을 실행해야 한다고 가르쳤다.

사회학의 창건자 막스 베버는 이 점에 특히 주목했다. 그는 바울이 갈라디아 교회에 보낸 편지에서(갈 3: 28) "너희는 유대인이나 헬라인이나 종이나 자주인이나 남자나 여자 없이 다 그리스도 예수 안에서 하나이니라."고 한 것을 따오기까지 하였다.[11] 현존하는 사회 신분상의 차별은 그리스도 예수 안에서 무참히 무너질 것이었다. 실제로 사회의 구분이나 차별 없이 모두가 이 종교에서 가장 강조하는 성만찬이라는 종교 의례에 함께 참여할 수 있었다.

이것은 특별한 뜻을 가지고 있었다. 기독교는 오래 동안 혈연에 따라 오직 가족 구성원만이 종교 의례에 참여할 수 있었던 의례 참여의 불평등성을 허물어뜨렸고, 나아가 국가에 속한 국가 구성원만이 종교 의례에 참여할 수 있었던 의례 참여의 불평등성도 무너뜨렸

---

10 박영신, "'선한 사마리아 사람,' 그에게서 찾는 '시민다움,'" 『새가정』, 2007년 6월호. 이러한 주제와 이어지는 박영신 · 정재영, 『현대 한국 사회와 기독교』(서울: 한들출판사, 2006), 1부 4장, 2부 3장과 함께, 박영신, "한국 교회의 선교 사명과 '하나님 나라'"(굿미션네트워크 주최 2006 NGO선교 심포지엄 〈통전적 선교와 NGO〉 강연(연세대 연합신학대학원/2006년 12월 12일) 볼 것. 아담 스미스가 말하는 '동감'(sympathy)은 이러한 점을 사회 과학의 붓으로 이론화한 것이라고도 볼 수 있다. 이에 대해서는 Adam Smith, *The Theory of Moral Sentiments* (Indianapolis: LibertyClassics, 1978) 볼 것.

11 Max Weber, *The City* (London: Heinemann, 1958), 98쪽.

다. 이 종교는 어떤 배타성도 용인하지 않았다. 2천 년 전의 사회 신분이 가하는 제약은 가히 상상하기도 어려울 만큼 엄격하고 경직된 것이었지만 그것마저도 기독교의 신앙 밑에서 무력화되고 말았다. 그리스도 예수를 믿는다고 하는 믿음 그것만이 기준이었다. 모두가 '그리스도 안에서 하나'였으며 모두를 '그리스도 안에서 하나'라며 받아들였다.

이렇듯 종교는 삶의 단위인 사회 집단과 불가분한 관계에 놓여 있었다. 사회 집단에 적절한 의미의 체계를 제공하여 사회의 안정과 존속을 기할 수 있도록 하고 판단의 기준과 행동의 지향성을 제공하였다. 물론 사회가 바뀌면 종교의 대응 또한 달라질 수 있다. 그렇다고 해서 종교는 사회 변동의 한낱 부산물에 지나지 않는다고 보아서는 안 된다. 오히려 그 반대이다. 사회의 변동 그 자체가 종교 지향성을 일정한 방향으로 몰아간 것은 아니었다. 사회 변동의 현상을 풀이하고 거기에 의미를 준 것은 종교였다. 종교마다 그 풀이의 내용과 대응의 방식을 달리하였다. 서양 문명권에서는 기독교가 친족이나 국가를 단위로 한 고대 도시의 종말을 불러오게 되었지만, 중국을 중심으로 하는 동양 문명권에서는 유교가 친족이나 국가를 단위로 하는 도시를 허물어뜨린 것이 아니라 친족 집단을 근간으로 하는 촌락의 성격과 구조를 도시 속에 그대로 유지시키고자 했다.[12] 어떤 종교 지향성인가에 따라 사회 구조가 다르게 나타났다.

기독교의 역사는 사회 변혁의 역사였다. 그 변혁은 오랫동안 여러 문명권을 지배해 왔던 좁은 삶의 의식 세계를 더욱 넓혀가고자 하는

12 Max Weber, *The Religion of China* (New York: Free Press, 1951), 16-19쪽.

지향성을 가지고 있었다. 그리하여 가족이나 혈연 중심의 의미 체계도 허물고 국가와 민족 중심의 의미 체계도 상대화시켰다. 기독교가 번져 있던 곳에서는 이러한 사회 변혁이 일어날 수밖에 없었다.

4. 종교와 시민 사회의 형성

기독교가 이룩한 사회의 변혁은 기독교인의 참여 지향성에서 비롯되었다. 그 지향성은 삶의 터전에 대한 적극의 개입과 참여의 행동을 뜻하였다. 기독교는 삶의 현장으로부터 떨어져나갈 수 없는 참여를 요구하고 삶의 현장에 대한 책임을 요청한다. "하나님이 이 세상을 이처럼 사랑하사 독생자를 주셨으니…"(요 3: 16) 하고 선언하고 있는 데서, 이 세상은 결코 방치해서는 안 될 관심의 영역이라는 것을 확인할 수 있다.[13] 하나님이 깊은 관심을 보이고 있는 이 세상을 기독교인이라면 당연히 깊은 관심을 가져야 한다. 바로 이로부터 삶의 현장에 대한 기독교인의 책임이 잉태한다.

물론 이 뜻은 세상의 질서를 있는 그대로 두둔하거나 마냥 지켜가려는 것이 아닐 것이다. '말씀'은 세상과 맞서기도 한다. "세상이 그를 알지 못하고"(요 1: 10) 그를 거부하기도 한다. 벨라가 표현하고 있듯이,[14] 세상에는 '양면의 가치'가 있다는 느낌도 받는다. 특히 이웃에 대한 사랑을 강조하고 그것이 '하나님 사랑'과 이어져 있는 것이지만 그것마저도 절대의 자리에 올라 있을 수는 없었다. "하나님을

13 이 구절을 통하여 그리스도인의 책임을 강조하고 있는 이 범성, "시민사회와 NGO 그리고 하나님 나라" (〈일상과 초월〉 발표문/2007년 8월 14일) 볼 것.

14 Robert N. Bellah, 윗글, 132쪽.

사랑"하는 것이 "크고 첫째 되는 계명"(마 22: 37-38)이기 때문이다. 기독교에서 그것 이상 더 높은 것은 있을 수 없다. 그것은 절대의 계명이다. 아무리 인간에 대한 사랑을 이야기하고 아무리 세상에 대한 관심을 이야기한다고 하더라도 절대자 하나님에 대한 절대의 헌신 이상 절대의 가치를 지닌 명령은 없다. 이 절대의 헌신 때문에 이 세상의 됨됨이 그 어느 것도 있는 그대로 절대화하여 고착시킬 수 없게 된다. 하나님이라는 초월의 존재는 모든 것을 넘어서며 그 모든 것을 심판한다. 하나님만이 누릴 수 있는 초월의 권위이다. 기독교가 뿜어내고 있는 초월의 의미가 여기에 있다.

초월의 하나님이 요구하는 '계명'은 현존하는 세상의 질서와 팽팽한 긴장을 자아낼 수밖에 없다. 이 세상에 대한 관심의 줄을 놓치지 않으면서 이 세상의 기준과 유착하거나 영합할 수 없는 것이 기독교의 지향성이다. 긴장이 움터 나올 수밖에 없는 이유이다. 두말할 나위도 없이 기독교 역사에 나타난 여러 갈래의 해석과 입장에 따라 세상의 질서와 기독교의 가르침 사이에 이는 긴장의 수준이 다 같지 않고 긴장의 정도도 다 같지 않다. 그 수준도 다르고 그 정도도 다르기 마련이다. 그렇다 하더라도 기독교를 따른다면 이 세상의 됨됨이와 편안하게 지낼 수는 없었다. 도리어 불편해 할 수밖에 없었다. 필요하다면 세상과 반목하고 적대하고 대결해야 했다. 이러한 현상은 지난 기독교의 역사에 점점이 이어져 있다. 그리스도의 가르침은 이 세상의 질서와 이 세상의 흐름을 비호하는 데 그 뜻이 있지 않았다. 그 질서를 거슬러야 했고 그 흐름을 넘어서야 했다.

그럼에도 불구하고 이 긴장의 상황을 처리하는 방식은 여러 갈래였다. 때로는 긴장의 상황에서 벗어나기 위하여 기독교인들은 스스로 현존 질서가 던지는 도전에 맞서지 않고 아예 그 질서에 영합해 버리거나, 아니면 숫제 현존 질서로부터 퇴거하여 자기들만의 외딴 안식처를 만들고자 했고, 필요하다면 현존 질서와 적당히 타협하고 짝하려고도 했다. 이처럼 긴장의 상황에 대하여 기독교의 입장과 지향성은 서로 달랐다.[15] 여기서 말하는 '긴장의 의미'를 다시 삶의 현장으로 끌어들인 것은 종교개혁이었다. 개혁가들은 세속의 영역과 신성의 영역, 이 둘 사이의 긴장을 재확인하고 그 중요성을 결단코 가볍게 벗어던지지 않았다. 그들은 세속에서 벗어나 뒤로 물러서지도 않았고, 세속에 맞춰가거나 세속 속에 묻혀버리지도 않았다. 그 세속 질서와 맞서고자 하였다. 세속 질서 안에서 세속 질서를 바꾸고자 했다. 급진 개혁가들이 표출한 새로운 변혁의 가능성이었다. 이 점은 '만인 제사장론'과 '이 세상은 하나님의 영광을 드러내는 무대'라고 하는 개혁 신앙의 정신에서 구체화되어 나왔다.

우선 '만인이 제사장이다'라고 하는 이 유명한 글귀는 루터의 종교개혁 사상을 압축하고 있는 3대 논문 가운데 하나로 꼽고 있는 "크리스천의 자유"라는 글에 들어 있다. 그는 강렬하고도 명쾌한 필치로 '모든 믿는 자들은 다 제사장이라'고 풀이하였다.[16] 그는 물론 오늘의 민주주의 체제와 꼭 같은 체제 변혁을 시도하지도 않았고 그 스스로 민주화를 이룩하고자 하는 운동을 꾀하지도 않았다. 그는 자신의 신학과 주석을 통하여 교회의 모든 위계질서를 허물고 보통 교인들이 다 하나님을 섬기는 종이고 청지기라는 점을 밝히고자 했을 따름이었다. 그러나 이것은 놀라운 힘을 발휘하였다. '만인 제사장

15 H. Richard Niebuhr, *Christ and Culture* (New York: HarperCollins, 2001).
16 말틴 루터, 윗글, 279-347쪽.

론'은 교황 중심의 체제를 혁파시킬 수 있는 길을 연 생각의 열쇠가 되었으며, 중세의 권위 질서를 단숨에 무너뜨린 혁명의 계기 되었다.[17]

종교개혁을 통하여 개인은 오랫동안 억압되어 왔던 굴레를 벗어나 자신의 존엄성을 확인할 수 있게 되었다. 누구나 할 것 없이, 그리고 어떤 교권의 체제를 통할 필요도 없이 하나님을 섬기는 도구였다. 하나님을 섬기는 종이자 청지기라는 점에서 모두가 '제사장'이었다. 이제 더 이상 개인이 혈연과 세습의 관계와 그 위에 세워진 귀족주의와 위계 구조에 얽매여 있을 필요가 없었다. 모든 제약의 사슬을 끊어버리고 자율성과 책임성의 공간을 확장시켜 주었다. 뒤이어 나온 캘빈의 개혁 사상도 이러한 생각과 이어질 수 있었다. 그는 인간에 대한 일체의 영광을 거부하고 오직 하나님의 영광을 찬양해야 한다고 주장하였다. 인간 자신에게 영광을 돌리는 행위는 하나님께 영광을 돌리지 않는 행위가 되기 때문이다.[18] 인간은 하나님의 영광을 찬양해야 하며 삶의 모든 영역과 수준에서 증언하며 살아가야 한다는 생각이었다. 인간의 생각과 뜻이 들어가 있는 것이라면 그 무엇이든 영광을 돌릴 대상으로 떠받들어서는 안 되었고 그 어떤 제도나 체제이든 그것을 찬양해서는 안 되었다. 영광을 돌리고 찬양해야 할 대상은 오직 하나님 뿐이었다. 그 이외에는 어떤 것도 영광의 자리로 올려놓을 수 없었다.

---

17 말틴 루터, "크리스찬의 자유," 말틴 루터, 『종교개혁 3大 논문』(서울: 컨콜디아사, 1993), 312-215쪽. 그리고 Markus Wriedt, "Luther's Theology," Donald K. McKim (엮음), *The Cambridge Companion to Martin Luther* (Cambridge: Cambrdige University Press, 2003), 101-102쪽.

18 John Calvin, *Institutes of the Christian Religion* (Grand Rapids, Michigan: Wm. B. Eerdmans, 1989), III, 13, 2.

'세계는 하나님의 영광을 드러내는 무대'라는 생각도 변혁 지향성을 더해주었다. 이것은 활동의 무대를 어느 영역에 제한하거나 축소할 수 없다는 것을 뜻하였다. 참여의 영역을 더욱 확장시켰다. 성경은 어떤 삶의 영역도 하나님의 다스림으로부터 제외시키고 있지 않다. 하나님이 다스리는 영역이 따로 있고 세속이 다스리는 영역이 따로 있을 수 없다는 생각이었다. 하나님은 모든 영역을 다 다스리는 존재이다. 마찬가지로, 하나님의 영광을 드러내는 영역도 따로 있을 수 없었다. 그의 영광을 드러내는 활동 공간은 어느 한 곳에 한정되어서는 안 되었다. 당연히 교회 안에 한정되어서도 안 되었다. 교회 안팎을 가릴 것 없이 모든 삶의 영역이 하나님의 영광을 드러내는 무대가 되어야 했다. 삶의 모든 영역이 하나님의 영광을 드러내어야 할 공간이었고, 세계 전체가 하나님의 영광을 드러내는 무대이었다.

종교개혁은 이러한 사회 참여의 동기를 불어넣어 주었다. 세상이란 무의미하기 때문에 무시하거나 피해가야 할 영역이 아니었으며, 그것은 어찌할 수 없는 삶의 조건이기에 순응해 가야할 영역도 아니었다. 세상의 모든 영역은 하나님의 영광을 드러내어야 할 공간이었으며, 그 영광을 찬미하고 증언하는 활동의 무대이었다. 그러므로 왜곡된 이 세상을 있는 그대로 받아들일 수 없었다. 하나님의 영광을 위하여, 그의 영광을 증언하기 위하여 현존하는 세상 속에 들어가 구체스런 방식으로 그것을 변형시켜야 했다.[19]

삶의 영역은 더 이상 권력자들이 독점하거나 지시하고 명령할 수

19 로버트 엔. 벨라, 윗글, 56-57쪽.

있는 것이 아니었으며, 더 이상 교회의 울타리 안에 갇혀 있을 것도 아니었다. 부름 받은 사람은 자발성을 가지고 모든 영역에 두루 적극 참여해야 했다. 당연히 국가와 사회의 영역도 하나님의 영광을 드러내야 할 무대였다. 지금껏 순응하기만 했던 세속의 질서를 하나님의 뜻에 따라 변형시켜야 했으며, 지금껏 더럽게 여겨 내버려두었던 세속의 영역도 하나님의 영광을 드러내는 활동 의 무대로 삼아야 했다. 경제 활동을 의미 있는 무대로 삼아 경제 구조를 변형시켰으며 정치 활동도 의미 있는 참여의 무대로 여겨 정치 구조를 변형시켰다. 익히 알려진 대로, 베버가 밝혀놓은 합리스런 '근대 자본주의'는 개신교 윤리가 낳은 결과물이었다.[20] 개신교도들에게 경제 활동은 더 이상 수치스런 것도 아니고 경멸하거나 가볍게 여길 것도 아니었다. 다른 삶의 영역과 마찬가지로 그 영역에서도 하나님의 영광을 드러내야 했다. 서구에서 경제 활동을 재구성하여 '합리화'할 수 있게 된 근대의 변동은 이 개혁주의 의 윤리 지향성 때문에 가능했었다. 개신교의 정신은 정치 영역으로도 침투해 들어갔다. 왈쯔는 베버의 '개신교 윤리 논지'를 정치 영역에 적용하여 영국의 시민전쟁을 '급진 정치'의 출발로 보고 이것을 퓨리턴주의 이념과 조직과 활동 지향성과 연결 짓고자 했었다.[21] 이렇듯 종교개혁가 내놓은 의미의 틀은 개혁 신학자들의 의도와는 상관없이 이후 영국의 청교도 혁명 과정에서 실제로 효험을 드러내었고, 사회 변혁과 민주 시민 사회의 주요한 원리로 작용하기도 하였다.[22]

20 Max Weber, 윗글.

21 Michael Walzer, *The Revolution of the Saints: A Study in the Origins of Radical Politics* (Cambridge, Massachusetts: Harvard University Press, 1965).

22 종교개혁의 정신이 근대의 변동을 이끌어내었다고 하는 연구물은 만만찮게 많다. 일

종교개혁의 정신은 어떤 영역도 신앙의 관심에서 벗어날 수 있는 여지를 허용치 않았다. 개신교는 교황이나 제왕 할 것 없이 그 권위의 절대화를 받아들일 수 없는 만인 제사장의 의식 세계를 지켜가는 한편, 그러한 평등 지향성의 뜻을 담아 삶의 모든 영역 속으로 들어가 사회 변혁의 길을 터놓았다. 이제 모든 삶의 영역이 하나님의 영광을 드러내야 할 활동의 무대가 되었다. 시민의 참여를 가능케 한 종교의 힘이자 행동 지향성이었다. 이 신앙은 혈연관계와 국가 권력의 세습 구조를 그대로 온존시켜온 일체의 의미 체계를 돌파하여 당당한 개인으로 사회의 모든 영역에 들어가 적극으로 활동할 수 있는 '시민'의 참모습을 새롭게 그려주었다. 다른 말로, 시민이 자율성을 가지고 모든 삶의 영역에서 정당하게 참여하게 된 것은 종교개혁에서 비롯된 의미 체계 때문이었다. 모든 삶의 영역에 들어가 적극 참여할 수 있는 당당한 사회 구성원도 그렇게 빚어져 나왔다.

5. 우리의 역사, 기독교, 그리고 시민 사회

한말 우리나라에 들어온 개신교 기독교 또한 변혁 지향성을 지니고 있었다. 당시 조선 사회가 나라안팎의 여러 문제로 어려움을 겪

찍이 미국의 저명한 사회학자 머턴은 종교개혁의 정신을 근대 과학의 발전에 이어 그 연관성을 밝혀두기도 하였다. 종교개혁이 직접 근대 과학의 발전에 개입한 것은 아니었지만 캘빈이 담아낸 윤리 의식은 자연 과학의 세계를 탐구케 한 가치 지향성을 낳았다는 논지이다. Robert K. Merton, "Puritanism, Pietism, and Science," *Social Theory and Social Structure*(New York: Free Press, 1957), 574-606쪽 볼 것. 캘빈주의자들은 경제 영역과 정치 영역뿐 아니라 과학의 연구 영역에서도 자기 절제와 기강을 통하여 낡은 질서를 깨고 새로운 질서를 구성해내었다. 로버트 벨라, 윗글, 79쪽 볼 것.

고 있었지만 전래하는 종교 전통에서는 어떤 생명력 있는 해결의 실마리를 내놓지 못하고 있던 상황이었다. 서양 종교라고 하는 기독교가 이 땅에 들어온 것이 이 때였다. 이 종교가 새로운 변혁의 길을 열어주고 변혁의 능력을 불어넣어주었다.

기독교는 인륜 관계에 일차의 가치를 두어온 친족 중심의 의미 체계를 도전하기 시작하였다. 전래하는 조상 숭배의 의식 세계가 말하고 있듯이 종교의 관심은 가족의 존속과 결속이라는 좁은 세계에 갇혀 있었다. 유교는 이러한 효 중심의 인륜 관계를 떠받드는 윤리 의식을 매우 효과 있게 사회 신분 제도에 침투시키고 또 교육의 과정에도 투입하였다. 삶의 모든 영역을 유교라는 종교의 틀로 다스리고 그 틀로 제도화시켰다.[23] 반천년 동안 조선 사회를 지탱해온 이 위대한 종교도 나라가 위기를 맞고 있는 상황에서는 어떠한 새로운 대응의 능력을 보여주지 못하고 있었다. 기독교는 바로 이러한 상황을 돌파할 수 있는 새로운 가능성으로 작동하기 시작하였다.

기독교의 가르침은 전래하는 종교의 테두리를 넘어서는 것이었다. 이 새 종교는 혈통에 터한 가족 단위에 관심을 쏟고 있던 전래하는 종교 지향성 그 너머, 하나님이라는 초월의 존재와 그 권위에 대한 일차의 헌신을 요구하고 나왔다. 이것은 유교라는 종교에 의해 정당화되고 있던 모든 삶의 영역에 대한 도전을 뜻하였다. 모든 것을 넘어서는 그 초월의 존재에 대한 신앙은 지금껏 절대의 것으로 떠받들던 모든 가치와 의례와 습속을 상대화시켜, 새로운 변화를 이끌어낼 수 있었다. 기독교는 친족 중심의 의례도 무너뜨리고 나아가

---

23 박영신, 『현대 사회의 구조와 이론』(서울: 일지사, 1978), 5-6장 볼 것.

사회의 모든 폐습도 깨고 사회의 모든 장벽도 허물어뜨릴 수 있었다. 당시 기독교인이 된다는 것은 조상 숭배와 같은 가족 중심의 종교 의례를 거부하고 축첩과 같은 폐풍을 청산하고, 양반과 상민이라는 신분의 벽을 뚫고 남자와 여자의 차별까지도 없애겠다는 결의와 능력을 말해주는 것이었다.[24] 빗발쳐 올 사회의 비난이 두렵다고 하더라도 기독교에 입교하는 사람은 마땅히 기존의 삶의 방식을 포기하고 새로운 삶의 지향성을 받아들여야 했다. 기독교에 입교한 양반 출신이 지난날 하층 계급 출신과 어울리기가 어려웠다는 점을 솔직하게 털어놓은 자기 고백문과 같은 이야기가 보기이다. 그는 "나는 양반입니다만, 하나님이 한 사람은 양반을 만들고 또 다른 한 사람은 상놈으로 만들지는 않았습니다. 사람들이 그렇게 차별을 둔 것입니다. 하나님은 모든 사람을 평등하게 만들었습니다."고 간증했다. 우리나라의 초대 기독교인들은 사회의 관행과 습속에 휘둘리지 않았다. 아무리 소수라 하더라도 그들은 다수에 굴복하지 않고 당당하게 맞설 수 있는 사람들이었다. 그리하여 초대 기독교인들은 이를 데 없이 '별난' 사람들로 보일 수밖에 없었다.

기독교의 의미 세계는 이처럼 엄청난 사회의 변혁을 가져올 수 있었다. 그 오랜 세월 동안 누구도 감히 부술 수 없었던 사회의 벽을 이 양반 입교자는 허물었다. 이러한 행동 지향성은 교회를 통하여 사회 운동으로 전개되어 나왔다. 우리가 받아들인 기독교는 국교의 전통을 가진 나라에서 온 것이 아니라 미국 특유의 개신교 전통을 배경으로 한 것이었다. 미국의 교회는 국가 중심으로 관리되지 않았

24 박정신, 『한국 기독교사 연구』(서울: 혜인, 2004), 125-179쪽, 박영신, 윗글(1987), 361-363쪽, 또는 박영신 · 정재영, 윗글, 68-72쪽 볼 것.

고 국가에 예속되지 않았으며 국가와 유착되어 있지 않았다. 국가의 간섭을 받지 않고 국가로부터 떨어져 있는 '자원'(voluntary) 집단의 성격을 교회가 지켜오고 있었다.[25] 일찍이 프랑스의 귀족 토크빌이 깊은 인상을 받고 기록해 둔 바와 같이, 미국의 민주주의 속에는 특별한 점이 있었다. 그 민주주의 밑바탕에는 활발하게 움직이고 있는 시민 결사체와 정치 결사체가 자리하고 있었다.[26] 이들 결사체는 "국가 그 한 가운데 분리된 국가"로 존재하고 "정부 안의 다른 정부"로 기능하고 있었다.[27] 교회의 모습 또한 그러한 조직체와 같았다. 교회는 특정 교리와 가르침을 따르는 사람들이 모이는 자원 집단이었다. 이러한 자원 집단의 전통을 가진 교회가 한말 우리 사회 곳곳에 세워지게 되었다.

기독교는 이들 교회를 통하여 삶의 모든 영역에 적극 참여하고 모든 영역을 바꿔갔다. 종교개혁 정신에 따라 모든 사람들이 쉽게 읽을 수 있게 성경을 한글로 옮기고, 모두 성경을 읽을 수 있도록 한글을 가르치고 배웠다. 지금껏 무시당했던 한글을 들어 거룩한 경전의 글이 되도록 이 글을 격상시키면서, 중국 글에 얽매어 있던 중화주의의 틀에서도 벗어날 수 있게 되었다. 한글을 소통의 도구로 삼은 마당에 교회는 공공의 공간으로 사회에 참여하였다. 교회는 예배의 처소이자 교육의 공간이기도 하였다. 일반 수준에서 토론이라는 것을 알지 못하고 있던 시대에 교회는 토론회도 열었다. 이 토론회를 통하여 주제를 두고 찬반으로 논쟁을 벌이는 소통의 능력과 관행도

---

25 박영신, 윗글, 364-365쪽, 또는 박영신 · 정재영, 윗글, 73쪽.

26 Alexis de Tocqueville, *Democracy in America* II (New York: Vintage Books, 1945), 123-128쪽.

27 윗글, I, 200쪽.

익힐 수 있게 되었다. 교회에서 훈련 받은 이들 기독교인들이 사회 변혁의 공간으로 나아갔다. 이들은 한말 독립협회가 활발하게 움직이고 있을 때는 그 활동의 무대 한 가운데로 들어가 적극 참여하였고, 학교를 세워 교육으로 나라를 바로잡자는 운동을 펼칠 때는 그 일을 앞장서 이끌어가기도 하였다. 이들은 일제 강탈기 밑에서도 굴하지 않고 여러 방식으로 반일 독립 운동의 대열에 들어섰다. 뜻을 펴기 위하여 모이고 그 뜻을 함께 펴나기 위하여 책임 있게 참여코자 하였다. 오늘의 말로 하면 '시민다운' 삶의 지향성이었다. 이러한 삶의 지향성이 교회로부터 움터 나왔다.[28] 교회라는 공간 안에 함께 모여 서로 생각을 나누고 공통된 의사를 도출해내었다는 점에서 교회는 우리나라의 소통 문화를 혁파한 "공공의 공간"이었고,[29] 그 과정에서 이른바 '정치 능력'을 키워주었다는 점에서 교회는 시민의 됨됨이를 부추기고 그 능력을 키워준 '정치 훈련장'이기도 하였다.[30]

그러나 이 시민성의 기독교는 이후 그 활력을 잃어버리고 만다. 일제 강탈기의 폭압 밑에서 겨레의 수많은 지도자들이 나라밖으로 떠난 그 자리는 허전하고 쓸쓸했다. 드러내 놓고 활동하지 못하여

---

28 박영신, 윗글(1987), 365-367쪽, 또는 박영신 · 정재영, 윗글, 73-75쪽.

29 Yong-Shin Park, "The Church as a Public Space: Resources, Practices, and Communicative Culture in Korea" (Presented for the Symposium on The Impact of Christianity on Korean Culture at the Center for Korean Studies, University of California, Los Angeles, May 7, 2004), 또는 *The International Journal of Korean Studies*, Vol. 11 (2007년).

30 좀 더 자세한 논의에 대해서는 Chung-shin Park, *Protestantism and Politics in Korea* (Seattle: University of Washington Press, 2003), 4장, 그리고 Chung-shin Park, "The Protestant Church as a Political Training Ground in Modern Korea" (Presented for the Symposium on The Impact of Christianity on Korean Culture at the Center for Korean Studies, University of California, Los Angeles, May 7, 2004), 또는 *The International Journal of Korean Studies*, Vol. 11 (2007년) 볼 것.

지하로 들어가거나 세대의 요구에 순응하고자 하는 갈림길 그 사이에 모두 들어서 있었다. 광복 이후 잠시 동안이지만 지난날 기독교가 보여준 참여의 활력이 되살아난 듯 했다. 하지만 교회가 이내 권력과 유착하면서 권력의 퇴락과 함께 불명예를 떠안아야 하는 지경에 들고 말았다.[31] 군사 쿠데타 이후 경제 부흥과 성장을 내건 '정치 종교'가 등장하자 교회는 여기에 편승한다. 인권과 자유를 박탈하고 민주주의마저 압살해도 모두가 경제 성장주의에 길들여진지라 교회마저 침묵하기만 한다. 그리고는 교회 성장과 부흥에 몰두한다. 모든 국민을 동원하며 국가가 이끌어 갔던 '경제 성장 종교'에 교회는 적극 협력하고 동조하는 하수인의 역을 자임하고 나섰던 셈이다. 그것도 좁다란 자기 집안 중심의 의식 세계를 자극하여 물질의 부를 추구코자 하는 경제 행위를 열렬하게 추종하고 정당화해 주기만 하였다.[32] 마침내 교회는 아버지가 아들에게 부를 대물림하듯이 교회조차 직접 간접으로 '세습'하는 관행(?)을 만들기에 이르고 되었다. 한 교인의 말로 "세상 사람들과 똑같[은] 욕심 때문에" 이미 초월의 존재인 "하나님을 두려워하지 않는 것 같"은 행태이다(시민사회 면접녹취, 2007: 17). 또 다른 교인이 관찰하고 있는 대로, "교회가 작고, 보잘 것 없고 힘들 때 교회가 세습을 하지 않[는다]". 세습에서 드러나고 있는 사사로운 "이기심"과 탐욕이다(시민사회 면접녹취, 2007: 9). 이와 같이 좁은 자기 이익과 물질의 부에 사로잡혀 있는 동안 그 너머

31 이 시대의 한국 역사와 기독교의 관계를 알아보기 위해서는 박정신, 2004: 여러 곳 볼 것.

32 박영신, 『우리 사회의 성찰적 인식』(서울: 현상과인식, 1995), 그리고 Yong-Shin Park, "Protestant Christianity and its Place in a Changing Korea," *Social Compass*, 47권 4호(2000). 518-520쪽.

이웃이 겪고 있는 상처와 아픔에 대한 시민된 관심은 아주 뒷전으로 밀려나버렸다. 공공에 대한 관심의 실종이었다.

역사에서 지울 수 없는 어두운 시기였다. 교회마저 자유와 인권을 포기하면서라도 경제를 살려야 한다는 독재 정권 밑으로 기어들어가 그 거대한 경제 성장주의의 그늘에서 혜택을 누리고자 한, 참으로 부끄러운 시대를 살았다. 이 과정에서 교인들 스스로 경제주의의 흐름 속에 자신을 맡기고는 교회 바깥사람들과 조금도 다를 바 없는, 그렇고 그런 길거리의 '보통 사람'으로 떨어지고 말았다.[33] 교회 바깥 다른 사람들이 값있게 여기는 것을 교인도 꼭 같이 값있게 여기고, 교회 바깥 다른 사람들이 바라는 것을 교인도 꼭 같이 바라고, 교회 바깥 다른 사람들이 즐기는 것을 교인도 꼭 같이 즐기는 평범화의 과정을 밟게 되었다. 그렇게 소금의 맛을 잃어버리고 빛의 구실도 하지 못한 채 오늘에 이르게 된 기독교회의 자기 모습니다.

6. 생각거리: 시민 사회의 종교

위에서 본 것처럼 종교는 언제나 그것이 자리하고 있는 사회와 밀접한 관계를 맺고 있다. 그 사회의 됨됨이를 떠받드는 의미의 틀을 마련해 주고, 필요하다면 그것을 바꿀 수 있는 가능성과 능력도 제공해 준다. 그러나 종교는 그러한 모습을 온전하게 지켜가는 대신에 일그러뜨리곤 한다.[34] 기독교도 마찬가지이다. 현존하는 세상의 질

33 박영신, 윗글(1987), 367-368쪽, 또는 박영신 · 정재영, 윗글, 75-76쪽.

34 이러한 점은 정수복 박사가 지은 『한국인의 문화적 문법』(2007)을 중심으로 연 29번째 〈삶의 정치 콜로키움〉(2007년 8월 21일/대화문화아카데미)에서 논의한 내용과도 통하는 이야기이다.

서와 하나님의 영광, 세속의 흐름과 하나님의 뜻, 이 둘 사이에서 피할 수 없이 일어나는 긴장의 압력에 짓눌려, 긴장을 통한 현존 질서의 변형을 겨냥하지 않고 현존 질서에 유착하거나 좁은 자기 세계로 퇴각한다.

오늘의 기독교는 잃어버린 초월에 대한 감수성을 되살릴 수 있어야 한다. 이로부터 좁다란 가족이나 친족 집단이 요구하는 헌신의 틀을 넘어서고 국가가 강요하는 유착의 틀도 넘어설 수 있을 뿐만 아니라, 시장이 유혹하는 논리의 틀도 넘어설 수 있는 초월의 가능성이 나온다. 모든 것을 초월의 기준에 맞춰가야 한다. 교회란 타산과 편리를 따라 움직이지 않고 세상의 기준에 따라 성공과 실패가 가름하지 않는 공동체이다. 그 모든 것을 넘어서는 생명체이다. 실험 교회라고도 할 수 있는 한 작은 교회에 속한 젊은 교인이 자기 교회를 두고 한 말 그대로, "세상에서 절대 인정받지 말자, 철저하게 하나님께 인정을 받자"고 하는 교회의 자기 참모습을 세워갈 수 있어야 한다(시민사회 면접녹취, 2007: 30). 기독교는 좁다란 모든 이익의 틀로부터 벗어나는 초월의 경험과 행위를 요구한다. '선한 사마리아인'이 표상하고 있는 삶의 지향성과 만나는 지점이다. 교회는 모름지기 도움을 필요로 하는 이웃에 대한 관심과 헌신의 미덕을 가르쳐야 한다. 이것은 다름 아닌 시민다운 시민이 갖추어야 할 마음가짐이다. 시민의 삶이란 자기 이익의 테두리를 벗어날 수 있는 삶을 말한다. 시민은 개인 차원의 봉사 활동에 머물지 않고 국가 수준에서 이웃 일반을 보살펴주는 사회를 만들어 가고자 한다. 시민 사회는 이들 시민이 적극 참여하는 삶의 공간이다. 아무리 국가가 많은 것을 책임져 준다고 하더라도 시민은 구경꾼으로 남아 있고자 하지 않는다. 국가의 혜택을 제대로 받지 못한 채 구석진 곳에서 도움을 필요로 하는 사람들은 아직도 많이 있기 때문이다. 공동체의 복지조차도 시장의 논리에 맡겨 효율성을 높이자고 하는 달콤한 소리가 있지만 시민은 이에 선뜻 동의하지 않는다. 이웃을 도와야 하는 공동체의 책임은 사사로운 이익을 추구하는 시장의 논리에 맡겨질 것이 아니기 때문이다. 국가 행정의 전횡을 막고 시장의 횡포를 막기 위해서는 시민이 긴장하고 있어야 한다. 도도한 국가와 시장과 마주하여 '선한 사마리아인 된' 삶을 살아가는 것, 그것이 시민된 모습이며 그러한 사람들이 적극 참여하는 사회가 시민 사회이다.

교회는 이러한 시민을 길러내야 한다. 개인으로부터 국가에 이르는, 아니 범세계 공동체에 이르는 모든 수준에서[35] '선한 사마리아인'의 마음가짐을 자극하여 자발성과 책임성을 부추기며 이를 일관되게 지켜갈 수 있도록 해야 한다. 교회가 단위가 되어 지역 사회에 적극 참여하는 프로그램도 갖고 있고, 거기에 교인들이 열성을 다해 참여하기도 한다(시민사회 면접녹취, 2007: 여러 곳). 이들 가운데는 교회 단위로 교회의 이름을 걸고 봉사 활동에 참여하는 것이 아니라 이름 없이 일반 자원 단체를 돕고 시민운동 단체에 적극 참여하는 경우도 있고(윗글: 27), 아예 시민운동을 하나님 나라를 세우는 도구로 보고 간사로 일하는 경우도 있다(윗글: 51). 이들이 시민 사회의 일꾼들이다.

오늘날 이러한 참여의 능력을 교회가 북돋고 있으며, 끼리끼리 모이는 것이 아니라 교회가 다른 시민 사회 조직체와도 긴밀하게 관계

35 Yong-Shin Park, "A New Morality for the Global Community," Young Seek Choue/Jae Shik Sohn(엮음), *Tolerance, Restoration of Morality and Humanity* (Seoul: UNESCO HQs/Kyung Hee University, 1996).

를 맺고 있는지, 교회 스스로 물어볼 수 있어야 한다. 이러한 여러 차원의 과제들이 엮어질 때 비로소 교회가 선한 사마리아인들이 모인 생명력 있는 공동체로 서있게 될 것이며, 나아가 시민 사회에도 활력을 불어넣을 수 있을 것이다.[36]

박영신 지음, 조성동 · 정재영 엮음, 『시민 사회 속의 기독교회』, 예영, 2008.

---

36 미국의 사회학자 우스노우는 바로 이러한 점에 착안하여 교회와 시민 사회의 관계를 논하고 있다. Robert Wuthnow, "Can Religion Revitalize Civil Society?," Corwin Smidt (엮음), *Religion as Social Capital: Producing the Common Good* (Waco, Texas: Baylor University Press, 2003) 볼 것.

제4장

잊혀진 이야기:
시민 사회와 시민 종교

1. 들어가는 말

최근 들어 우리나라에서도 국가와 분리되어 있는 활동 공간과 연관지어 시민 사회 또는 시민이라는 말을 흔하게 쓰고 있다. 평범한 시민들이 개인으로 또는 집합 수준에서 막강한 국가 권력에 맞서 항복을 받아 내거나 최소한의 압력을 넣어 제약을 가할 때 분명 여기에는 국가의 영역과 구별되는 영역이 설정되어 있다고 주장할 수 있다. 그러나 이처럼 영역의 분화라는 겉으로 드러난 측면만 보아서는 시민 또는 시민 사회가 담고 있는 의미를 다 드러내지 못한다. 우리 사회의 지평에 나타난 갖가지 시민 운동을 죽 늘어놓는다고 해도 마찬가지이다. 지난 80년대 말부터 90년대에 들어서면서 이른바 시민의 관심이 정치 수준의 민주화에 집중되어 오다가 경제 및 사회 영역의 문제로 옮겨가는 변화의 모습을 띠게 되었으나,[1] 그것은 여전히 관심 영역의 이동일 뿐이다. '시민됨' 그 자체 또는 시민 의식의 구조에서 일어나는 변화는 아니었다. 불행하게도 시민과 시민 사회 그리고 시민 운동에 대하여 이와 같은 심층의 문제를 캐내려는 논의는 없었으며, 있었다 해도 피상의 논의를 둘러싼 떠들썩한 소리에 휘말려 들리지 않게 된 상황이다.

이 글은 바로 이 상황에 도전한다. 시민은 어떤 능력과 자질을 지니고 있어야 하고 그것을 갖추지 못한 사회 구성원을 진정한 시민이라 할 수 있으며 그들이 자리한 사회를 시민 사회라 할 수 있는가 하는 물음을 던지고자 한다. 시민과 시민 사회의 참모습을 꿰뚫어 파헤치지 않고서는 참된 뜻에서 시민이 시민으로서 행동하는 시민 사회의 실체를 얻기 어렵고 그러한 시민이 이끄는 시민 운동을 기대할 수 없기 때문이다.

2. '시민' 이야기

지배 권력이 있는 곳에는 언제나 저항할 수 있는 민중이 있었다. 그만큼 민중의 저항은 긴 역사를 가지고 있다. 힘을 휘두른 세력에 맞섰던 밑으로부터의 저항이 역사의 물줄기를 바꾸었으며, 민중의 절규와 함성이 역사의 들판을 메웠다. 멀리 갈 것도 없다. 한말 변혁기의 농민 봉기와 한양에서 벌어진 만민공동회 운동, 일제 강탈기에 일어난 여러 갈래의 광복 운동, 그리고 광복 후 독재와 군사 정권에 맞서 싸운 반정부 운동, 이 모두는 아래에서부터의 저항에서 빚어져 나온 것들이다. 이 점에서 민중은 실로 무서운 역사의 주역이었다.[2]

---

1 이에 대해서는 조대엽, 『한국의 시민 운동』(서울: 나남, 1999), 특히 2부 볼 것.
2 박영신, 『새로 쓴 변동의 사회학』(서울: 학문과사상사, 1996), 8장 볼 것. 그리고 민중

오늘날 우리들에게 익숙한 이념의 축으로 보면 이 민중은 그렇게 단순하지 않다. 민중의 이름으로 지난날 군사 독재에 항거한 민주 세력마저도 그 안을 찬찬히 들여다보면 이념의 동질성을 가지고 있었던 것은 아니다. 정권의 폭압성 때문에 계급 사이의 엇갈리는 이해 관계를 덮어두고 일종의 반독재 연합 전선을 폈을 따름이다. 이른바 문민정부의 수립으로 이 연합 전선의 유효성이 끝나면서 이념의 수준에서 보아 채 분화되지 않았던 '민중'은 다시 자기 모습을 규정하기에 이르렀다. 오늘의 '민중'은 극에 달한 독재 정권의 타도를 위하여 연합 전선을 폈던 미분화된 '민중'으로부터 갈라져 나온 '순수한' 자기 참모습을 지키고자 하는 세력을 가리킨다. 다른 말로, 민중이라는 말이 이념의 차별성을 드러내게 되면서, 보수 세력과 한통속이 되었던 지난날의 존재 방식에서 벗어나 자체의 이익에 초점을 맞추는 노동 계급 진영을 표상하는 말로 줄어들었다.[3]

이러한 분화 과정에서 군사 정권 시절에 그토록 무거운 저항 의식을 담아 널리 쓰여졌던 포괄 개념으로서의 '민중'이라는 말은 빛이 바래져 사라지게 되었다. 느닷없이 그 자리에 들어서서 요즘 새로운 힘을 얻고 있는 이름이 다름 아닌 '시민'이다. 우리의 역사 경험에서 다만 얼마 동안일망정 익숙해져 있던 말인데도 불구하고 포괄 개념으로서의 민중이라는 말 대신에 시민이라는 말이 일상의 낱말로 올

의 역사 일반에 대한 논의, 조오지 뤼데, 『이데올로기와 민중의 저항』(박영신 · 황창순 옮김)(서울: 현상과 인식, 1993) 볼 것. 원제는 George Rudé, *Ideology and Popular Protest* (London: Lawrence and Wishart, 1980).

3 이러한 상황을 알기 위해서는 오 세철, "사회주의권의 변화와 한국 사회 변혁 운동의 전망," 『현상과 인식』 제16권 제1/2호(1992년 봄/여름), 특히 14대 총선 이후에 대한 평가 부분 볼 것.

라서서 두루 쓰이게 되었다. 이념의 축으로 보아 민중 의식의 희석화 현상이라고도 할 수 있는 바, 바로 이 묽게 된 민중의 다른 이름으로 그리하여 결을 달리하는 여러 행동 지향성을 지닌 사회 구성원을 뭉뚱그리는 이름이다.[4]

민중에서 시민으로 옮겨간 개념의 이동은 그러나 안으로부터의 깊은 자기 분석이나 이론 수준에서의 단단한 논의로부터 비롯되지 않았다. 수많은 지식 개념과 이론이 그러했듯이 이 경우에도 우리의 경박한 지성 풍토를 드러내었을 뿐이다. 외국 학계의 동향에 따라 발빠르게 움직이면서 학문 수입상 역을 맡아 재미를 본(?) 한 때의 지식인들이 이번에도 우리 역사에 대한 깊은 성찰과 면밀한 분석 없이 서구에서 새삼스럽게 나돌기 시작한 시민이니 시민 사회니 하는 말을 손쉽게 끌어들여 썼기 때문이다.[5]

앞서 시민이라는 말을 도시의 발전 과정이라는 사회 이론의 줄기에서 논하기도 하였고 민주주의와 시민의 문제를 교육의 문제와 연결하여 강조하기도 한 바 있다. 뿐만 아니라, 올해로 40돌을 맞게 된 이른바 '1960년의 봄 혁명'으로 제 1공화국을 무너뜨렸던 그 때도 전국 각지에서 부정 선거를 규탄하였던 분노한 '시민'들이 있었다. '4·19'라는 말속에 드리워진 의미 내용과는 달리 이 혁명은 서울 중심의 대학생들이 어느 한 날에 일으켜 끝을 보았던 것이 아니었다.

---

4 이 글의 앞부분은 『기독교사상』, 2000년 3월호에 실렸던 나의 글 "양심과 정의가 피보다 진해야 산다"를 다시 고치고 키워 놓은 것임을 여기 밝힌다.

5 사회학이라는 학문을 보기로 삼아 이러한 점을 밝히고 있는 박영신, 『사회학 이론과 현실 인식』(서울: 민영사, 1992), 11장 볼 것. 그리고 박영신, "우리 사회학의 어제와 오늘을 되새김: 학문 일반사의 한 보기로서," 『현상과 인식』, 제19권 제2호(1995년 여름), 121-139쪽도 볼 것.

봄소식이 일던 남녘으로부터 불붙기 시작하여 동과 서 할 것 없이 사방에서 고등학생들을 포함하여 이름 없는 수많은 '시민'이 참여하여 얻어낸 '시민 혁명'이었다.[6] 이후 '시민'이라는 실체가 쿠데타 정권 밑에서 짓밟혀 사라지게 되었던 운명과도 같이, '시민'의 문제는 지식 계급의 기억으로부터 사라져버렸다. 지식층의 주목 대상도 음미의 대상도 되지 않았으며 그들의 이야기 속에 끼어들지도 않았다. 시민이 논술의 한 부분이 되었다면 그것은 현실과 무관한 아득한 사상사의 한 토막 희미한 이야기였다.

지난 80년대 말에서부터 우리가 자주 쓰게 된 시민이라는 말은 우리가 겪은 지난날의 역사 이야기와도 이어지지 않았고 그 속에 자리한 맹렬한 긴장과도 맥이 닿아 있지 않았다. '시민'이라는 실체는 군사 정권의 몰락 이야기로부터 새삼 떠오른 것이 아니다. 그 실체는 군사 독재 이전으로 거슬러 올라가 확인되어야 한다. 최소한 오늘의 역사에서 보면 그것이 군사 정권에 억눌려 있다가 다시 솟구쳐 민주화의 열기를 뿜었다. 이를 둘러싼 논의는 실체의 역사성을 확인하고 그 긴장의 맥락을 존중하여야 했다.[7] 물론 우리의 지식 계급은 이러한 역사의 이야기에 관심을 둘 만큼 뿌리 찾기에 골똘하고 역사와 씨름하는 긴장의 긴박성을 체험할 수 있는 지성의 자질을 갖추지 못

6 박영신, 『역사와 사회 변동』(서울: 한국사회학연구소/민영사, 1987), 특히 9장 볼 것. 그리고 사회운동학회가 1960년의 봄혁명 40돌을 맞아 4월 15일에 연 〈4 · 19와 시민운동〉 주제의 학술모임에 발표할 나의 글, "사회 운동 '이후'의 사회 운동-'4 · 19'의 구성"도 이와 관련된다. 이 발표문은 이후 『현상과 인식』 제24권 제4호(2000년 겨울)에 실렸다.

7 우리 사회에서 '시민'이라 일컬을 수 있는 실체의 성격 규명과 그 형성의 역사를 따지는 것은 다른 연구를 필요로 할 것이다. 다만 이 일은 적어도 독립협회 운동과 이어져야 한다는 점을 여기에 밝혀 둔다. 이에 대해서는 박영신, 윗글(1996), 11장 볼 것.

하였다. 이 점에서 '시민 이야기'의 상황은 지식 계급의 경박성과 몰역사성을 고스란히 드러내고 있다 할 수 있다.

우리를 에워싸고 있는 '시민' 논술의 한계는 그러므로 놀라울 것이 없다. 우리의 역사 경험에 대한 피상의 이해는 서구의 경험에 대한 피상의 이해를 낳을 수밖에 없다. 피상의 사람은 어디에서나 피상의 사람일 것이기 때문이다. 오늘날 서구에서 말하는 '시민'은 물론 우리가 써 왔던 '민중'이라는 낱말이 담고 있는 뜻의 역사보다 짧다. 시민에 대한 논의는 산업 시대가 문을 열고 근대 민주주의가 제도화되기 시작할 무렵 곧 국가와 시민 사회를 갈라놓고 볼 수밖에 없었던 그 이후였다 할 수 있다. 그럼에도 불구하고 시민 논술의 역사는 만만찮다.[8] 그 논의의 줄기는 길게 번져 있고 깊이 역사에 뿌리내리고 있다.

대개의 경우 시민 사회와 국가를 분화시킨 것은 일찍이 18세기 후반의 스코틀랜드 계몽주의를 이끈 윤리 사상가들의 생각으로 돌리고 있다. 시민 사회에 대한 논의는 적어도 여기까지 되돌아간다. 간단하게 말하면 이들은 남을 예의 바르고 공손하게 대하는 정중함이 곧 시민성(civility)이였으며 그것이 곧 문명(civilization)이었다. 시민 사회는 지난날 잔혹하고 사나운 미개한 야만 사회와는 달리 다른 사람에 대한 감수성을 지닌 품위와 덕성을 담보하고 있다고 이해하였다.[9] 이 시민은 물론 고대 그리스와 로마에서 찾을 수 있는 '공화국

---

8 Jack Lively/Andrew Reeve, "The Emergence of the Idea of Civil Society: The Artificial Political Order and the Natural Social Order," Robert Fine/Shirin Rai(엮음), *Civil Society: Democratic Perspective*(London: Frank Cass, 1997), 63-75쪽.

9 Adam Ferguson과 Adam Smith의 생각이 돋보인다. Christopher J. Berry, *Social Theory of the Scottish Enlightenment*(Edinburgh: Edinburgh University Press, 1997), 그리고

의 시민 덕성'에까지 거슬러 올라갈 수 있다. 그러나 이들 스코틀랜드의 계몽주의 사상가들은 노예 제도에 터하여 군사 정복을 일삼던 고대 사회를 모범으로 삼지 않았다. 이들은 자유스러운 상업 사회를 맞게 된 근대의 사람들이었다. 이후 헤겔을 거쳐 또끄빌을 통하여 시민과 시민 사회에 대한 논의는 단단한 발판을 마련하였다.[10]

오래 동안 잠자고 있던, 아니 "죽어 있던" '시민 사회'라는 이 개념을 다시 떠올려 오늘의 논술 한 가운데로 끌어올린 것은 중·동유럽의 지성인들이다.[11] 그것은 유럽에만 해당되는 것이 아니었다. 토끄빌 이후 시민 참여를 기정사실화하고 있던 미국의 경우에서도 그러하였다. 최근에 인 시민의 참여와 시민의 책임과 같은 시민 사회의 논술은 중·동유럽의 역사 경험이 끼친 영향에 힘입었다.[12] 이른바 '현실 사회주의' 국가 안에서 반체제 운동을 벌이고 있던 이들 지성인들은 국가에 예속되어 노예 상태에 빠진 '시민'을 건져내고자 했다. 앞서 체코 지성인 헤자넥은 이러한 상태를 바로잡는 길은 국가

Christopher G. A. Bryant, "Civil Nation, Civil Society, Civil Religion," John A. Hall (엮음), *Civil Society: Theory, History, Comparison* (Cambridge: Polity, 1995), 142-143쪽.

10 Christopher G. A. Bryant, 윗글. 맑스는 여러 색깔을 가지고는 있었지만 자신의 이론틀 안에서 국가와 시민 사회를 구별할 수 없었다. 국가는 부르주아의 정치 조직으로 격하시킬 수밖에 없었기 때문이다. 자세한 것은 John Keane, *Democracy and Civil Society*(London: Verso, 1988), 31쪽 아래 볼 것. 여기서 강조하고 있는 바, 스코틀랜드 계몽주의에 대한 논의를 아쉽게도 빼놓고 있지만, '시민 사회' 개념을 널리 살피고 있는 박희, "시민 사회 개념의 역사," 『사회학연구』, 여덟 째 책(1995) 볼 것.

11 이 점을 밝히고 있는 글은 많다. 특히 John Keane, 윗글, 31쪽 아래. 그리고 서유럽의 경험과 견주면서 이 문제를 정리하고 있는 글, Attila Agh, "Citizenship and Civil Society in Central Europe," Bart van Steenbergen(엮음), *The Condition of Citizenship*(London: Sage, 1994), 9장 볼 것.

12 미국의 사회학자 우스노가 시민 사회의 논의를 펴기에 앞서 이러한 논술의 정황을 밝히고 있는 Robert Wuthnow, *Christianity and Civil Society*(Valley Forge, Pennsylvania: Trinity Press International, 1996), 특히 2쪽 볼 것.

의 지배로부터 "시민 사회"를 해방시키는 것이라 보았다.[13] 모든 삶의 영역을 통째로 지배했던 국가의 족쇄로부터 벗어나 그 울타리 밖에 자유롭게 숨쉴 수 있는 자율 활동 영역을 세워두고자 하였다. 80년대를 앞뒤로 하여 널리 퍼지기 시작한 폴란드의 반체제 운동은 이에 앞서는 좋은 역사의 보기이다.[14]

중·동유럽의 반체제 지성인들이 '시민'을 앗아갔던 공산주의 체제에 맞서 '시민'이 살아가는 '시민 사회'를 새롭게 떠올리게 되자, 이 여파를 타고 서구 지성인들은 오래 동안 서가에 꽂혀 있던 먼지 낀 책을 새삼 꺼내어 서구의 전통 속에 자리 잡고 있는 시민과 시민 사회에 대한 논술의 열기를 더하게 되었다. 우리나라에서 벌이고 있는 '시민 이야기'는 이렇게 서양에서 펼쳐진 시민 논술의 흐름에 편승한 지식 계급이 끌어들여 유행시킨 것이다. 군사 독재 체제를 허물어뜨린 것은 '민중'의 힘이었다며 그렇게 떠들어대던 그들이 별안간 시민 또는 시민 사회라는 개념을 빌리어 그 역사 상황을 해석하기도 하였다.

3. 시민의 자격 덕목

시민은 태어나는 것이 아니라 훈련되며 시민 사회 또한 거저 주어

---

13 Ladislav Hejdánek, "Prospects for Democracy and Socialism in Eastern Europe," Václav Havel 들, *The Power of the Powerless: Citizens against the State in Central-Eastern Europe*(London: Hutchinson, 1985), 특히 149쪽.

14 Z. A. Pelczynski, "Solidarity and 'The Rebirth of Civil Society' in Poland, 1976-81," John Keane(엮음), *Civil Society and the State*(London: Verso, 1988), 361-380쪽, 그리고 이와 관련하여 박영신, 『동유럽의 개혁 운동: 폴란드와 헝가리의 비교』(서울: 집문당, 1993)와 박영신, 『실천 도덕으로서의 정치: 바츨라브 하벨의 역사 참여』(서울: 연세대학교 출판부, 2000) 볼 것.

지는 것이 아니라 만들어진다. 국가가 정당성을 잃고 적대심을 불러 일으키는 상황에서 시민이 저항하여 내처 정권까지도 무너뜨릴 수도 있다. 나아가 국가가 탈취해 간 권리를 되찾을 수도 있다. 중·동유럽 인민이 공산 정권을 타도한 것은 한 보기에 지나지 않는다. 그러나 탈공산화 이후 중·동유럽은 시민 사회의 제도화를 헤살 놓는 만만찮은 '반시민' 사회의 증후들로 시달리고 있다.

17세기 이후 서구 사회를 특징지었던 것처럼 다양한 부르주아 집단이 당당하게 사회 세력을 이루어 정책 안건을 토론하여 처리하였던 경쟁 민주주의 정치 체제를 중·동유럽은 경험하지 못하였다. 두 차례의 세계 대전 사이에 체코슬로바키아 공화국이 누렸던 짧은 민주주의 역사를 제쳐놓고 보면 이 지역의 역사는 시민 민주주의와 거리가 멀었다.[15] 산업화 이전의 농경 사회처럼 농민이 주축이었다. 당연히 끈끈한 친분의 사사로운 망으로 얽어 감겨 있었다. 공산 억압 체제에 들면서 어느 만큼 짓눌려 있었던 것이 그 체제를 벗어나면서 다시 표면 위로 떠오르게 되었다. '시민'들이 함께 모여 정당하게 경쟁을 통하여 경제 이익을 얻을 수 있는 시장 장치를 만들거나 공공의 목적을 세워 이에 다다르기 위하여 결사체를 만들어 참여하는 부드러운 시민 사회가 아니었다. 벌떼처럼 날뛰는 정체불명의 준범죄 집단 같은 장사꾼들이 판치게 되었다. 국가로부터 '시민'이라는 이름으로 자유를 누리게 되었다고 하는 것이 아무렇게나 자기 잇속만 차리려는 칙칙한 무법천지처럼 되어버린 일종의 약탈 자본주의였다.[16] 유고슬라비아가 해체된 직후 발발한 인종 전쟁과 약탈은 국

15 손쉽게 찾아볼 수 있는 것으로, 안계춘 · 오세철 · 박영신, 『東歐諸國의 社會와 文化』 (서울: 법문사, 1988), 박영신이 쓴 1부와 오세철이 쓴 2부 볼 것.

가 수준에서 일어난 광범위한 무법 행위에 다름 아니다.

국가와 시민 사회의 분리는 시민 사회의 조건이다. 개인이 국가라는 거대한 기계의 부속품처럼 어떠한 자율성도 없이 한낱 도구로 살아간다면 그것은 물론 시민 사회일 수 없다. 국가의 틀로부터 개인이 자유롭다고 해서 그리고 국가로부터 사회가 떨어져 나왔다고 해서 개인이 자동으로 시민의 자격을 얻는 것도 아니다. 시민은 공공의 문제에 관심을 가질 뿐만 아니라 이를 해결하기 위하여 자유롭게 토론하고 참여할 수 있는 '시민성'을 지니고 있어야 한다. 역사에서 언제나 국가만이 인간을 억압한 것은 아니다. 전제 체제나 독재 체제 못지않게 전통 사회의 편견과 제도 또한 인간을 억압했다.[17] 이기주의에 뿌리내린 (유사) 가족주의의 굴레에 갇히거나 좁은 인종주의의 고삐에 이끌려 인간 일반에 대한 관심을 놓쳐버린 나머지 좁다란 충성의 틀에 예속되어 '부자유'의 수렁에 빠져 헤어나지 못하기도 했다. 심지어 위험과 위협 사태를 억지로 만들어가면서 자기 이익을 위하여 친족의 우두머리들이 친족 사이에 갈등을 자아내고 지역의 우두머리들이 지역 사이의 갈등을 추겨 추종자들이 친족이나 지역 감정에 휘말려들어 넓은 삶의 지평을 바라볼 수 없게 한다. 나아가 자기가 속한 인종의 혈통과 종교와 문화에 대한 충성심 때문에 다른 인종에 대하여 편견과 적개심을 품고 마침내 '인종 청소'라는 살육

---

16 Clive Tempest, "Myths from Eastern Europe and the Legend of the West." Robert Fine/Shirin Rai(엮음), 윗글, 특히 134쪽 아래 볼 것. 그리고 매우 심원한 문제를 두고 논쟁을 벌렸던 체코 대통령 바츨라브 하벨의 생각을 담고 있는 Václav Havel/Václav Klaus, "Rival Visions," *Journal of Democracy*, 제7권 제1호(1996년 1월), 12-23쪽 볼 것.

17 Ernest Geller, "The Importance of Being Modular," John A. Hall(엮음), 윗글, 특히 32-35쪽.

행위를 범할 수도 있다. 국가와 시민 사회의 분리라는 구조의 조건 밑에서 엉뚱하게 극단한 '반시민성'이 나타날 수도 있다.

여기에 가치 수준에서의 절제와 제재가 더해져야만 한다. 진정한 시민이라면 혈연이나 지연 그리고 학연과 같은 그 어떠한 특수 집단과의 귀속 관계를 거룩한 대상으로 삼을 수 없다. 오히려 이와 같은 관계를 우상화하고자 하는 일체의 좁은 삶의 방식을 거부하여야 한다. 나아가 다양한 결사체에 참여하여 다원 사회를 만들어 그 안에서 민주스런 삶을 익히며 이를 일상화해야 한다. 자기가 속했다고 해서 그 결사체를 절대화해서는 안 된다. 결사체에 속해 있으면서도 그 테두리를 벗어날 수 있어야만 한다. 이것이 시민 사회가 요구하는 '시민 솔리다리티'이다.

자기가 속한 친족이나 지역 또는 어느 결사체의 집단 조직이라 하더라도 참된 의사소통의 과정을 생략한 채 여러 가지 색깔을 내고 있는 소수를 무시하고는 단순단색의 다수결로 밀어붙이거나 아예 밀실에서 책략을 꾸며 결론을 내버리는 따위의 행태는 시민성에 어긋난다. 시민 사회의 시민은 '의사소통'의 하부 구조를 빼버리고 특정 이익을 들이파는 좁은 삶의 논리에 빠져 거기에 매여 있어서는 안 되며 이러한 논리로부터 자유스러워야 한다. 그럴 때에만 여러 결사체를 망라하는 더욱 큰 공동체를 '공동체'답게 만들 수 있다.[18] 시민의 '시민다움'이라는 가치와 그 가치에 바탕을 둔 시민 지향성의

---

18 우리 사회와 이어 이러한 줄기의 논의를 펴고 있는 박영신, "두 갈래의 윤리 지향성, 그 울을 넘어," 『사회이론』, 1998년 봄호, 또는 한국사회이론학회(엮음), 『윤리와 우리 사회』(서울: 현상과 인식, 1998) 볼 것. 새로운 관심을 불러일으키고 있는 '공동체' 문제에 대해서는 박영신, "공동체주의 사회 과학의 새삼스런 목소리," 『현상과 인식』 제22권 제1/2호(1998년 봄/여름) 볼 것.

행동이 '마음의 습속'을[19] 이루지 못하는 한 시민 사회는 껍질로 남아 끼리끼리 자기 잇속만 차리려는 약탈 사회로 변질되어 공공에 대한 관심의 약화와 도덕 행위로서의 정치에 대한 무관심을 낳아 정치 곧 공공성의 퇴행을 몰고 올 것이다.

두말할 필요도 없이 민주주의의 실행 과정에서 다수결은 불가피하고 여론은 중요하다. 그러나 이것이 저지를 수 있는 전횡과 횡포의 위험성을 내다볼 수 있는 안목이 갖춰져 있을 때 비로소 다수와 여론이 정당한 의미를 가질 수 있다. 아담 스미스가 밝혔듯이,[20] 겉으로 드러나는 여론과는 달리 사회의 선함을 추구하는 바탕으로서 그리고 덕스러움의 출처로서 "가슴 속의 인간" 곧 "불편부당한 관찰자"라는 양심과 정의로움이 삶 속에 내면화되어 있어야 한다. 좁은 집단의 이익에 눈이 어두워 그것을 넘어 서는 높은 가치를 알아차리지 못하는 사람들이 모여 다수결을 말하고 이들이 만들어내는 여론이란 양심과 정의와는 무관하고 차라리 거기에 반하는 패거리의 우격다짐에 지나지 않는다.

이른바 시민 사회라 하는 오늘의 우리 상황은 시민의 덕목을 갖지 못한 사이비 시민 사회이다. 이것은 시민이라는 이름을 달고 여전한 친분 관계를 동원하며 살아가는 '시민 이전'의 사회이다. 총선을 앞둔 상황은 이러한 사회의 증표이다. 자기 지역의 이익을 감싸고돌면

19 'Habits of the Heart'이라는 말은 또끄빌이 처음 썼지만 아래의 글 때문에 널리 쓰이게 되었다. Robert N. Bellah 들, *Habits of the Heart: Individualism and Commitment in American Life*(New York: Harper & Row, 1985) 볼 것.

20 Adam Smith, *The Theory of Moral Sentiments*(Indianapolis: Liberty Classics, 1969) [1759]. 그리고 스미스의 사회 이론을 논하고 있는 윤원근 · 박영신, "동감의 사회학: 선한 사회의 조건에 대한 탐구," 『현상과 인식』 제23권 제1/2호(1999년 봄/여름), 39-64쪽 볼 것.

서 같은 지역 사람들이 모여 특정 지역의 '한스러움'만을 돋아 보이게 하거나 심하게는 '우리가 남이가?'고 내뱉는가 하면 자기 지역이 푸대접을 받는다며 '우리가 바지저고린가?'고 소리치면서 서로 뒤질새라 특정 지방의 색채를 띤 감정을 부추기고 있다. 지역의 좁은 이익과 가공된 위협을 내세우며 특정인의 권력을 굳히려는 모사꾼의 무기력한 하수인으로 이들 유권자(?)들이 이용당할 것이 뻔한 상황이다. 특수주의 지향의 좁다란 집단 의식, 거기에 매여 이에 종노릇하고 있는 한 누구도 참다운 시민의 자격을 얻지 못한다. 이러한 비좁은 이익의 테두리 너머 그 위에 더욱 높은 가치를 두고 그 가치에 헌신할 때 '시민'은 마침내 그 어떤 술수 정치꾼의 노리갯감으로 이용당하지도 않을 것이며 그 어떤 선동가의 도구로 동원되지도 않을 것이다. 이와 같은 시민의 자질, 그것이 권력자를 두렵게 하고 나아가 진실된 삶의 공동체를 만들 수 있는 '무서운' 시민의 힘이다.

4. 시민성의 문화 가치

특정 친족과 지역을 중심으로 정착하여 서로 보살펴야 했던 때는 친족과 지역에 대한 충성은 존중되어야 할 중요한 가치일 수 있었다. 그러나 오늘의 상황은 다르다. 더 이상 이러한 삶의 테두리에 매여 살아갈 수는 없게 되었다. 여러 친족 집단들이 서로 다른 지역을 넘나들며 함께 어울리면서 서로 보살피고 돌봐야 하는 삶을 엮어가야 한다. 따라서 이러한 특정 집단과 지역에 대한 충성심을 초월하는 더욱 넓은 새로운 충성심을 필요로 하게 되었다. 그것이 지난날의 민족 공동체에 대한 충성심이었다. 오늘에 와서는 그것마저 의심을 받고 있다. 한 나라에 대한 좁은 충성심을 뛰어넘어 범세계 수준의 가치에 대한 헌신을 요청받기에 이르게 되었다. 특정 국가에 대한 충성만을 강조한다면 만국의 만국에 대한 투쟁으로 번지고 말 것이기 때문이다.[21]

만인의 만인에 대한 투쟁을 해결하기 위하여 국가 조직이 필요했던 것처럼 이렇게 열려져 있는 범세계화 시대에서는 국가 사이의 쟁투를 해결하기 위하여 그것을 넘어서는 조직이 필요하게 되었다고도 할 수 있다. 그러나 겉으로 나타나는 강제 조직만으로 문제를 해결할 수는 없다. 그 조직의 존재 이유가 되는 도덕과 가치를 밑바탕에 다져놓고 있어야 한다. 범세계화되고 있는 오늘날 '국제'니 '세계'니 하는 이름을 단 조직체만으로 참된 세계화가 되는 것이 아니다. 세계화란 경쟁을 벌이는 국가와 국가들 사이의 싸움터가 아니라 국가의 칸막이를 허물고 모두가 세계 공동체의 구성원으로 참여하며 사는 '범세계 시민 사회'여야 한다. 그러기 위해서는 이것을 뒷받침해 줄 수 있는 가치 수준에서의 힘이 있어야 한다. 지난날 지역 공동체를 떠받쳐주었던 지역 충성심처럼 그리고 국가 공동체를 지탱시켜주었던 애국의 민족주의처럼, 범세계 시민 사회라는 삶의 터전을 지탱시켜줄 수 있는 범세계 수준의 시민성이 밑바탕에 자리하고 있어야 한다. 다른 말로, 가치와 도덕 수준에서 범세계화를 떠받쳐 주어야 한다.[22]

---

21 이에 관한 자세한 논의에 대해서는 박영신, 『우리 사회의 성찰적 인식』(서울: 현상과 인식, 1995), 9장 볼 것.

22 Yong-Shin Park, "A New Morality for the Global Community," Young Seek Chou/Jae Shik Sohn(엮음), *Tolerance, Restoration of Morality and Humanity*(Seoul: UNESCO HQs, 1996), 653-675쪽.

서구의 기독교는 이러한 가치를 자체의 믿음 체계 속에 담아 시민의 테두리를 넓힐 수 있었다. 보기를 들어, 고대 도시를 중심으로 도시들이 서로 반목하고 있던 것과는 달리 도시를 넘어서는 더욱 넓은 세계를 아우르는 가르침과 삶의 지향성을 담아내었다. 역사사회학의 기념비가 되는 푸스뗼 드 꿀랑쥬의 연구가 보여주듯이,[23] 혈통을 같이 하는 가족 구성원들이 조상의 혼이 살아 있다고 믿으면서 제사를 지내며 함께 음식을 나누던 데서 '사회'가 생기고 이 제사 의례 때문에 한 집안에 속한 사람들과 속하지 않은 사람들이 구별되었다. 혈연에 터한 단결과 결속 의식이 생기고 재산과 지배의 형태도 생겨났다. 가족이 점차 씨족과 부족으로 합쳐지면서 도시라는 지역의 테두리가 생겨나 도시민이면 누구나 함께 제사지내고 예배할 수 있는 도시의 신전도 만들어졌다. 그리하여 도시마다 도시를 중심으로 하는 결속 의식이 생겼는가 하면, 뒤바꾸어 자기 도시에 대한 충성심도 부채질했다. 기독교는 이와 같은 공간 중심의 의식 세계를 허물어뜨렸다. 예배의 대상인 신에게 제사지내기 위하여 더 이상 특정 도시의 신전에 갈 필요가 없었다. 기독교의 신은 특정 도시의 경계 안에 갇혀 있지 않고 그 공간을 초월하는 존재이기 때문이었다. 이 신은 어디서나 만날 수 있는 존재였다. 기독교는 이제 어느 지역에 고착되어 있기를 거부하고 모든 향리성의 울타리 너머 '인류 전체'에 호소하였다.

이와 같이 기독교는 공간에 집착하는 지역성의 올가미로부터 인간을 자유케 하였다. 사회학자 베버가 신약 성경의 〈갈라디아서〉를

---

23 Numa D. Fustel de Coulanges, *The Ancient City*(Baltimore: Johns Hopkins University Press, 1980)[1864] 볼 것.

따오면서 강조하고 있는바,[24] 유대인으로 태어났든 이방인으로 태어났든 할례 받은 이든 받지 않은 이든 종이든 자유인이든 심지어 남자든 여자든 그리스도 안에서는 하나였다. 구원받은 자라면 어떠한 구별도 있을 수 없었다. 국적과 종교 그리고 신분과 성별의 구별 없이 신앙 공동체에서 가장 중시하는 성찬식에 이들 모두가 동등하게 참여하였다. 이 공동체는 특정 집단의 배타성에서 벗어나 있었다. 사회 관계의 원초성이 내뿜는 특수주의보다 더욱 강렬한 초월의 가치를 가르치고 실행하여 넓고 깊은 삶을 펼칠 수 있는 자유의 새 지평을 열어두었다. 기독교의 믿음 체계는 온갖 집단이 가하는 좁은 의식 세계를 '초월'하여 참다운 자유로움을 누리기를 요구하고 그러한 초월의 능력을 선사하고 있다. 그러기에 구원받았다고 하면 모름지기 그러한 초월의 삶을 실천할 수 있어야 한다.[25]

이러한 믿음의 체계는 도시와 도시민의 성격 규정과 무관하지 않았다. 서양에서는 도시 안에 사는 도시민이라면 자율성을 행사하는 독립된 개인이었다. 이들은 도시의 종교 공동체가 베푸는 성찬식과 같은 의례에 동참할 수 있는 신앙 고백의 공동체를 이루기도 하였다. 이 과정에서 친족(과 지역) 집단의 위력은 약화되었고 혈연과 종족의 결속을 강화시키는 종교 의례의 바탕도 허물어졌다. 이것이 서양의 도시를 성격지우는 데 커다란 영향을 미쳤다.

동양의 도시는 이와 대조를 이루었다. 동양에서는 베버의 뜻에서

---

24 Max Weber, *The City*(London: Heinemann, 1958), 98쪽. 이와 관련하여 박영신, 『역사와 사회 변동』(서울: 한국사회학연구소/민영사, 1987), 특히 29쪽 아래 볼 것.

25 이러한 논지와 관련하여 박영신, "초월의 가치와 공동체의 삶," 『神學思想』, 1999년 가을호, 91-115쪽 볼 것.

도시의 진정한 자치제가 발전되기 어려웠다. 유교 중심의 믿음 체계에서는 친족 조직을 떠받들고 있는 조상 숭배와 같은 친족 관계를 강화하는 종교 의례를 무엇보다 강조하여 왔다. 심지어 도시 안에 살고 있으면서도 이름만의 도시인일 뿐 삶의 의식은 자기가 낳은 고향과 자기 혈연의 본고장에 속하는 친족 의식을 지키고 사는 것이 당연하고 그것이 바람직한 것으로 여기며 사는 '친분 연관의 도시인'일 따름이었다.[26] 고향이라는 공간과 직결되어 있는 친분의 끈에 터한 사회의 구조, 유교의 전통에서는 이것을 '값있는 것'이라고 정당화하고 이를 강화하였다. 산업화되어 겉으로 보면 서양의 도시와 조금도 다를 바 없는 오늘의 동양 도시 안에 이러한 의식 세계가 근본에서는 손상되지 않고 그대로 지속되고 있으며, 그것이 삶의 방식을 규정하고 삶의 지향성을 뒤받침하고 있다.[27]

우리 사회가 이룩한 이 만큼의 경제 성장도 이와 같은 맥락에서 이해되어야 한다. 우리의 산업화 과정을 베버의 유명한 '프로테스탄트 윤리' 논지에서 보는 서구의 '합리스런 자본주의'에 빗대어, 베버의 논지 자체가 좁게는 우리 사회에 넓게는 동양 사회에 적용될 수 없는 일정한 한계를 지닌 듯이 보일 수도 있다. 그러나 그것은 수박 겉핥기식의 어설픈 시정의 주장에 지나지 않는다. 우리의 경제 성장은 우리 식의 문화 가치를 활용하고 동원하여 이루어 놓은 것일 뿐, 베버가 말하는 그러한 뜻에서의 '금욕스런,' 바꿔 말해 서구에서 나

26 이러한 줄기의 논의에 대해서는 박영신, 윗글(1987), 30-31쪽 볼 것.

27 나는 이러한 형상을 '가족주의' 또는 '유사 가족주의'라 개념화하여 오늘의 우리 삶을 분석하고 있다. 여러 글이 있으나, 박영신, "한국 사회 발전론"(1983년 한국사회학회/현대사회연구소 공동 주최 가을철 학술대회 주제 발표문), 또는 박영신, 윗글(1987), 7장, 그리고 윗글(1995년), 여러 글 볼 것.

타난 특유의 '합리스런' 자본주의와는 다른 것이다. 이러한 합리스런 사회 구조로 변형시킬 수 있는 문화 가치의 바탕 없이, 우리의 의미 세계 속에 들어 있는 친분 의식을 활용하고 동원하여 그 에너지로 급속히 산업화를 이룩하였다. 베버의 뜻으로 말하면, 우리의 자본주의는 금욕성과 합리성을 통하여 "친족의 사슬"을 부셔버린 다음 그 터 위에 세워진 것이 아니라 그 사슬 안에서 움터 나온 우리 특유의 자본주의인 셈이다.[28] 바로 이 사슬이 경제 행위의 영역뿐만 아니라 정치 영역을 포함하는 일상의 의식을 지배하여, 겉보기에는 도시에 사는 '시민' 같으나 실상은 '시민 아닌 시민'으로 살아가고 있다.[29]

오늘날 우리 사회는 이러한 친분 중심의 의식 세계 안에 갇혀 있다. '친족의 사슬' 안에 들어 있다. 서양으로부터 들어온 기독교마저 친족의 문화 가치를 치켜세우고 있는 유교의 전통에 함몰되어 그 친족의 '사슬'을 돌파하지 못하였다. 친족의 테두리를 벗어난 자유로운 시민으로 살아갈 수 있는 능력을 일관되게 표상해 오지 않았다. 우리 사회를 괴롭히고 있는 친분 중심성과 지역 감정, 그 의식의 고착성으로부터 기독교도 '자유롭지' 못하다는 말이다. 의례상 모든 사람이 성찬식에 참여하고 있지만 그 의례의 뜻을 내면화하여 실행할 만큼 깊은 수준에서 '기독교화'된 것은 아니다. 좁은 삶의 틀을 허물어 버린 강력한 초월 가능성을 지닌 믿음의 체계가 특수한 친분과 지역의 관계를 중시하는 의식 세계 밑에 깔려버린 것이다.

겉으로 드러난 것과는 달리 우리나라의 '시민,' '시민 사회,' 그리고

---

28 윗글(1995), 특히 1-2부 볼 것.

29 위에 적은 베버의 논지에 비쳐 시민의 문제를 논하고 있는 Stephen Kalberg, "Cultural Foundations of Modern Citizenship," Bryan S. Turner, *Citizenship and Social Theory*(London: Sage, 1993) 볼 것.

'시민 운동'은 깊은 문화의 결핍증을 앓고 있다 할 수 있다. 시민된 삶과 그들이 엮어가야 하는 사회와 집합 운동은 이를 북돋우어 주는 힘을 필요로 한다. 떠벌리는 구호나 즐비한 간판으로는 부족하고 독재 정권의 퇴거라는 조건만으로도 부족하다. 시민 사회는 아래에서 떠받쳐 줄 수 있는 문화의 에너지가 있어야 하고 자양분이 있어야 한다. 오늘날 시민이라는 이름으로 사회의 마당 위에 나타난 운동 세력이 여러 사회 세력에 뒤얽혀 시민의 보편스런 삶의 수준으로 나아가지 못하고 지역성의 올가미라는 막다른 골목에 들고 있는 것은 이러한 문화의 결핍 때문이다. 시민이 나타나게 된 구조의 분화를 깊은 수준에서 뒷받침할 수 있는 새로운 '깊은' 문화의 바탕을 갖추고 있어야 한다.

5. 시민 종교의 요청

시민 사회에서는 어느 누구도 시민을 향하여 특정 종교에 귀의하여 구원받기를 요구하지 않는다. 이미 우리 사회에는 어느 종교가 국가 종교의 자리에 올라 독점과 지배의 힘을 휘둘러대지도 않고 그럴 수도 없게 되어 있다. 극한 대립과 충돌 사건이 없었던 것은 아니지만 그러한 종교 갈등이 지속되어 올 겨를도 없이 종교는 서로 옆자리 하여 함께 살아왔다. 우리의 논의 맥락에서 던지는 물음은 종교의 공존이 곧 다원주의의 바탕으로서 시민 사회의 충분한 조건이 될 수 있는 것인가 하는 것이다.

불행하게도 이들 종교는 각기 생존·확장해가기 위하여 전략의 수준에서 공존의 모습을 띠고 있을 뿐, '시민'의 자격 덕목을 가르쳐 이것을 삶의 마당 한 가운데서 힘을 다해 실천할 수 있도록 깊은 수준에서 방향을 지워주고 있지는 않다. 짧게 말해 '시민 사회'의 밑바탕으로서 이를 정당화하는 기능을 수행하거나 시민 사회의 기둥 노릇을 하는 것은 아니다.

두 가지 사태를 들어 이러한 상황을 살펴볼 수 있다. 하나는 우리 사회의 모든 종교가 '시민 사회 이전'의 친분 관계의 망을 강화하는 역을 맡고 있다는 점이다. 우리 사회 구성원들은 엇갈리는 이해 관계의 상황에 부딪치게 되면 더욱 일반화된 수준에서 이를 풀어가기보다는 뒷걸음질 쳐 끈끈한 친족이나 지역의 망 속으로 들어가 그 안에서 '정서'의 평온과 만족을 얻고자 한다. 이러한 행동 지향성을 돌파해 갈 수 있는 능력을 마련해 주는 종교를 우리는 갖고 있지 않다. 초월의 영역에 감수성을 지키고자 하는 이른바 서양으로부터 들어온 종교조차도 우리 사회에 들어와서는 기존의 테두리를 벗어날 수 있는 초월의 능력을 잃고 우리 사회의 밑바탕을 이루고 있는 친분 중심의 가치 체계에 함몰되어 근본에서는 전통 종교와 다를 바 없는 기능을 수행하고 있다.[30] 그 만큼 종교와 종파와는 상관없이 모든 종교가 '시민 이전'의 특수주의 의식를 부추기며 우리의 삶을 다스리고 있다 할 수 있다.

다른 하나는 우리의 종교가 국가 정책에 동원되어 이를 강화하는 체제의 한 부분으로 기능하고 있다는 점이다. 지난 60년대 군사 정권이 들어선 다음 경제 성장 정책을 폈을 때 모든 것을 경제 본위의 가치에 집중시키면서 인권과 자유와 같은 가치들은 부차의 자리로

30 박영신, 윗글, 같은 곳.

밀어내었다.[31] 오래 전에 정치학자 앱터가 썼던 말로 표현하면, 모든 사회-심리의 에너지를 오직 국가 중심의 경제 성장으로 몰아붙이는 '정치 종교'의[32] 도가니 속에 들어 모든 종교가 국가 정책에 긴장을 불러일으키기보다는 이에 합세하여 힘을 실어주는 예속의 기능을 수행하였다. 경제 성장은 국가의 목표이자 삶의 궁극 가치이며 의미로 여겨지게 되었다. 바꿔 말해, 전래의 종교 전통과 '정치 종교'가 아말감이 되어, 친분과 지역에 대한 충성심을 약화시켜 더욱 높은 차원의 삶의 논리를 자아내지 못하고 오히려 그것을 유지·강화시키고, 나아가 이를 자원으로 삼아 경제 성장의 가치 목표를 달성코자 한 동원 체제의 순탄한 가동을 돕는 구실을 맡았다. 국가에 고분고분 시중드는 역을 맡아오면서 종교는 국가와 국가 정책의 테두리로부터 어느 만큼 자유로운 시민을 길러 내거나 그러한 시민의 활동 공간을 만들 수 있는 능력을 잃어버렸다.

이런 이유 때문에 급속한 경제 성장으로 빚어진 도시화와 산업화와 같은 사회 구조의 변동에도 불구하고 친분 관계와 지역 고착성과 같은 특수주의의 가치 지향성이 약화되지 않고 건재할 수 있었다. 사회 변동의 과정에서 일어날 수 있는 사회 해체와 긴장의 소용돌이에서 사회 구성원들은 전래의 종교가 손짓하고 있는 안정과 친밀성의 품안으로 순순히 들어가 안겼던 것이다.[33] 어떤 종교도 삶의 지

31 윗글, 여러 곳 볼 것.

32 David E. Apter, *Some Conceptual Approaches to the Study of Modernization*(Englewood Cliffs, New Jersey: Prentice-Hall, 1968), 193-232쪽, 그리고 David E. Apter, *The Politics of Modernization*(Chicago: University of Chicago Press, 1965), 8장에 들어있는 'political religion'에 대한 논의 볼 것.

33 이 '경제주의'의 유산은 우리 사회에 깊이 뿌리내리고 있어 우리의 민주주의(또는 시민 민주주의)에 걸림돌이 되고 있다. 이러한 논지를 펴고 있는 박영신, "우리의 '현실

평을 넓혀 파아슨스의 표현으로 더욱 높은 수준에서 가치를 일반화시키려는 데로[34] 나아갈 수 있는 변형의 능력을 발휘하지 못하였다. 모든 종교는 정치 종교의 강풍에 합류하여 국가가 정의내리고 규정한 변동의 목표를 향하여 사회 구성원들을 효과있게 동원하는 매우 강력한 동원의 수단이 되었을 뿐이다. 현존하는 것과 동일시할 수 없는 종교 자체의 '초월 능력'을 되살리지 못하여 종교는 마침내 우리 사회의 구조 자체도 질문하지 않았고 군림의 자리로 올라선 국가의 동원 체제에 대해서도 질문하지 않았다.

그렇다고 부르즈와 계급이 역사의 임무를 다했던 것도 아니었다. 국가가 이끄는 경제 성장 정책에서 자본 세력을 통제·회유하는 특유한 유착 관계를 유지하고 강화하는 것이 더없이 편리하였기 때문에, 자본 세력이 서구식의 부르즈와 세력으로 탈바꿈하여 보편주의의 원칙을 다듬어갈 수 있는 길을 터놓고자 하지 않았다. 자본의 축적 과정에서 한 번도 자체의 독자성을 키우고 지키고자 한 경험이 없고 그러한 문화의 가능성을 지니고 있지 못한 자본가 세력으로서는 국가와의 유착 관계 속에서 이익을 추구하는 것이 편리하기에 이러한 삶의 방식을 지키고자 하였을 뿐이다. 부르즈와 세력으로서 봉건 제도에 맞서 보편주의를 지향하는 새로운 삶의 논리를 만들어내었던 서구의 역사 경험과는[35] 다른, 유착을 통하여 기존 체제의 질서에

자본주의'와 민주주의의 허울," 『사회이론』, 1999년 가을호, 또는 한국사회이론학회(엮음), 『민주주의와 우리 사회』(서울: 현상과 인식, 1999), 5-31쪽 볼 것.

34 탈콧트 파슨스, 『현대 사회들의 체계』(윤원근 옮김)(서울: 새물결, 1999), 특히 6장 볼 것. Talcott Parsons, *The System of Modern Societies*(Englewood Cliffs, New Jersey: Prentice-Hall, 1971)가 원문이다.

35 윗글, 여러 곳 볼 것.

'적응'하면서 자본을 쌓는 데만 익숙하여[36] 어떤 새로운 삶의 방식을 내놓지도 않았고 또한 그러한 능력도 없었다.

시민 사회를 이야기의 마당으로 끌어올리게 된 오늘, 시민 사회를 밑바탕에서 떠받치는 시민성을 문제시하는 깊은 논의는 아쉽게도 찾아보기 어렵다. 그만큼 지식 계급의 논의가 문제의 핵심에 다가서기보다는 겉으로 보이는 껍데기에 맴돌고 있었다 할 수 있다. 쉽게 표면으로 떠오르지 않는 문제를 찾아 이것과 세차게 씨름을 벌이기에는 서양에서 논의되어 온 시민 사회의 논술 파고가 너무도 드세게 우리를 휘몰아쳤는지도 모른다. 그러나 그럴수록 지식의 사람들은 깊은 수준에서 시민과 시민 사회의 문제에 파고들었어야 했다. 아주 좋게 보아 기껏 서구의 논술을 날렵하게 옮겨놓아 우리의 논의 마당에 자극을 주었다고 할 수는 있으나, 서구의 논의 틀에 우리의 역사 경험을 마름질하여 우리 자신의 깊은 문제를 놓치고 만 서투른 표피의 논의를 되풀이하여 왔다. 우리 사회의 역사 경험과 구조의 뿌리에까지 내려가 비교의 눈으로 바라보는 문화 사회학의 수준에는 미치지 못하고 말았다.

시민 사회는 친분이나 지역에 뿌리를 내리고 있는 좁은 결속 관계의 테두리 안에서는 정당하게 존립할 수 없다. 이에서 벗어나 '시민 솔리다리티'를 만들고 이를 밑에서 떠받칠 수 있는 도덕 바탕과 힘을 필요로 한다. 물론 사회 구성원들이 국가의 지배에 맞서 자유로운 활동 공간을 확보하기 위하여 집합 수준에서 여러 가지 운동을 벌일 수 있다. 그러나 이것조차도 공공의 마당에 참여하는 삶의 방

36 이와 이어 Carter J. Eckert, "The South Korean Bourgeoisie: A Class in Search of Hegemony," *Journal of Korean Studies*, 7권(1990) 볼 것.

식을 정당화시켜 줄 수 있는 깊은 문화의 바탕 위에, 그리고 시민됨이라는 시민의 '자기 참모습'을 지니고 거기로부터 나오는 '자기 인식'과 '자기 이해' 위에 터하고 있어야 한다. 그렇지 않으면 시민 사회는 순탄하지 않아 쉽게 주저앉게 된다. 사사로운 좁은 울타리 속으로 들어가고자 하는 '시민 이전'의 의식 세계와 그것을 표상하는 사회 세력과 맞부딪혀 싸우는 데는 단순한 전략 이상의 깊은 문화의 힘을 얻고 있어야 한다. 편의와 편리에 따라 전략 차원에서 시민성이 비시민성과도 연합·타협할 수 있기 때문이다. 깊은 뜻에서 시민 사회는 다양한 이익 집단의 단순한 각축장이 아니다. 친분과 지역의 연줄 망에 뿌리내리고 있으면서도 오직 겉으로만 다원 사회에서 벌어지는 이익 집단 사이의 다툼인 것 같은 모습을 보이는 것은 더욱 아니다. 시민 사회는 낮은 수준의 특수한 결속 관계를 넘어 서서 더욱 높은 일반 수준에서 시민 모두를 담아내는 결속 관계이며 이에 대한 헌신의 에너지를 자아내는 그러한 솔리다리티이다.

그러므로 '깊은' 시민 사회는 거기에 어울리면서 그것을 떠받쳐주는 종교 위에서 비로소 가능하다. 이 종교가 바로 '시민 종교'이다. '정치 종교'가 국가 영역에 붙어있는 것이라면 시민 종교는 시민 영역에 관련되어 있다. '시민 종교'라는 말은 물론 미국의 사회학자 벨라가 1967년에 발표한 한 논문에[37] 의하여 널리 쓰이게 되었다. 이 글에서 그는 최소한 루소로부터 시작하여 뒤르케임에 이르러 이론화된 사회학의 생각을 아주 새롭게 활용하여 시민 사회의 종교 차원을 꿰뚫어볼 수 있는 길을 열어주었다.[38]

37 Robert N. Bellah, "Civil Religion in America," *Daedalus*, 1967년 겨울호, 또는 *Beyond Belief*(New York: Harper & Row, 1970), 9장 볼 것.

시민 종교는 시민 개인이 사사롭게 가지고 있는 종교 신앙과는 다르다. 이 종교는 국가가 표상하는 궁극의 의미와 자체 인식의 내용에 관련되어 있다. 그러나 특정 정권의 동원 체제와 직결되어 그 정권의 권위를 정당화하는 '정치 종교'와는 달리 '시민 종교'는 국가가 행사하는 종교 차원의 역할과 무관하지 않으면서도 그것을 넘어 설 수 있는 초월 가능성을 자체 속에 담고 있다. 초월성의 빛에 의하여 현존하는 정권의 정당성을 질문하고 그 정권이 독점 체제를 만들어 정책을 펴고 있을 때 이를 비판할 수 있는 가능성을 어느 만큼 지켜가고 있으며, 사회 내부의 다양한 인종 집단과 지역과 같은 친분성을 분쇄할 수 있는 가능성을 어느 만큼 가지고 있느냐에 따라 특정 사회의 시민 종교성과 정치 종교성의 정도를 재볼 수 있다. 이러한 점에서 시민 종교와 정치 종교는 한 사회의 정치 문화와 깊이 관련되어 있다고 할 수 있다.[39]

시민 사회의 건강은 시민들이 시민 종교를 가지고 있으며, 그 시민 종교는 그들에게 어떤 동기를 불러일으키고 있는가 하는 바로 이 물음에서 찾아야 한다. 비 온 뒤에 솟는 대나무의 어린 순과도 같이 시민이라는 간판을 단 시민(?) 집단이 즐비하게 나타났다고 해서 그것이 곧 건강한 시민 사회를 말하는 것은 아니다.[40] 국가의 독점 지

---

38 Edward A. Tiryakian, "Emile Durkheim," Tom Bottomore/Robert Nisbet(엮음), *A History of Sociological Analysis*(London: Heinemann, 1978), 특히 235쪽, 달음 (143) 볼 것.

39 정치 종교와 시민 종교를 둘러싼 논의에 대해서는 Christopher G. A. Bryant, 윗글, 149쪽 아래 볼 것.

40 공공성을 강조하면서 우리나라의 시민 사회에 대하여 논하고 있는 이화수, "시민 사회의 발전과 한국의 민주주의," 『사회이론』, 1999년 가을호, 또는 한국사회이론학회(엮음), 윗글, 특히 97쪽 아래 볼 것.

배 체제로부터 자유스러워야 하는 동시에 친분의 일차 집단이 요구하는 좁은 결속 관계로부터도 자유스러워야 한다. 그럴 때 비로소 이들 시민 집단은 시민 사회의 필수불가결한 구성 세력이 될 수 있다. 시민이라는 이름으로 아무리 소리질러보아도 친분(과 지역)의 연결 고리를 돌파하지 못하고 거기로부터 나오는 정서 유대의 성벽을 허물어뜨리지 못한다면 그 사회는 그만큼 시민성의 본질로부터 떨어져 있고 그만큼 시민 사회로 발돋움하기가 어렵다는 것을 말해준다 할 수 있다. 겨우 모습을 드러내고자 하는 시민이 좁은 결속 관계의 벽에 부딪쳐 어려움을 겪고 있고 시민 운동이 몹시 힘겨운 싸움을 벌이고 있고, 겉에 드러난 것과는 달리 시민 사회가 난무하는 이기성의 담벼락을 넘어서지 못하고 있는 것은 근본에서는 '시민 이전'의 삶의 논리를 돌파할 수 있는 시민 종교의 뒷받침이 없기 때문이다.

더구나 한 사회 속에 다양한 인종이 들어와 살아야 하고 그들이 정당한 인권을 보장받아야 하는 범세계화의 정황에서, 그리고 환경 문제와 같이 한 나라의 문제가 곧 다른 나라의 문제이기도 한 탈국가화 시대에서, 오늘날 이야기되고 있는 시민 사회는 범세계 수준에서의 시민됨을 요청받고 있다. 앞으로의 세계가 더욱 열려진 사회로 세계의 시민 모두가 서로 귀함을 확인하고 존중하면서 살 수 있으려면 시민 종교는 기존하는 일체의 테두리를 벗어날 수 있는 초월의 가능성을 놓치지 말아야 하며, 그러한 사회-심리의 바탕 위에 범세계의 시민됨을 북돋을 수 있어야 한다.[41] 그렇지 않으면 모처럼 만

41 Yong-Shin Park, 윗글, Michael Walzer(엮음), *Toward A Global Civil Society*(Oxford: Berghahn Books, 1995)에 들어 있는 여러 글, 특히 Michael Walzer, "The Concept

들어진 시민 사회는 범세계화의 도전 앞에서 존립의 기반을 잃고 국가라는 좁은 울타리 안에 감금되어 또 다른 '시민 이전'의 형체 속으로 퇴각하여 졸아들고 말 것이다.

6. 나오는 말

시민이니 또는 시민 사회니 시민 운동이니 하는 말을 흔하게 쓰고 있는 오늘, 공격과 비판의 대상은 언제나 권력층이었다. 우리의 역사를 마음에 새길 때 그것은 당연하며 또 이해됨직하다. 넓은 뜻에서 시민과 시민 사회는 국가 권력에 대한 시민 저항의 산물이다. 그러나 이것만으로는 깊은 뜻에서 시민 사회를 지키지 못한다. 시민은 시민다운 바탕을 갖추고 있어야 하며 시민 사회는 이러한 바탕을 갖춘 시민으로 짜이어 움직여가야 한다. 시민은 권리의 주체인 동시에 관심과 보살핌의 폭을 더욱 넓혀야 하는 책임의 주체이기도[42] 하다. 얕은 구조의 차원에서뿐만 아니라 깊은 가치와 도덕의 차원에서도 논의를 펼쳐야 하는 이유가 여기에 있다. 다른 말로, 시민 사회의 논의는 시민 종교에 대한 논의로 뻗어나가야 한다.

---

of Civil Society"와 IV부의 여러 글, 그리고 Richard Falk, "The Making of A Global Citizenship," Bart van Sttenbergen(엮음), *The Condition of Citizenship* (London: Sage, 1994) 볼 것.

42 박영신, "공동체주의 사회 과학의 새삼스런 목소리," 『현상과 인식』 제22권 제1/2호(1998년 봄/여름) 볼 것. 이른바 '새로운 사회 운동'과도 달리, 녹색 환경 운동과 같이 단순히 권리의 문제에 초점을 맞추는 것이 아니라 자연과 생태계에 대한, 그리고 후손과 인류 전체에 대한 책임을 중시한다는 점에서, 책임의 주제는 매우 중요하다. 이와 관련하여, Bart van Sttenbergen, "Towards A Global Ecological Citizen," Bart van Sttenbergen(엮음), 윗글 볼 것. 그리고 나의 글, "도전하는 '생태주의'와 가치 이론의 재구성," 『현상과 인식』 제25권 제1/2호(2001년 봄/여름) 볼 것.

그럼에도 불구하고 '시민 이야기'에는 가치와 도덕의 차원이 빠져 있다. '문화'의 문제를 주목해야 한다고 주장하는 이들도 '문화' 사회학의 깊은 문제에는 미치지 못하고 얕은 이야깃거리에 매달려 있다. 시민을 둘러싼 논의는 그리하여 기껏해야 권력층을 향한 '전략'의 문제로 줄여져 거기에 빠져들고 있다. 문제의 뿌리로 파고들어가 깊은 문제를 두고 성찰의 논의를 펴지 않는 한 시민은 '시민 이전'의 결속 관계라는 좁은 울안에 갇혀 있는 '껍데기 시민'으로 남아 '깊은 시민'의[43] 격을 생각할 수 있는 수준으로는 나아가지 못할 것이며, 이와 같은 깊은 주제에 다가섬이 없이 시정의 지식인을 흉내 내어 시민을 이야기하고 시민 사회를 말하는 한 허공을 향한 공허한 목소리에서 그치고 말 것이다. 보기를 들어, 아무리 지역 감정을 없애야 한다고 모두들 소리친다 하여도, 그리고 정부가 여론에 못 이겨 자원 배분의 균형을 다시 짜 맞추고자 하더라도 밑바탕의 깊은 문제인 가치와 도덕의 차원을 투입시키지 않는 한 모든 것은 끝없는 겉치레의 꾸림수나 되풀이되는 눈가림으로 끝나고 말 것이다.

뜻있는 사람이라면 모름지기 시민의 자질과 시민 사회의 조건에 대한 근원의 문제를 따져봐야 한다. 우리 사회를 갈기갈기 찢고 사회 자체를 비속하게 만들고 있는 '시민 이전'의 사회 관계에 붙박여 있는 삶의 논리, 이로부터 벗어날 수 있게 깊은 수준에서 다그치는 동기와 에너지에 대한 인식과 함께 이를 실천으로 옮길 수 있는 참된 뜻에서의 '시민됨'의 문제를 놓쳐서는 안 된다. 이 점에서 시민 사회는 우리의 계획이요 이상이지 어느 계기의 부산물이지 않다. 요

43 성찰의 차원을 강조하고 있는 Paul Barry Clarke, *Deep Citizenship*(London: Pluto, 1996) 볼 것.

란한 '시민 이야기'에도 불구하고 이러한 줄기의 논의가 너무도 오래 동안 잊혀 있었다.

박영신. 『현상과 인식』 제24권 제1/2호. 2000년 봄/여름.

제5장

공공 영역과 '시민됨'의 문화 조건

1. 들어가는 말

'공공 영역'(public space)과 '시민됨'[1]은 서구의 특수한 역사적 배경과 과정을 통하여 등장한 개념들이다. 따라서 이 개념들에는 서구 사회의 독특한 역사와 문화의 조건들이 전제되어 있을 수 밖에 없다. 그리고 이러한 전제들이 충족될 때 비로소 '공공 영역'이나 '시민됨'의 개념도 적절한 의미를 가질 수 있게 된다. 특히 우리 사회와 같이 민주주의의 제도와 이념을 외부로부터 받아들인 경우, 이러한 전제들에 대한 성찰은 반드시 필요한 작업이라 생각된다. 제도와 문화 사이의 틈과 어긋남은 우리 사회 민주주의의 현재와 앞으로의 과

1 이 글에서는 시민으로서의 갖추어야 할 덕성이라는 의미로 '시민됨'이란 용어를 사용한다. 비슷한 의미로 '시민권'이란 말이 있지만 이것은 법률상의 권리 개념의 뉘앙스를 풍기고, '시민성'이란 용어는 단순한 예절 이상의 의미를 담기에는 한계가 있다는 판단 때문이다. 이에 비해 '시민됨'이란 시민으로 갖추어야 할 미덕이란 의미에 더하여, 그러한 미덕은 배움을 통해 만들어가야 한다는 과정의 의미를 강조할 수 있다는 점에서 더 적절한 용어라고 생각된다.

제를 보여줄 수 있을 것이기 때문이다. 이런 맥락에서 이 글은 한나 아렌트의 사상을 중심으로 '공공 영역'과 '시민됨'의 문화적 조건이 무엇인지를 밝혀보고자 한다.

시민들의 자유와 이들이 참여할 수 있는 공공 영역이 제도적으로 보장되어 있다고 해서 민주주의가 완성되었다고 할 수는 없다. 시민들의 자유로운 참여가 전체로서의 공공선에 이바지하게 될 때, 우리는 비로소 민주주의를 이야기할 수 있을 것이다. 일찍이 사회학자 뒤르케임은 정치적 굴레로부터의 자유는 더 큰 목적을 위한 수단일 뿐이지, 그 자체가 목표는 아니라고 주장하였다. "자유의 값어치는 그것이 어떻게 쓰여지느냐 하는 데 있다. 만약 그 자유가 자유 그 자체를 넘어서는 어떤 다른 목적을 도와주지 않는다면, 그것은 단순히 쓸모없는 것만이 아니다. 그것은 위험하게 되는 것이다. 그것은 싸움의 수단이 되는 무기이다"라고 했다.[2] 물론 형식 민주주의와 실질 민주주의, 또는 형식적 자유와 실질적 자유를 구분한 것이 뒤르케임만의 생각은 아니다. 서구에서 시민 사회의 등장은 처음부터 공공성에 대한 딜레마, 곧 형식 민주주의와 실질 민주주의 사이의 긴장 관계를 안고 있었다고 할 수 있다. 그것은 다름 아닌 개인의 자유와 평등한 권리를 보장하고 있는 민주 절차들이 곧바로 결과로서의 공공선, 또는 사회 정의를 낳는 것은 아니라는 딜레마와 관련되어 있다.[3] 실제로 민주 절차를 통해 나온 결과가 전체 시민의 자유나 사회 정의를 방해하는 경우도 적지 목격할 수 있다. 님비(NIMBY)

2 에밀 뒤르케임, "개인주의와 지성인," 박영신(엮음), 『변동의 사회학』(서울: 학문과사상사, 1980), 159쪽.

3 이승훈, "근대와 공공성의 딜레마: 개념과 사상을 중심으로," 『민주사회와 정책연구』 2008 상반기(통권 13호)

현상도 그 가운데 하나일 것이다.

서구에서 등장한 공공 영역도 이러한 딜레마를 처음부터 안고 있었다고 볼 수 있다. 공공 영역에 참여하는 시민들이 어떻게 전체 사회의 공공선을 창출할 수 있을 것인가, 그리고 그것을 위해 요구되는 시민의 미덕은 무엇인가 하는 것이다. 공공 영역과 '시민됨'의 내용은 이러한 딜레마와 싸웠던 서구의 역사와 문화의 산물이라고 할 수 있다. 이 글은 이러한 과정을 통해서 형성된 '공공 영역'과 '시민됨'이 어떠한 문화 조건들을 전제하고 있는지 살펴보려는 것이다.

이러한 글쓴이의 관심은 민주주의의 가장 핵심적인 의사소통 과정, 곧 대화와 토론, 설득과 합의가 저절로 공공선이란 결과를 낳는 것은 아니라는 문제 의식으로부터 비롯되었다. '염화시중(拈花示衆)의 미소'처럼 이심전심을 강조하는 우리 문화에서 공공 영역의 대화는 어떤 위치나 역할을 차지하고 있는가? 정치적 약속이 공약(空約)이 되어버리고, 진짜 동기는 숨긴 채 명분 싸움만 일삼는 우리 사회의 의사소통 과정은 무엇이 잘못 되어있는가? 그리고 이러한 문제들은 어떻게 극복될 수 있는지 등의 질문이 그것이다. 물론 이 글에서 우리 사회의 문화와 민주주의 문제를 직접 다루고 있지는 않지만, 서구에서의 논의를 통하여 우리 사회를 성찰해볼 수 있는 계기는 제공할 수 있으리라고 생각한다.

2. 공공 영역과 의사소통

'시민됨'의 가장 기본적인 조건은 공공 영역에 대한 관심과 참여라고 할 수 있다. 사적인 공간 속에 갇혀 사사로운 일에만 관심을 쏟는 사람을 우리는 시민이라고 부르지 않는다. 따라서 '시민됨'의 조건은 시민들이 왜 공공 영역에 참여하는가, 어떤 방식으로 참여해야 하는가, 그리고 무엇을 위해서 참여하는가 등의 질문에서 찾아질 수 있다. 하지만 이러한 질문에 앞서 과연 공공 영역이란 어떤 곳인가에 대한 논의가 선행되어야 한다. 이 단락에서는 공공 영역의 최소한의 개념 규정을 위해, 공공 영역이라는 말의 뜻, 공공 영역 참여 수단, 그리고 공공 영역 참여의 규칙 등이 무엇인지를 간략하게 살펴보고자 한다. 공공 영역에 대한 보다 명확하고 구체적인 내용은 이어지는 단락들을 통해서 규명될 수 있을 것이다.

먼저 공공 영역은 '공적인 것'을 특징으로 하는 공간이다. 때문에 공공 영역의 기본적인 의미는 '공적인 것'(the public)의 말뜻을 통해서 밝혀질 수 있을 것이다. '공적인 것'은 '사적인 것'과의 대비를 통하여 규정된다. 일반적으로 '공적인 것'이란 감춰진 것이 아닌 드러난 것(가시성), 모든 사람들에게 접근이 개방되어 있는 것(개방성), 부분이 아닌 전체(집단성)를 뜻하는 말로 사용된다. 이렇게 볼 때 공공 영역이란 모든 사람들에게 개방되어 있고, 그 과정이 투명하게 드러나며, 결과적으로 개인이나 특정 집단이 아닌 사회 전체와 관련된 일들이 일어나는 공간이라고 볼 수 있다.[4] 다시 말하면, '사적 영역'은 특정한 개인이나 집단과 관련된 것으로, 관계된 소수에게만 드러나는 것이기 때문에 다른 사람들의 시선으로부터 감추어져야 되는 공간으로 정의되는 반면, '공공 영역'은 모든 사람들의 시선을 받을만한 것으로, 특정한 개인이나 집단이 아닌 공동체 전체와 관련된 사

---

4 이승훈, 윗글, 17-25쪽.

건이나 행위가 일어나는 공간이라고 할 수 있을 것이다.

그렇다면 모든 사람들의 시선을 받을만한, 공동체 전체와 관련된 일이란 무엇을 말하는가? 곧 공공 영역에서 다뤄지는 이슈나 활동은 어떤 종류의 것인가? 그것은 시대나 사회에 따라 변화하는 것으로, 보편적이고 절대적으로 규정될 수 있는 것이 아니다. 고대 그리스에서는 밥 먹기, 성행위 등 인간의 생명 유지를 위한 필연적인 활동이나, 목적 달성을 위한 수단으로서의 행위, 곧 경제적 활동은 공공 영역에 적합하지 않은 사사로운 영역들로 규정되었다. 생명 유지나 경제와 관련된 활동은 모든 사람들의 관심을 받을만한 가치가 없는, 사사로운 일들로 보았던 것이다. 이에 반해 공적 영역은 사적 영역의 과제, 곧 경제문제를 해결한 소수 자유인들의 공간으로서, 개인들의 차이와 다양한 관점들을 드러내는 자유의 공간이자 정치의 영역이었다. 여기에서 공공 영역은 어떤 목적을 위한 수단이 아니라, 인간의 다양성을 드러내는 공간이었다.[5] 공공 영역의 유일한 목적이라면 인간이 자신을 드러낼 수 있는 무대로서 공공 영역 그 자체를 유지하는 것 뿐이다. 하지만 오늘날 경제 문제는 더 이상 모두의 시선으로부터 감춰져야 할 사적 영역으로 이해되지 않는다. 오히려 모든 사람이 가장 지대한 관심을 갖는 공공의 문제가 되었다. '공적인 것'의 내용이 고대 그리스와는 달라지게 된 것이다.

따라서 공공 영역의 준거를 고대 그리스에서 찾고 있는 한나 아렌트는 고대 그리스의 공공 영역을 현대 사회의 '공적 영역'과 구별하기 위해서 '사회'라는 개념을 사용한다. 고대 그리스에서 사적 영역

5 한나 아렌트, 『인간의 조건』(이진우 · 태정호 옮김)(서울: 한길사, 1996), 102-112쪽.

이었던 경제 영역이 공적 영역인 가시성의 공간으로 이전함으로써 새롭게 나타난 영역을 '사회'라고 부르는 것이다.[6] '사회'의 출현은 모든 "구성원을 '표준화'시켜 행동하도록 하는 경향성을 가지며 자발적인 행위나 탁월한 업적은 갖지 못하게"함으로써,[7] 정치 영역으로서 (고대 그리스에서 사용되었던 의미에서의) 공공 영역을 위축시켰다. 그녀에게 현대 사회의 많은 문제들, 전체주의, 획일주의 및 순응주의, 원자화된 인간, 의미는 묻지도 않고 주어진 역할만을 수동적으로 행하는 현대인 등의 문제는 모두 '사회'가 공공 영역을 정복함으로써 나타난 부수적인 결과일 뿐이다. 사람들이 경제 문제에만 관심을 쏟고, 공동체 전체의 일에 아무런 관심도 없기 때문에 나타난 문제들이라는 것이다. 그래서 아렌트는 공공 영역을 회복하고 유지하는 것이야말로 현대 사회의 가장 중요한 과제라고 보고 있다.

한편 이러한 공공 영역에 참여하기 위한 수단은 '말'과 '행위'이다. '말'과 '행위'를 위한 공간을 만들고 유지하는 것이 곧 공공 영역을 회복하고 유지하는 길이다. 아렌트에 따르면, 고대 그리스에서 정치적이라는 것의 의미는 폴리스에서 생활한다는 것을 뜻하며, 힘과 폭력이 아니라 말과 설득을 통하여 모든 것을 결정한다는 것을 의미했다.[8] 곧 정치란 말과 행위를 통하여 의사소통 과정에 참여한다는 것을 뜻하는 것이다. 그런 의미에서 정치 영역은 곧 공공(공론) 영역을 의미하며, 정치의 핵심은 토론과 설득이라고 할 수 있는 것이다.

하지만 말과 행위는 매우 취약한 것이다. 말과 행위는 그 결과를

6 한나 아렌트, 윗글, 90쪽.

7 윗글, 93쪽.

8 윗글, 78쪽.

예측하는 것도 불가능하고, 또한 과정이 잘못되었다고 해도 그 과정을 되돌리는 것도 불가능하기 때문이다. 이를 아렌트는 '결과의 예측불가능성'과 '과정의 환원불가능성'이라고 부르며, 이것이 말과 행위가 가지는 취약성이라고 말한다. 그렇지만 이 취약성들은 말과 행위 자체가 가지고 있는 속성을 통해서 어느정도 보완될 수가 있다. 곧 과정의 환원불가능성은 과거의 행동을 되돌리는 용서의 힘을 통해, 그리고 결과의 예측불가능성은 미래의 행동을 예측할 수 있는 약속의 힘을 통해 극복될 수 있다고 말한다.[9] 결국 정치란, 다시 말하면 공공 영역에서의 정치란 말과 행위가 가지는 '약속하는 힘'과 '용서하는 힘'을 통해서 이뤄지는 것이다. 말을 통해 약속을 하고, 약속대로 행위하고, 그 결과가 원래의 뜻과 다른 결과를 낳았을 때 용서를 구하고, 용서를 바탕으로 새로운 약속과 행위를 시작하는 것, 이것이 바로 민주 정치의 모습이다. 만약 말의 이러한 힘들을 부정하게 되면, 공공 영역은 유지되지 못할 뿐 아니라, 애초부터 발생하지도 못할 것이다.

그렇지만 아렌트가 모델로 하고 있는 고대 그리스의 공공 영역은 노예를 소유한 소수의 자유인들만을 위한 공간이었다. 하지만 그 말뜻에서 보았듯이, 공공 영역이 '공적'이기 위해서는 모든 사람들의 참여에 열려있어야 한다. 따라서 고대 그리스의 공공 영역을 현대 사회의 조건에서 논의하기 위해서는, 먼저 누구나 차별받지 않고 동등하게 참여할 수 있는 공간으로서의 또 다른 특성이 강조되어야 한다. 서구의 근대를 배경으로 등장한 공공 영역의 모습을 설득력있게

9 윗글, 236-237쪽.

보여준 사람들로는 아마도 하버마스와 리차드 세네트 등을 들 수 있을 것이다. 하버마스는 서구의 근대 초 살롱이나 커피하우스 등의 형태로 등장했던 공공 영역에 주목하면서, 그것이 의회민주주의의 기초가 되었음을 밝히고 있다.[10] 세네트 역시 또 다른 맥락에서 서구의 근대의 역사 속에 나타났던 공공의 문화와 공적 인간의 모습을 기술하면서, 오늘날 그것이 어떻게 왜곡되고 사라지게 되었는지를 보여주고 있다.[11] 세네트가 묘사하고 있는 당시 커피하우스의 모습에서 우리는 신분 차이 없이 모든 사람이 동등하게 공공 영역에 참여했던 당시의 모습을 볼 수 있다.

> (커피하우스로의) 출입문을 열고 들어서면 먼저 카운터에 가서 1페니를 지불하였는데, 만약 그 이전에 와본 적이 없으면 커피하우스의 규칙에 대해서 (예를 들면 이러이러한 곳의 벽에 침을 뱉지 말라거나 창문 곁에서 싸우지 말라는 따위) 설명을 들었고 그런 다음에 앉아서 즐기면 되는 것이었다. 즐긴다는 것은 바꾸어 말하면 타인에게 말을 하는 일이었는데 그 담소는 주요한 규칙에 지배되었다. 즉 가능한 한 충분한 정보를 얻기 위해서는 계급의 구별은 일시 정지되었다. 커피 하우스에 앉아있는 사람은 누구든지 타인을 알든 모르든 그가 말을 걸도록 하명을 받았든 아니든 타인에게 말을 걸고 어떠한 대화에도 뛰어들 수 있는 권리를 가졌다. 커피 하우스에서 타인에게 말을 걸 때 대화의 상대방인 타자의 사회적 출신에 관해 언급하는 것은 좋지 않게 생각되었다. 그렇게 되면 대화의 자유스러운 흐름이 깨질지 모르기 때문이다.
>
> 18세기로의 전환기에는 커피 하우스 밖에서의 사회적인 지위가 엄청나

10 Jürgen Habermas, *The Structural Transformation of the Public Sphere: An Inquiry into a Category of Bourgeois Society*(thomas Berger 옮김)(Cambridge: The MIT Press, 1989)

11 Richard Sennett, *The Fall of Public Man*(Norton, 1992)

게 중요한 시기였다. 대화를 통하여 지식과 정보를 얻기 위해서 그 당시 사람들은 사회적인 구별이 존재하지 않는다는 그들에게는 가공적인 사실을 날조해 냈다. (줄임) 커피 하우스의 담소는 계급, 출신, 기호 등등과 비슷한 의미의 상징과 분리되어 (혹은 무시한) 오직 의미의 기호체계를 갖춘 표현의 극단적인 예이다. 이렇게 사람들은 커피 하우스 내에서 그들 자신의 느낌, 지나온 이력과 경력, 계급에 관하여 별 노출이 없는 교제를 경험하였다.[12] (강조는 옮긴이)

이는 곧 당시의 공공 영역이 대화를 위한 일정한 규칙의 종속되었으며, 자신의 개인적인 배경 등을 감추어야 했다는 것을 보여준다. 하버마스 역시 의사소통이 진행되기 위해서는 '이상적 담화 상황'을 반사실적으로 전제해야 한다고 주장한 바 있다.[13]

결국 이러한 논의들에서 알 수 있는 것처럼, 공공 영역은 말과 행위를 통한 의사소통의 공간이지만, 거기에는 말과 상대방에 대한 존중, 그리고 대화 규칙 등 일정한 전제들이 필요했음을 알 수 있다. 다음 단락에서는 그 내용들을 좀 더 구체적으로 살펴보고자 한다.

3. 공공 영역과 '시민됨'의 조건

그렇다면 공공 영역이 필요로 하는 조건은 무엇이며, 거기에 참여하는 시민에게 요구되는 특성은 무엇인가? 이번 단락에서는 그 조건과 특성이 무엇인지를 구체적으로 살펴보고자 한다.

---

12 윗글, 81-82쪽.

13 John F. Sitton, 『하버마스와 현대사회』(김원식 옮김)(서울: 동과서, 2007), 107쪽.

1) 건강한 나르시시스트

공공 영역에의 참여가 '시민됨'의 가장 기본적인 조건이라고 한다면, '시민됨'과 관련된 가장 우선적인 질문은 "왜 사람들은 공공 영역에 참여하는가?"가 되어야 할 것이다. 무엇이 시민들로 하여금 공공 영역에 참여하도록 유인하는가? 공공 영역이 아무리 중요하고 의미 있는 공간이라 할지라도, 거기에 참여하고자 하는 동기가 전제되지 않는다면 그것은 어떤 의미도 갖지 못한다. 공공 영역에 대한 한나 아렌트의 아래의 논의는 시민들이 공공 영역에 참여하는 이유가 무엇인지를 짐작케한다.

> (공론 영역) 이 곳에서는 누구나 항상 다른 사람들과는 다른 자신의 특성을 부각시켜야만 했고 독특한 행위와 업적을 통하여 자신이 최고임을 보여주어야만 했다. 달리 말하면, 공론 영역은 개성을 위해 준비된 곳이다. 그것은 사람들이 진정한 그리고 바꿀 수 없는 자기의 모습을 보여줄 수 있는 유일한 장소이다. 이런 기회를 잡기 위하여 그리고 기회 포착을 가능케 하는 정치적 조직체에 대한 애정으로 각 개인은 배심관, 방어, 공적 업무의 관리와 같은 부담을 기꺼이 맡으려 했던 것이다.[14]

공공 영역은 익명의 타인들 앞에서 말과 행위를 통해서 자신의 독특성과 개성을 드러내는 공간이라는 것이다. 이는 인간은 그 근본에서 '자기 드러냄의 요구'를 가지고 있다는 것을 전제한다. 한나 아렌트는 생물학자 아돌프 포르트만(Adolf Portmann)의 '자기 표현에 대한 충동' 개념을 인용하고 있다. 곧 "볼 수 있는 모든 것은 보이기를 원

14 한나 아렌트, 윗글, 94쪽.

하며, 들을 수 있는 모든 것은 모두 자신의 소리를 듣도록 소리를 내고, 만질 수 있는 모든 것은 자신을 느낄 수 있도록 자신을 드러낸다. 이것은 마치 살아 있는 모든 것 — 그 겉모양은 드러냄을 위해, 즉 보이기에 적합하고 다른 생물에 나타나도록 만들어졌다는 사실 이외에도 — 은 나타나고자 하는 충동, 즉 '내면적 자아'가 아니라 개별자로서 자신을 드러내고 보임으로써 현상 세계에 조화되고자 하는 충동을 가지고 있는 것 같다"는 것이다.[15] 결국 공공 영역에 등장하는 개인들은 이러한 '자기 드러냄의 요구'를 가지고 있다고 할 수 있다.

공공 영역에 참여하는 개인의 이러한 모습을 부르너(Jose Brunner)는 '건강한 나르시시즘'의 모습이라고 규정한다.[16] 그에 따르면, 어느 정도 나르시시즘의 동기는 원대한 계획을 추진하거나 자신의 재능이나 능력을 발휘하기 위해서 반드시 필요한 것으로 본다. 타인들에게 동의를 얻고자 하는 나르시시즘의 욕구는 사람들이 자신들의 주변 환경에 좋은 인상을 남기는데 필요한 일들을 하게 한다는 것이다.

본래 프로이드는 나르시시즘을 과대망상적 환상을 수반하는, 자아의 리비도 에너지의 투여라고 규정한다. 그의 영향으로 나르시시즘의 개념은 일반적으로 과장된 자기애, 자기-중심주의, 자아 확장 등의 징후를 설명하기 위해 사용되었다. 나르시시즘은 자신을 전능한 존재로 전제하면서 주변의 사람과 대상을 자신의 자아의 연장으로 파악한다는 점에서 부정적인 의미를 지니고 있다. 따라서 주변의

15 한나 아렌트, 『정신의 삶』(홍원표 옮김)(서울: 푸른숲, 2004b), 53쪽.

16 Jose Brunner, "Eichmann, Arendt and Freud in Jerusalem: On the Evils of Narcissism and the Pleasures of Thoughtlessness," *History and Memory*, 8권 2호 (1996)

사람과 대상들이 다양성이나 타인됨을 주장하게 될 때, 이를 자신에 대한 위협이나 배신으로 생각하기 때문에 공격적인 성향을 보이게 된다고 한다. 하지만 코허트(Kohut)는 이와는 다른 건강한 나르시시즘의 개념을 주장했다. 이 개념은 자기 주변을 '자아 대상'(selfobjects)으로 파악하기 보다는, 타인들의 역할을 자신의 자아 가운데 수용함으로 이들과의 독립성을 유지하게 한다는 점에서 기존의 나르시시즘과 차이가 있다. 곧 구경꾼의 역할을 자신의 자아 안으로 받아들임으로 이들의 칭찬을 얻기 위한 자기 과시의 행동을 하게 된다는 것이다.

공공 영역에 등장하여 '자기 드러냄의 요구'를 충족하게 될 때 느끼게 되는 만족감을 아렌트는 '공공의 행복'(public happiness)라고 불렀다. '공공의 행복'이란 "인간은 공적 생활에 참여할 때, 참여하지 않았더라면 자신에게만 머무르고 말았을 인간 경험의 한 차원을 자신에게 개방하는 것이며 이 차원은 완전한 '행복'의 일부를 구성한다"는 것이다.[17] 행복을 사랑, 우정, 가족애 등 사사로운 친밀감에서만 찾는 현대인들에게 낯선 표현이지만 공공 영역 차원에서의 행복이 분명 존재한다는 것이다. 실제 지역주민운동에 참여하고 있는 주부들의 인터뷰를 보면 공공 활동을 통해서 이러한 '공공의 행복' 일부를 확인할 수 있다. 많은 주부들이 지역 운동에 참여하는 이유는 가족 울타리에 매몰되어 자신의 존재감이 사라졌다는 상실감에서 비롯되었다고 말한다. 하지만 공공 영역에 참여하여 다른 사람들 앞에 자신을 드러내고 이들의 인정을 받는 기쁨을 느끼게 되었고, 이

17 한나 아렌트, 『공화국의 위기』(김동식 옮김)(서울: 두레, 1979), 246쪽.

것이 지역 운동에 지속적으로 참여하게 하는 중요한 동기의 하나라는 것이다.[18]

부르너는 주체의 내부에서 일어나는 이러한 나르시시즘은 모든 인간들을 단일한 존재로 획일화하려고 하는 전체주의에 저항할 수 있는 동기라고 해석한다. 따라서 전체주의 체제는 언제나 사람들의 독특성과 다양성이 등장할 수 있는 공공 영역을 체제의 위협으로 항상 폐쇄해왔던 것이다. 나치 전범 아이히만에 대한 아렌트의 묘사에 기초하여, 부르너는 아이히만이 건강한 나르시시즘을 결여한 대표적인 인물이었다고 해석한다. 아이히만은 자신의 독특성을 드러내고자 하는 나르시시즘의 요구를 상실한 사람이었다. 그는 타인에게 드러남이나 그들로부터의 존경을 얻고자 하지 않았으며, 그저 거대한 관료제 속에서 하나의 톱니바퀴로서 주어진 명령이나 룰에 대한 맹목적인 복종을 했던 인물이었기 때문이다.

공공 영역이 아무리 잘 제도화되어 있다고 할지라도, 거기에 참여하고자 하는 동기가 결여되어 있다면, 공공 영역은 제대로 작동할 수가 없을 것이다. 부르너가 해석한 아렌트는 그 동기를 나르시시즘에서 찾았다고 할 수 있을 것이다.

2) 공공 가면(public mask)

'자기 드러냄'이 공공 영역 참여의 전제라고 해서 모든 '드러냄'이 허용될 수 있는 것은 아니다. 공공 영역에서 개인의 이기심이나 사사로운 감정을 절제하고 드러낸다면 공공 영역은 혼란의 공간이 되

---

18 이승훈, 『한국 사회의 '시민됨' 형성 과정: 자발 결사체 참여 경험을 중심으로』(연세대학교 사회학과 박사학위 논문, 2002), 90쪽.

고 말 것이기 때문이다. 따라서 공공 영역에는 드러내야 할 것들과 감추어야 할 것들에 대한 명확한 구분이 존재한다. 그러한 구분을 아렌트는 라틴어 '페르소나'(persona), 곧 '공공 가면'이라는 개념으로 설명하고 있다. '공공 가면'이란 본래 고대 연극에서 따온 개념으로, 그것은 두 가지 기능을 가지고 있다고 한다. 첫째는 배우의 얼굴과 표정을 은폐하거나 대체해야 하는 것이고, 둘째는 그럼에도 불구하고 배우의 목소리는 들을 수 있게 하는 것이다.[19] 아렌트는 고대 연극에서 가면이 수행했던 두 가지의 기능을 공공 영역에 등장하는 시민이 드러내고 감추어야 할 것들을 구분하기 위한 은유로 사용했던 것이다.

고대 연극에서 따온 가면의 개념을 공공 영역의 '시민됨'과 연결시킬 수 있는 것은, 아렌트가 정치 영역의 실천을 연극에서의 연기와 유사한 것으로 파악하기 때문이다. 그녀에 따르면, 공연예술은 실제로 정치와 강한 친밀성을 갖는다. 무엇보다도 공연예술가 — 무용가, 연극배우, 음악가 등 — 가 자신의 기교를 보일 관객을 필요로 하는 것처럼, 정치 영역에서의 행위자 역시 자신의 행위를 보여줄 타인의 현전을 필요로 한다.[20]

특별히 공공 영역에서 시민이 쓰는 가면은 크게 두 가지 기능을 수행한다. 첫째, 공공 가면은 익명의 상황에서 시민들의 상호교섭을 가능케 하는 역할을 한다. 공공 영역에서 만나는 시민들은 기존의 친밀한 관계를 갖고 있는 사람들이 아니다. 서로가 서로를 알지 못하는 익명의 상황에 가깝다. 이런 상황에서 서로 간의 상호교섭이

19 한나 아렌트, 『혁명론』(홍원표 옮김)(서울: 한길사, 2004a), 194쪽.
20 한나 아렌트, 『과거와 미래 사이』(서유경 옮김)(서울: 푸른숲, 2005), 210쪽.

가능하기 위해서는 유대감 뿐 아니라, 서로 상대방을 보호할 수 있는 어느 정도 사회적 거리가 필요하다. 원래 '시민성'(civility)은 익명의 상황에서 사람들이 서로 간에 상대방을 보호하면서, 동시에 교제를 즐길 수 있도록 하는 것이라는 뜻이었다. 이때 가면을 쓰는 것은 시민성의 본질에 해당한다. 가면을 쓴 사람은 상대방의 사사로운 감정, 악의, 권력 관계 등으로부터 해방되어, 시민들 사이의 순수한 상호교섭을 누릴 수 있기 때문이다. 그래서 세네트는 시민성은 예의를 요구하며, "가면을 쓰는 것이 예의의 본질"이라고 주장한다.[21]

둘째, 공공 영역에서의 가면은 익명의 타자와 사회적 거리를 유지하게 할 뿐 아니라, 동시에 자신의 자아와 비판적 거리 또한 유지할 수 있게 한다. 인간의 자아는 사유 속에서 이중적으로 존재한다. 하나는 다른 사람들에게 나타나는 자아이고, 다른 하나는 자기 자신에게 나타나는 자아이다. 이 두 자아 사이의 거리는 인간이 자신을 성찰할 수 있는 기회를 제공해준다. 다른 사람에게 나타나는 자아를 통해서 사람은 다른 사람의 위치에서 사유할 수 있게 된다. 그리고 다른 사람에게 나타나는 자아와 자신에게 나타나는 자아 사이의 끊임없는 대화는 자신의 말과 행위를 판단할 수 있는 근거가 되고, 나아가 자신의 행위를 결정하는 근거가 된다.[22] 공공 가면은 바로 이 거리를 유지시킴으로써 자아 성찰의 기회를 제공하는 것이다.

이런 맥락에서 공공 가면은 시민이 공공 영역에 등장할 때 전제되어야 할 두 번째 조건이라고 할 수 있다. 그렇다면 공공 가면을 통

---

21 Richard Sennett, 윗글, 264쪽.

22 Moruzzi, Norma Claire, *Speaking through the Mask: Hannah Arendt and the Politics of Social Identity*(Cornell University Press, 2000), 36쪽, 128쪽.

해서 가려야 할 것들은 무엇이고, 드러내야 할 목소리는 무엇인가? 아래에서는 그 구체적인 내용을 살펴보기로 한다.

(1) 감추어야 할 것들

공공 영역은 행위를 위한 적절한 공공 가면을 필요로 한다. 가면을 벗은 맨 얼굴의 자연인은 공공 영역에 적합하지 않기 때문이다. 그 이유는 생존이나 생명과 관련된 자연의 요구는 정치로서의 공공 영역을 파괴한다는 데에서 찾을 수 있다.[23] 아마도 생존이나 생명과 관련된 요구들로는 경제적 이해관계와 사사로운 친밀성의 감정 등이 대표적이라 할 수 있을 것이다. 그렇다면 이해관계나 친밀성의 감정이 왜 공공 영역을 파괴한다는 것일까?

먼저 경제적 이해관계가 공공 영역을 파괴하는 이유를 사이토 준이치는 다음과 같이 요약하고 있다.[24] 첫째, 생존이나 생명과 관련된 (경제적) 필요는 모든 사람들이 똑같이 가지고 있는 것으로 '동일성'(sameness)을 그 특징으로 하기 때문이다. 하지만 앞서 보았던 것처럼, 공공 영역은 사람들의 '복수성'(plurality)에 근거하여 서로의 개성과 차이를 드러내는 공간이다. 따라서 '동일성'을 특징으로 하는 생명 및 생존의 필요들은 공공 영역에 등장하기 위한 인간의 조건으로서는 어울리지 않는다. 설사 이러한 필요들이 공공 영역에 등장한다 할지라도 그것은 누구의 흥미도 끌지 못할 것이다. 이것들은 우리 모두를 똑같이 보이게 만들기 때문이다. 나와 차이가 없는 동질적인 것들에 누가, 왜 관심을 가지고 참여하겠는가? 공공 영역을 이

---

23 한나 아렌트, 윗글(2004a), 196-197쪽.

24 사이토 준이치, 『민주적 공공성』(윤대석·류수연 옮김)(서울: 이음, 2009), 74-75쪽.

러한 관심들로 채우게 될 때 공공 영역은 본래의 의미를 상실하게 된다. 이런 맥락에서 경제적 이해관계는 정치 영역으로서의 공공 영역을 파괴한다고 볼 수 있다.[25]

둘째, 생명과 생존의 필요와 관련된 것들은 필연적인 것으로, 이 '필연성'은 공공 영역에서의 '자유'와는 반대되는 것이기 때문이다. '필연'과 '필요'에 의한 활동은 사사로운 영역에 속하는 것으로, 그 말이 뜻하는 것과 같이, 다른 사람들의 시선에 드러날만한 가치가 없는 것이다. 이는 '필연'과 '필요'의 활동이 그 자체로 의미 없다는 말이 아니다. 다만 이러한 활동들에 모든 사람들이 주목하고 관심을 가지고 참여할만한, 곧 공공 영역에 적합한 활동은 아니라는 것이다. 필연성으로 야기된 행동은 동일하게 반복해야 하는 것이고, 필요로부터 야기된 행동도 주어진 목표를 달성하는 데 효율성있는 수단이 무엇인지를 찾는다는 점에서, 주어진 역할 이상의 행동을 하지 못한다. 하지만 공공 영역은 필연과 필요로부터 벗어난 자유의 공간이다. 따라서 기존의 주어져 있는 역할이나 강제를 벗어나, 새로운 행위를 할 수 있는 가능성의 공간이다. 아렌트의 표현대로 "자유롭게 되는 것과 행위한다는 것은 동일한 것"이다.[26] 현대 사회의 많은 사람들이 관료제의 부품처럼 주어진 역할만을 수행하고 경제 논리를 벗어나 사유하거나 행위하지 못하고 있다는 사실은, 반대로 오늘날 공공 영역이 필요와 필연의 논리에 잠식당한 결과라고 해석할 수도 있을 것이다. 아마도 하버마스가 '공론장의 재봉건화'를 말한 것

25 경제적 이해관계가 공공 영역에 적합한 이슈가 아니라면, 도대체 공공 영역에서는 어떤 관심과 이슈를 가지고 등장해야 하는가 라는 질문이 자연스럽게 제기된다. 그에 대한 내용은 다음 단락 '드러내야 하는 것들'에서 상세하게 논의하기로 한다.

26 한나 아렌트, 윗글(2005), 209쪽.

도 비슷한 현상을 지적한 것이라 할 수 있다.[27]

마지막으로 생명과 생존의 필요는 저항하기 힘든 '절박성'을 가지고 있어서 공공 영역을 파괴한다. 생명과 생존의 요구, 곧 필연(생존)과 필요(유용성)의 논리는 처음부터 타인이나 공동 세계, 공공성에 대한 관심을 차단한다. 생존의 관심과 유용성의 논리는 사람들의 관심과 행위의 범위를 자기 자신의 내부로 제한하기 때문이다. 또한 이러한 논리들은 직접적이고 즉각적인 요구들이기 때문에, 말을 통해 설득하고 협상하는 지루한 정치 과정을 무력하게 만들어 버린다. 오히려 생존의 절박성과 높은 효율성의 추구는 주변 대상에 대한 폭력을 정당화할 수도 있다는 점에서, 공공 영역을 적합하지 않을 뿐 아니라 파괴할 가능성마저 가지고 있다 할 것이다. 아렌트가 역사가들의 보통 인식과 달리, 프랑스혁명을 실패한 혁명으로, 미국혁명을 성공한 혁명으로 평가하는 것도 이런 이유 때문이다. 그녀에 따르면, 프랑스혁명은 자유의 확립이라는 초기의 목표로부터 고통받는 인간의 해방이라는 목표로 도중에 방향을 전환하게 되었다. 그렇게 방향을 전환하는 순간, 프랑스혁명은 "인내의 장벽을 붕괴시켰고, 불행과 고통의 파괴력을 대신 해방시켰다."[28] "그 절박성 때문에 궁핍으로부터의 해방이 자유의 확립보다 항상 선행하기 마련"이고, 그 결과 필연성을 극복하기 위해 항상 사용되어왔던 폭력이 불가항력으로 정당화되어, 정치 영역, 곧 "인간이 진정으로 자유로울 수 있는 유일한 영역에 침투"하게 된다는 것이다.[29]

---

27 Jürgen Habermas, 윗글, 142쪽.

28 한나 아렌트, 윗글(2004a), 200쪽.

29 윗글, 201쪽, 203쪽.

결국 공공의 가면은 생존과 생명의 (경제적) 필요, 또는 이해관계를 감춤으로써 공공 영역을 보호하는 역할을 해야 한다.[30] 인간의 '동질성'과 '필요'에 근거한 이러한 요구들은, 인간의 '복수성'과 '다양성'을 드러내는 공공 영역에 적합한 이슈들이 아니기 때문이다. 또한 그러한 요구들이 갖는 '즉각성'과 '절박성' 때문에 자기 성찰을 불가능하게 할 뿐 아니라, 말을 수단으로 하는 정치 과정, 곧 대화와 토론, 협의 등을 무력화하고, 대신 폭력을 정당화하기 때문이다.

한편 사사로운 친밀성 또한 공공 가면으로 가려야 할 것들 가운데 하나이다. 생명이나 생존의 요구와 그 성격이 다르긴 하지만, 친밀성의 감정 또한 동일한 이유에서 공공 영역을 파괴할 수 있다. 먼저 친밀성의 사사로운 감정은 사람들 사이의 차이보다는 동질성을 추구하기 마련이고, 동질성의 추구는 다시 자신과 다른 사람에 대한 거리 두기를 허용하지 않기 때문에 자아 성찰이나 합리스러운 판단을 어렵게 한다. 아렌트는 "모든 차이를 말살하려는 과도한 친밀감"은 사람들 사이에 "논쟁을 피하고 가능한 한 대립을 불러일으키지 않는 사람과 관계를 지니려" 하기 때문에 다양한 사람들의 차이와 대립이 드러나는 공공 영역의 역동성을 말살하게 된다고 주장한다. 그녀는 억압당하고 착취당한 사람들끼리 느끼게 되는 지나친 친밀

30 아렌트가 생명과 생존의 필요—이를 아렌트는 사회 문제들이라고 하는데—가 과연 공공 영역을 파괴하기 때문에 공공 영역으로부터 전적으로 배제되어야 한다고 주장했는가 하는 점은 어느 정도 논쟁의 여지가 있다. 사이토 준이치는 아렌트가 사회 문제를 공공 영역으로부터 철저하게 배제하고 있다고 해석하는 반면(사이토 준이치, 윗글, 76-78쪽), 김비환은 사회 문제를 공공 영역으로부터 무조건 배제한 것이 아니라 단지 정치 문제(정치 영역으로서의 공공 영역의 유지)를 사회 문제에 선행하는 것이라고 보았던 것이라고 해석한다(김비환, 『축복과 저주의 정치사상: 20세기와 한나 아렌트』(서울: 한길사, 2001), 174-176쪽).

감은 인간 관계를 너무 가깝게 만들고, 이로 인하여 공공 영역에 필요한 건강한 판단 능력을 잃게 만들 위험이 있다고 보았다.[31] 사랑이나 동정(compassion) 등과 같은 개인의 선한 감정도 마찬가지이다. 이러한 감정들은 "인간의 상호작용에 항상 존재하는 거리, 중간 지대를 소멸"시킨다. 따라서 이런 감정들은 "정치적 문제들, 즉 인간사 영역 전체가 발생하는 인간들 사이의 세계적 공간, 즉 거리를 해소하기 때문에, 정치적으로 말하자면 부적절하고 중요성을 갖지 못한다"는 것이다.[32] 사람들 사이에 존재하는 이 거리를 아렌트는 공동세계라고 부르는데, 사랑이나 동정 등과 같은 친밀한 감정은 공동세계의 부재, 곧 '무세계성'을 특징으로 하기 때문에, 자기 성찰이나 정치적인 판단을 어렵게 한다는 것이고, 이 때문에 친밀성은 공공가면 뒤로 숨겨져야 한다고 보았다.

친밀한 감정의 '무세계성'은 공공 영역을 파괴할 뿐 아니라, 나아가 폐쇄적이고 배타적인 게마인샤프트를 구성하게 되는 위험 또한 존재한다. 친밀한 감정을 나눠가진 사람들은 자신들의 동질성에 기초하여 허구의 '집단 개성'을 만들어 내고, 그 집단에 속한 사람들은 자신의 참모습을 이러한 '집단성'에서 찾게 된다. 그 결과 사람들이 서로 나누고 교제하는 상호교섭의 행위는 공동 세계에 대한 대화, 토론, 합의의 과정이 아니라, '집단 개성'을 확인하고 누가 여기에 참여할 수 있고, 누구는 참가할 수 없는가라는 문제에만 골몰하게 된다.[33] 곧 친밀한 감정이 공공 영역에 침투하게 되면 다양성, 개방성,

---

31 김용환, "'관용'에 대한 철학적 분석," 『현상과 인식』 제18권 제2호(1994년 여름), 110쪽.

32 한나 아렌트, 윗글(2004a), 169쪽.

33 Richard Sennett, 윗글, 265-266쪽.

토론과 설득을 특징으로 하는 공공 영역이 아닌, 동질성, 폐쇄성, 포섭과 배제의 논란을 특징으로 하는 게마인샤프트가 되는 것이다.

이와 같이 이성적인 판단이나 자기 성찰이 배제된 사랑은 집단이나 국가에 대한 맹목적인 복종을 낳게 하기도 한다.[34] 이것은 전체를 통해서만 개인은 완성될 수 있다는 논리를 정당화하고, 획일화된 집단이나 국가와 다른 이질적인 가치나 사람들을 배제시키는 논리로 작동하기도 한다. 서구 사회에서 나타났던 전체주의 정권, 우리 사회가 경험한 군사 독재 정권 등도 이러한 사사로운 감정을 정치 영역에서 악용한 사례들에 해당할 것이다.

지금까지 공공 가면을 벗어버리게 될 때 나타나는 자아와 사람들 사이의 거리 소멸, 곧 '무세계성'은 정치 영역으로서 공공 영역에 부적절한 것임을 보았다. 하지만 다른 한편으로는 공공 가면 그 자체로부터 야기되는 공공 영역 파괴의 가능성도 존재한다. 가면을 목적 달성을 위한 거짓말의 수단으로 사용하는 경우, 그리고 자신의 진정한 자아와 가면 사이의 구분이 불가능한 '위선'(hypocrisy)의 경우가 이에 해당한다. 두 경우 모두 공공 가면이 진리의 공명판이 아닌 자기 기만의 수단으로 사용된다는 공통점이 있다. 하지만 진정한 자신의 자아가 무엇인지는 인식하고 있는 거짓말과는 달리, 위선은 진정한 자아와 자신의 주어진 역할 사이의 구분을 하지 못한다는 점에서 더 심각한 문제를 안고 있다. 따라서 위선자는 자신에게 주어진 역

34 한편 김선욱은 사랑의 다양한 속성을 구분하고, 판단 행위와 연결되는 사랑도 존재함을 밝히면서, 사랑이 공동체 형성의 지도적 원리가 될 수는 없지만, 공동체의 수반 원리로서는 정치 공동체에 긍정적 기능을 할 수도 있다고 주장한다. 김선욱, "정치 공동체 형성 원리로서의 사랑에 대한 연구," 『정치사상연구』 제10집 제1호(2004), 205쪽을 볼 것.

할을 수동적으로 수행할 뿐, 그것이 옳은 것인지, 그른 것인지 판단을 하지 않는다. 유태인 학살에 참여했던 나치 전범 아이히만도 이러한 유형에 속하는 사람이라 할 수 있을 것이다.[35] 하버마스가 합리적 의사소통을 위해서 제시한 '이상적 담화 상황'의 첫 번째 조건이 억압적인 동기나 자기 기만이 없어야 한다는 점이었다는 것[36] 또한 공공 가면의 거짓말이나 위선의 가능성을 배제해야 한다는 주장이라고 할 수 있다.

결국 공공 영역은 제도상으로 보장된다고 유지되는 공간이 아니다. 생명이나 생존과 관련된 (경제적) 필요, 사사로운 친밀성의 감정, 그리고 거짓말이나 자기 기만 등이 공공 가면을 통하여 감추어지지 않는다면, 공공 영역은 언제든지 파괴될 수 있는 매우 조심스러운 공간이라고 할 수 있을 것이다.

(2) 드러내야 할 목소리

공공 영역(정치 공동체)은 개인들의 다양성이 존중되는 곳이고, 조직의 목표라고 할 수 있는 공통의 척도도 없으며, 평등한 개인들이 모여서 공적 사안에 대해 논의하고 토론하는 공적 공간이라고 할 수 있다.[37] 그리고 앞서 보았던 것처럼, 경제적 이해관계, 사사로운 친밀성, 그리고 거짓과 자기 기만은 공공 영역으로부터 배제되어야 할 것들이다. 그렇다면 공공 영역에서 논의하는 공동의 관심사는 무엇

35 Norma Claire Moruzzi, 윗글, 124-131쪽. 그리고 행위와 사유(thinking)의 관점에서 위선자가 어떤 존재인지를 보기 위해서는 Norma Claire Moruzzi, 윗글 8장을 볼 것.

36 이상화, "대화에 대한 실천 철학적 고찰 : 하버마스의 의사 소통 행위 능력 이론을 중심으로," 크리스챤 아카데미(엮음), 『대화의 철학』(서울: 서광사, 1992), 314쪽.

37 김선욱, 윗글(2004), 203쪽.

이 되어야 하는가?

아렌트는 공공 영역에서 다뤄져야 할 공동의 관심사를 '원리'(principle)라고 표현하고 있다. 위대성, 명예, 품위, 영광, 평등애, 탁월성 등이 이 원리의 예들이다. 그리고 그 예들에서 볼 수 있듯이, 원리란 구체적인 문제에 대한 해결책을 구하는 문제가 아니라, 그러한 문제들을 해결하는 가운데서 형성하려는 공동체의 특성이라고 할 수 있다.[38] 이 원리들이야말로 공공 영역에서 사람들의 행위를 고무시키는 것이며, 공공 영역에 등장하는 말과 행위를 지켜보고 판단하는 기준이 된다. 다시 말하면, 공공 영역에서 사람들은 자신의 말과 행위가 가지는 위대성이나 탁월성 등을 드러내고자 행위를 하며, 이를 지켜보는 사람들은 이 원리들에 의거해 행위자의 말과 행위를 판단하게 되는 것이다.

이것은 다시 공연 예술의 은유를 통하여 설명할 수 있다. 공공 영역에서의 원리는 춤추기, 연기 등과 같은 공연 예술의 속성으로 이해되는 탁월함, 곧 기교(virtuosity)와 비교될 수 있다. 공연에서의 탁월함, 곧 기교는 공연이 수행되는 행위 과정에서 드러나고, 행위 끝남과 함께 사라진다.[39] 그럼에도 불구하고, 훌륭한 예술 작품이 시간의 흐름에도 지속적으로 유지되고 기억될 수 있는 것은, 그것을 지켜보는 관객들에 의해 아름답다고 판단되기 때문이다.

정치 역시 마찬가지이다. 공공 영역에 등장하는 모든 말과 행위는, 그것을 지켜보는 타인들 앞에 스스로의 위대성과 탁월성을 드러내고, 또 타인들에 의해 판단받게 된다. 그리고 정치의 수단인 말과

38 윗글, 203쪽.

39 한나 아렌트, 윗글(2005), 209쪽.

행위는, 공연 예술의 연기와 같이, 기억되지 않는다면 시간과 함께 사라져버리는, 매우 취약한 속성을 가지고 있다. 공공 영역에서 말과 행위의 무익함, 곧 '사라져버림'을 완화하는 것은 결국 그 말과 행위를 다른 사람들이 기억할 수 있도록 하는 기회를 제공하는 것이다. 때문에 아렌트는 "폴리스는 일종의 조직화된 기억체이다"라고 말하고 있다.[40] 그리고 이 기억을 가능케하는 것이, 우리에게 '쾌' 또는 '불쾌'를 불러일으키는, 미학적 아름다움과 관계가 된다. "그대로 내버려두면 이 세상에 아무런 흔적도 남기지 않고 왔다가 갈 활동들이나 정치적 경험들을 배경으로 해서 볼 때, 미는 바로 불가소멸성의 현현이다. 흘러가는 말과 행위의 위대함은 그것에 아름다움이 얼마만큼 부여되어 있는가에 따라 세계에서 지속될 수 있다."[41] 예를 들어, 아렌트는 프랑스혁명을 세계사적 사건으로 만든 것이 혁명 참여자들의 업적이나 악행 때문이 아니라고 말한다. 오히려 이를 지켜본 관찰자들의 의견과 열광적인 지지가 프랑스혁명을 사람짐으로부터 건져내어 오늘날까지 기억하게 만들었다는 것이다.[42]

이런 의미에서 공동의 관심사인 '원리'는 행위의 목표나 행위의 동기와는 다른 것이다. 곧 행위의 원리는 행위 목표와 같이 옳고 그름에 대한 지성의 판단이 아니다. 또한 행위의 동기처럼 인간의 내부에서 작용하는 것이 아니라, 인간의 외부에 존재하면서 행위를 고무

40 한나 아렌트, 윗글(1996), 260쪽.

41 이 인용문은 원래 한나 아렌트, 윗글(2005), 292쪽에 실려 있다. 그리고 한나 아렌트, 『칸트의 정치철학 강의』(김선욱 옮김)(서울: 푸른숲, 2002), 183쪽의 베이너의 해설 논문에서 인용되고 있기도 하다. 그런데 이 글의 맥락상 후자의 번역이 뜻이 더 잘 통한다고 생각되어, 출처는 본래 논문으로 밝히고 번역은 후자에서 따왔다.

42 한나 아렌트, 윗글(2002), 128쪽.

한다.[43] 결국 공공 영역의 행위자들이 가면을 통해서 드러내야 할 것은 바로 이러한 공동체의 원리들이라고 할 수 있다.

이상의 논리에 따르면, 공공 영역이 유지되기 위해서는 두 가지의 전제가 충족되어야 한다. 위대성이나 탁월성 등과 같은 원리를 드러내는 행위자, 그리고 그러한 행위를 판단하고 기억해주는 관찰자가 있어야 한다. 그런 관찰자가 있어야 위대성이나 탁월성을 드러내고자 하는 행위가 고무될 수 있으며, 또 그런 행위자들이 있어야 공공 영역이 살아있다고 할 것이기 때문이다.[44]

한편 위대성이나 탁월한 행위들이 나타나고, 그로 인해 공공 영역이 유지되기 위해서는 사람들 사이의 일정한 결속 관계를 또한 필요로 한다. 만약 사회의 구성원들이 서로 분리되어 원자화되어 있다면, 다른 사람의 말과 행위에 아무도 관심을 갖지 않을 것이다. 곧 관객이 존재할 수 없게 되고, 이로 인해 관찰자(관객)의 시선을 필요로 하는 공공 영역은 존재하기 어렵게 될 것이다. 따라서 공공 가면을 통해서 드러내야 할 두 번째 요소는 사람들 사이의 결속 관계이다. 하지만 앞서 보았던 것처럼, 사사롭고 친밀한 감정은 공공 영역의 사람들을 이어지는 연대로서 적절한 역할을 할 수 없다. 동정이나 사랑 등과 같은 친밀한 감정은 억압받거나 가난한 사람들의 삶과 감정적인 일체감을 갖으며, 정서적 일체감에 기반한 이러한 결속 관계는 서로의 비판적 거리를 허용하지 않기 때문에 공공 영역에 필수

43 한나 아렌트, 윗글(2005), 208쪽.

44 물론 전체주의 체제와 같이 그런 관찰자들을 억압하는 시대에도 위대한 행위를 하는 사람들이 없었던 것은 아니다. 그들은 사유(thinking) 속의 가상의 관찰자들 앞에서 자신의 위대성을 드러낼 수 있었다. 나치 치하의 안톤 슈미트 같은 사람이 그러한 예에 속한다(Norma Claire Moruzzi, 윗글, 129쪽).

적인 공동 세계를 파괴하게 된다. 그렇다면 친밀한 감정을 배제하고서 공공 영역 구성원들의 결속 관계를 유지시키는 것은 무엇인가?

사람들 사이의 공동 세계를 파괴하지 않으면서도 사람들 사이의 결속 관계를 유지시키고 공동 행위를 가능케하는 것으로 '연대성'의 개념에 주목할 필요가 있다. 공공 영역의 행위자들을 결속시킬 수 있는 연대는 "감정의 직접적 일치가 아니라, 참여자들 사이에 작용하는 '원리'"에 의해 생기는 것이다. 그리고 이 원리는 정치적 대화를 통해 만들어진다.[45] 다른 글에서 김 선욱은 또한 사랑의 다양한 차원들을 분류하면서, 이타적 사랑과 같이 특정한 종류의 사랑은 정치 공동체의 원리로서 작용할 수 있다고 주장한다. 사랑이 집단 통합을 유지하기 위한 힘으로 작용할 때 그것은 집단의 맹목적인 힘이 되어 매우 위험할 수 있다. 하지만 그것이 모두가 인정하는 원리에 의해 제한되는 부수적인 원리로 작용하게 되면 연대성 형성에 중요한 역할을 한다는 것이다.[46] 이는 마치 촬스 테일러가 말하는 '의미의 지평'과 비슷한 것이라 하겠다. 테일러에 따르면, 개인의 선택과 자신의 정체성이 의미를 갖기 위해서는, 사람들이 공유하고 있는 지평과 그 지평 위에서 행해지는 타인들의 인정이 필수적이라고 한다.[47] 예를 들어, 자신을 정의하는 일은 타인과 자신을 구별하는 중요한 것이 무엇인지를 찾아내는 것과 같은 것이다. 하지만 나의 머리카락이 3,732개라거나, 혹 시베리아 평원에 있는 어느 나무와 똑같은 키를 가지고 있다는 등의 차이는 아무런 의미도 가지지 않는다. 반면 내

45 김선욱, 『정치와 진리』(서울: 책세상, 2001), 109쪽.
46 김선욱, 윗글(2004), 208쪽.
47 촬스 테일러, 『불안한 현대 사회』(송영배 옮김)(서울: 이학사, 2001), 55쪽.

가 다른 사람과 달리 피아노를 잘 친다거나 논리적이라거나 등과 같은 차이들은 분명 나를 정의해주는 중요한 차이가 될 수 있다.[48] 둘 사이의 차이는 무엇이겠는가? 뒤의 것이 공동체 구성원들과 함께 공유하고 있는 의미의 지평 위에서 작동하며 타인들이 인정해주는 차이라는 점일 것이다.

결국 감정의 일체가 아닌 다른 종류의 결속 관계가 가능하며, 그것은 사람들이 공유하는 의미의 지평 속에서 얻어지는 것이다. 공공 가면은 자신의 위대성이나 탁월성을 드러내는 도구이면서 동시에 사람들을 결속시키는 연대성의 역할을 수행하는 것이라 할 수 있을 것이다.

3) 관용의 태도

지금까지 공공 영역이 작동하기 위한 전제로서 참여의 동기, 그리고 참여자들에게 요구되는 자질에 대하여 알아보았다. 이번 단락에서는 공공 영역의 직접적인 수단인 '말'의 사용과 관련된 전제들을 살펴보고자 한다. 나르시시즘의 동기나 공공의 가면이 공공 영역에 참여하기 이전에 요구되는 것들이었다고 한다면, 이 단락에서 논의되는 '관용의 태도'는 참여 과정에서 요구되는 기본 자질과 전제라고 할 수 있을 것이다.

앞서 공공 영역은 말과 행위가 일어나는 공간이고, 그런 의미에서 의사소통을 핵심으로 하는 공간이라고 밝힌 바 있다. 따라서 공공 영역은 의사소통이 적극적으로 이뤄지기 위한 전제를 필요로 한다.

---

48 윗글, 53쪽.

그 가운데 가장 중요한 요소가 관용으로서, 관용이 바로 공공 영역에 참여하는 시민들에게 요구되는 세 번째 조건이다.

관용이라는 것은 다양성과 서로의 다름에 대해 인정한다는 것을 의미한다. 관용은 감성적인 좋고 싫음의 문제에 대한 인정에서부터, 인지적, 도덕적 불일치에 대한 인정에까지 다양한 범위에 걸쳐서 요구되는 것이다.[49] '다름의 인정' 또는 관용이 전제되지 않으면 공공 영역의 말과 의사소통은 대화가 아닌 일방적인 자기 주장이나 독선에 지나지 않을 것이다. 따라서 관용은 공공 영역이 유지되기 위해서 중요하게 전제되어야 할 태도라고 할 수 있다.

그렇다면 이 관용이 인정되는 근거는 무엇인가? 다시 인지적 근거와 윤리적 근거 두 차원으로 나누어 살펴볼 수 있다. 먼저 관용은 '인간의 오류가능성'이라는 인지적 근거에서 정당화된다. 이는 "비록 진리가 객관적이고 절대적으로 존재한다 할지라도 그에 대한 인간의 인식 능력으로서 이성의 유한성, 상대성, 오류가능성으로 인해 인간은 서로 관용할 이유가 있다"고 말하는 것이다[50] 이러한 오류가능성의 근거에서 요구되는 관용은 '회의주의'나 '상대주의'와는 구별된다. '회의주의'는 어떤 가치도 더 나은 가치로 옹호될 수 없다는 것인데 비하여, 관용은 자유와 관용의 가치를 우월한 가치로 전제한다는 점에서 서로 구별된다. 한편 '상대주의'는 옳고 그름을 결정할 수 없기 때문에 모든 가치가 긍정되어야 한다고 주장하지만, 관용은 진리와 선의 존재를 인정하며 이에 다가가기 위한 지적인 겸손의 태

---

49 황경식, "대화와 관용, 그 인식적·윤리적 근거," 크리스챤 아카데미(엮음), 『대화의 철학』(서울: 서광사, 1992), 329쪽.

50 윗글, 333쪽.

도가 요구된다는 점에서 서로 구별된다.[51]

포퍼는 이를 관용의 세 가지 원리로 제시하고 있다. 그 세 가지 원리는 모두 관용의 가치를 정당화하거나, 관용을 가정해야 제대로 작동할 수 있는 가치들이다.[52] 제 1원칙은 "내가 그르고 당신이 옳을 수 있다"는 원칙이다. 이는 서로 다른 견해가 충돌할 경우, 올바른 견해와 그릇된 견해가 있을 수 있고 두 견해 모두 그릇될 수 있다는 것을 의미한다. 따라서 두 견해는 모두가 옳다는 상대주의와 구별된다. 제 2원칙은 "합리적으로 이야기하면 우리가 범하는 오류의 일부를 시정할 수 있다"는 것이다. 합리적으로 대화한다는 것은 누가 옳고 누가 그른지의 문제를 판단하겠다는 것이 아니다. 그것은 진리와 허위, 옳고 그름을 발견하기 위한 목적으로 이야기한다는 것을 뜻한다. 언어는 "사고를 비판의 대상"이 되게 한다. 생각이 말로 표현되어야만 우리 외부에 존재하는 대상이 되어 비판에 개방될 수 있게 하기 때문이다. 제 3원칙은 "합리적 대화가 이루어질 경우 우리는 진리에 더욱 가까이 나아가게 된다"는 것이다. 이는 대화가 합의로 귀결되지 않는다 할지라도 결과적으로 진리에 더 가까이 접근할 수 있게 된다는 뜻이다. 이것이 관용의 근거이면서 동시에 관용이 요구하는 태도라 할 수 있다. 한나 아렌트의 말과 행위의 가능성은 바로 이러한 오류가능성으로서의 관용을 전제로 할 때 비로소 가능해진다고 할 수 있을 것이다. 말과 대화를 통해 진리나 합의에 다다를 수 있다는 가능성을 신뢰해야 의사소통이 비로소 시작될 수 있기 때

51 윗글, 335-337쪽.

52 Karl Popper, "Toleration and Intellectual Responsibility," Susan Mendus · David Edwards(엮음), *On Toleration*(Oxford: Clarendon Press, 1987), 26-29쪽; 김용환, 윗글, 96쪽에서 다시 따옴.

문이다.

한편 관용은 또한 '자율성'이라는 윤리적 근거에서도 그 정당성을 찾을 수 있다. 다원주의에 대한 인정과 관용은 "삶의 방식은 자유로이 선택된 것일 경우에만 가치를 갖는다는 믿음"에 근거하고 있다. 자신의 삶을 영위하는 나름의 방식이 최상인 까닭은 그것이 강요되거나 부과된 것이 아닌, 스스로 발견하고 선택한 것이기 때문이라는 것이다.[53] 인간의 행위가 외재적인 강제나 압력, 또는 내재적인 억압과 비합리적 욕구에 의해서 결정될 경우, 그것은 자율적인 행위가 아니다. 오직 자신의 합리적 의지에 의해서 행동하는 사람만이 자율적인 인간이라고 할 수 있을 것이다. 따라서 관용은 각 개인들이 선택한 삶의 방식과 가치들을 자율성이라는 근거에 비추어 인정하고 정당화하는 것이다. 이는 자율성, 참가자들의 평등, 동등한 기회 제공 등 하버마스의 이상적 담화 상황이 요구하고 있는 가치들이기도 하다.

이처럼 말을 통한 설득과 토론이라는 의사소통이 이뤄지기 위해서라도, 사람들은 관용이라는 가치를 전제해야 한다. 그리고 그 관용은 자신의 '오류가능성'에 대한 인정과 '자율성'의 가치에 대한 긍정을 필요로 한다. 이러한 관용이 전제되지 않은 의사소통은 싸움의 또다른 빌미를 제공한다는 차원에서 공공 영역에 적합하지 않다.

---

53 황경식, 윗글, 339쪽.

4. 결론을 대신하여: '시민됨'의 조건과 우리의 문화

지금까지 한나 아렌트 이론을 중심으로 공공 영역과 '시민됨'의 문화적 조건이 무엇인지를 분석하였다. 먼저 자신의 개성을 드러내는 공공 영역에 등장하기 위해서 시민은 건강한 나르시시스트가 되어야 함을 보았다. 공공 영역에 참여하기 위해서는 다른 사람들 앞에서 자신을 드러내고자 하는 동기가 전제되어야 하기 때문이다. 또한 공공 영역이 유지되기 위해서는 참여하는 시민들이 공공 가면을 쓴다는 전제가 있어야 한다. 곧 시민들은 공공 가면을 통해 감추어야 할 배경과 드러내야 할 목소리가 있다. 가면을 통해 감추어야 할 것들은 생명이나 생존의 필요, 경제적 이해관계, 또는 사사로운 친밀성의 감정 등이다. 이러한 것들은 자기 성찰을 위해 필요한 비판적 거리를 허용하지 않기 때문에 사람들 사이에 존재해야 하는 공공 영역을 파괴하게 된다. 반면 가면을 통해 드러내야 할 것들은 위대성, 명예, 탁월함 등과 같은 공동체의 '원리'와 그러한 원리 위에서 형성되는 '연대성'이다. 마치 배우가 연기를 통해 자신의 기교를 관객들 앞에 보여주듯이, 시민은 공공 영역에서 행위(action)를 통해 자신의 위대성과 탁월함을 타인들에게 드러내야 한다. 마지막으로 공공 영역에서의 의사소통에도 필요한 전제가 있다. 바람직한 의사소통을 위해서는 다른 사람들에 대한 '관용'(toleration)의 태도가 있어야 한다는 것이다.

그렇다면 우리 사회의 문화적 조건과 맥락은 과연 공공 영역과 '시민됨'의 토대를 제공해주고 있는가, 아니면 방해하고 있는가라는 질문을 제기할 수 있다. 이를 위해서는 먼저 우리 사회의 문화적 맥락에 대한 선이해가 필요하다. 사회학자 정 수복은 한국인의 마음을 움직이는 문화들을 집대성하여, 12개의 문화적 문법으로 요약한 바 있다.[54] 그는 근대 이전부터 오랜 세월동안 한반도의 종교 문화와 역사적 경험을 통하여 형성된 문화적 태도들을 근본적 문법으로, 그리고 19세기 후반 서구의 근대성과 만나면서 형성된 문화적 태도들을 파생적 문법으로 구분한다. 파생적 문법은 근본적 문법의 바탕 위에서 형성되었다는 점에서 '파생적'이라고 부른다.

하지만 그가 제시하고 있는 한국 사회의 모습은 하나같이 우리 사회의 민주주의와 시민됨의 조건들을 방해하는 것들이다. 간략하게 살펴보아도, 우리 사회의 '권위주의,' '가족주의,' '갈등회피주의' 등은 구성원들의 차이와 다양성, 독특성을 드러내기 보다는 획일주의를 강조하는 것들이다. 이는 "모난 돌이 정 맞는다"는 우리 속담으로도 익숙한 것이다. 따라서 공공 영역에 참여하여 자신의 개성을 드러내려는 '건강한 나르시시스트'의 동기를 애초부터 차단한다고 할 수 있다.

또한 '감정 우선주의'와 '현세 물질주의'라는 문법은 공공 영역 참여를 위해 가면을 위해 가려야 할 것으로 보았던, 친밀성의 감정과 이해관계의 차단을 어렵게 하는 요인이다. 그리고 '이중 규범주의'는 자아 성찰을 어렵게 한다는 점에서 공공 가면을 거짓말과 자기 기만의 수단으로 사용하는 것이다. 반면 '가족주의'와 '연고주의' 등의 가치들은 결속과 지평의 공유를 특수주의 가치 내에 가두어 둔다는 점에서, 보편적 공동 세계에 근거한 연대성 형성을 방해한다.

마지막으로 의사소통의 중요한 가정인 '관용의 태도' 또한 우리 문

54 정수복, 『한국인의 문화적 문법: 당연의 세계 낯설게 보기』(서울: 생각의나무, 2007), 4장을 볼 것.

화 맥락에서는 전제하기가 쉽지 않다. '권위주의'는 윗사람의 명령에 획일적으로 움직여야 하기 때문에, 자기 오류 가능성에 대한 성찰을 원칙적으로 봉쇄하며, '감정우선주의'는 말을 통해 진리에 다가가려 하기 보다는 감정적 친밀성을 통해 문제를 해결하려고 한다는 점에서, 관용의 태도에서 요구되는 자기오류가능성을 인지적 근거에서 수용되지 않는다. 또한 '가족주의', '연고주의', '권위주의' 등은 명시적 또는 암시적으로 개인의 판단에 영향을 끼치려 한다는 점에서, '관용의 태도'의 윤리적 근거가 되는 자율성을 방해한다. 가족 구성원, 혈연, 학연, 지연 등 연줄망은 외부의 강제는 아니더라도, 의사소통과 판단에 상당한 심리적 부담을 개인들에게 지우게 되기 때문이다.

이상에서 간략하게 본 것처럼, 한국 사회의 문화 맥락은 공공 영역과 '시민됨'의 문화적 전제를 충족시키지 못하고 있으며 오히려 방해하고 있다고 볼 수 있을 것이다. 이렇게 볼 때 우리 사회의 민주주의 문제는 단순히 제도만의 문제는 아니라고 할 수 있다. 제도 차원을 넘어서, 문화와 일상 생활의 맥락에서 민주주의 문제에 접근해야 할 필요가 있다고 할 것이다.

이승훈. 『사회이론』 제37호. 2010년 봄/여름.

제6장

인문학과 정치 :

한국 사회 공공성 향상을 위하여

1. 들어가는 말

이 글은 인문학의 정치적 중요성이라는 주제를 다루고 있다. 인문학과 정치라는 얼핏 어울리지 않는 둘 사이의 관계를 이해하기 위해서는, 이 글에서 말하는 인문학과 정치가 무엇인지를 먼저 규정해야 할 것이다. 먼저 인문학이란 용어는 서구의 전통으로부터 나온 것이다. 고대 희랍에서 박식한 교양을 제공하고 전문 연구를 위해 필요한 예비 지식을 제공하는 학문이란 의미로 처음 등장하였다. 이후 근대에 이르러 자연과학에 대비되는 학문으로 '정신과학'을 의미하였다가, 모든 학문의 과학화를 주장하는 실증과학의 등장과 함께 다시 '사회과학'과 분리되어 문학, 철학, 역사학 등의 몇몇 분과 학문들을 총칭하는 개념이 되었다.[1] 하지만 인문학의 의미를 단순히 몇몇

1 신귀현, "서구의 전통 사회와 인문학," 경상대학교 인문학연구소(엮음), 『새로운 인문학을 위하여』(서울: 백의, 1993)

분과 학문들을 지칭하는 기술적 용어로 제한하는 것은 오늘날 인문학이 가지는 의미의 중요성을 축소하는 것에 지나지 않는다. 오히려 인문학은 학문의 목적 및 접근 방식을 통해 규정될 때 그 의미가 더 잘 부각될 수 있다고 보인다. 이런 의미에서 보자면, 인문학은 "인간을 인간이게 하는 것은 무엇인가, 인간은 어떻게 자기 삶의 의미와 가치를 획득하는가, 인간의 삶을 안내하는 목표는 무엇이며, 그 목표는 어디에서 공급되는가라는 질문들"과 관련이 있다고 하겠다.[2] 곧, "자신의 삶을 한 걸음 물러서서 객관적으로 성찰하고 해석하는 언어를 제공해"주는 모든 지식을 우리는 인문학이라고 할 수 있다.[3] 따라서 인문학 지식은 특정한 분과 학문의 경계를 뛰어 넘는다. 사회학자 뷰러웨이가 공공사회학을 주창하면서, 공공사회학의 주된 연구 대상인 시민 사회야말로 현대 사회에서 인간성(humanity)을 방어할 수 있는 가장 적절한 영역이라고 말했을 때, 그의 공공사회학도 넓은 의미에서의 인문학에 포함될 수 있는 것이다.[4] 이 글에서의 인문학은 바로 이런 인문학을 의미한다. 사회과학을 포함하여 인간과 사회에 대한 폭넓은 성찰을 다루는 지식 모두를 인문학의 범주에 포함하고 있는 것이다.

한편 인문학과 함께 정치 또한 이 글에서의 의미를 먼저 규정할 필요가 있다. 보통 정치는 크게 두 가지의 뜻으로 활용된다. 하나는

---

2 도정일, "현대 문명에서의 소통의 문제: 인문학의 한 관점," 『소통의 인문학과 공생사회』(국학연구원/인문학연구원 학술대회자료집, 2010년 5월 13-14일), 14쪽.

3 김찬호, "연세대학교 문화인류학과의 인류학 개론 교육: 교양 강좌를 중심으로," 『한국문화인류학』 제43권 제2호(2010), 134쪽.

4 Michael Burawoy, "2004 American Sociological Association Presidential address: For public sociology," *The British Journal of Sociology,* 제56권 제2호(2005), 289쪽.

권력의 행사 및 통치 기술과 관련된 것으로 주로 국가와 관련된 활동을 의미한다. 다른 하나는 시민들의 참여와 대화, 토론 및 합의 과정을 의미하는 넓은 의미에서의 민주주의를 뜻하기도 한다. 물론 여기에서의 다루는 정치는 뒤의 개념을 의미하는 것으로, 대화와 토론을 통한 의사소통으로서의 정치를 말한다. 곧 공공 영역에서 일어나는 시민들의 정치를 말하는 것이다. 이런 정치가 제대로 작동하기 위해서는 '성찰성'이라는 시민 미덕을 필요로 한다. 자신의 이해관계와 가치로부터 거리를 두고 사고할 수 있는 성찰성이 전제되지 않을 때, 다른 이해관계나 가치를 지닌 사람들과의 대화와 소통은 애초부터 불가능하기 때문이다.[5]

이런 맥락에서 인문학과 정치는 '성찰성'이라는 면에서 서로 밀접한 관계가 있다고 하겠다. 따라서 한국 사회에서 정치의 위기와 인문학의 위기에 대한 담론들이 동시에 발생하고 있다는 점도 일면 이해가 되기도 한다. 어쩌면 정치와 인문학의 위기는 우리 사회의 '성찰성'의 위기를 보여주는 서로 다른 지표들일 수 있기 때문이다. 실제 뷰러웨이는 미국 사회학의 위기 담론에 대하여, 위기에 처한 것은 사회학이 아니라 성찰적 지식이라고 단언한다. 사회학의 위기 담론 속에서도 실증주의 사회학은 여전히 번성하고 있기 때문이다.[6] 이러한 상황은 비단 미국에 국한된 이야기는 아니다. 지식이 전문화되고 현실의 도덕 문제들은 비과학의 이름으로 배제하게 됨으로써 우리의 학문이 현실을 왜곡하게 되었다는 비판은[7] 미국 학계만큼이

5 이승훈, "공공 영역과 '시민됨'의 문화적 조건," 『사회이론』 2010년 봄/여름호, 117쪽.
6 Michael Burawoy, 윗글, 279쪽.
7 박영신, "인식 분절화가 낳은 '도덕 비극'에 대하여: 학문의 현실 왜곡 비판," 『현상과 인식』 제34권 제1/2호(2010), 19쪽.

나 우리에게도 사실이기 때문이다.

물론 '성찰성'이라는 공통 분모를 가지고 인문학과 정치의 관계를 모두 설명할 수 있는 것은 아니다. 따라서 인문학과 정치의 관계를 논하는 이 글도 논의하고자 하는 문제를 좀 더 명확하게 제시할 필요가 있다. 이 글에서 다루고자 하는 문제는 인문학이 우리 사회의 대화와 소통의 정치에 어떤 영향을 줄 수 있을 것인가에 대한 것이다. 다시 말하면, 극단의 갈등과 대립으로 특징지워지는 우리 사회의 정치 문화 또는 시민 사회에 인문학이 어떤 역할을 할 수 있는가를 밝혀보려는 것이다. 이를 위해 한나 아렌트의 정치 판단 이론을 중심으로 인문학 지식이 대화와 토론이 일어나는 정치 영역에 어떤 영향을 미치는지를 자세하게 분석하고자 한다. 이러한 논의는 우리 사회의 민주주의와 관련된 오래된 숙제를 해결하는 일이며, 동시에 인문학 위기에 대한 하나의 실천 방향을 내놓는 일이기도 할 것이다.

이를 위해서 이 글은 다음과 같은 순서로 구성된다. 먼저 한국 정치의 위기를 문화의 측면에서 진단해 볼 것이다. 한국의 정치 영역에서 벌어지는 극단의 대립과 갈등은 이를 상대화시킬 수 있는 초월의 가치를 우리 문화가 제공하지 못하기 때문에 발생하는 측면이 있음을 밝히고자 한다. 이어서 아렌트의 정치 판단 이론을 통해서, 문화와 정치 행위가 '판단'이라는 매개를 통해 서로 어떻게 관련되는지를 규명할 것이다. 그런 다음 인문학이 문화 차원에서 어떤 중요성을 갖고 있는지 '자기 성찰성'과 '문화의 예(example)'라는 개념을 통해서 분석할 것이다. 마지막으로 결론을 대신하여, 인문학의 이러한 정치에서의 역할이 현실에서도 가능한 것인지, 실제 인문학 강좌의 사례들을 통해 그 함의를 간략하게 언급하고자 한다.

2. 정치의 위기와 그 대안

1) 한국 문화와 정치의 위기

바람직한 정치, 곧 민주주의는 말과 행위를[8] 수단으로 한다.[9] 민주주의에서 말과 행위를 수단으로 하는 대화와 토론은 정치에서 가장 핵심이 되는 과정이다. 다원주의와 자율성을 특징으로 하는 현대 사회에서, 가치와 가치가 대립하고 권리와 권리가 충돌할 때, 이를 조절하여 합의를 이끌어낼 수 있는 유일한 방법은 대화와 토론 뿐이기 때문이다. 만약 정치가 말과 행위가 아닌 물리적 힘이나 강제력에 근거한다면, 그것은 정치가 아니라 폭력이라고 할 수 있을 것이다.

이런 관점에서 볼 때 한국 사회의 정치는 심각한 위기에 직면해있다고 해도 과언이 아닐 것이다. 우리 사회에서 남과의 다름과 차이는 극단의 대립과 갈등으로 표출되며, 정치의 거의 유일한 수단이라고 할 수 있는 '말'은 바로 그 정치인들에 의해서 가장 부질없는 수단으로 폄하되고 있다. 따라서 '말'을 통한 대화와 토론 그리고 합의와 타협보다는, 강자에 의한 힘의 논리가 정치 영역을 장악하고 있는 것이 우리의 현실이다. 최근 소통의 요구나 사회통합의 필요성이 강조되고 있는 현상은 우리 사회가 처한 이러한 현실을 보여주는 반

---

8 여기에서 '행위'는 한나 아렌트의 개념으로 불가피하게 필연적으로 할 수 밖에 없는 행동이나 필요에 의한 행동과 구별되는 개념이다. 정치 수단으로서의 행위는 자유스러운 활동일 뿐 아니라, 인간이 물리적 대상으로서가 아니라 인간으로서 서로에게 자신을 드러내는 양식이다. 한나 아렌트, 『인간의 조건』(이진우 · 태정호 옮김)(서울: 한길사, 1996), 236쪽을 볼 것.

9 한나 아렌트, 윗글(1996), 78쪽.

증이라고 할 것이다.

물론 의사소통이 언제나 합의를 낳는 것은 아니며 사회통합이 대립과 갈등이 없는 상태를 말하는 것도 아니다. 오히려 모든 사회의 구성원들이 하나의 목소리만을 낸다면, 그런 사회야말로 전체주의 사회라고 할 수 있을 것이다. 문제는 대립과 갈등의 존재가 아니고, 그것들이 조절될 수 있는 문화의 바탕이 존재하는가 하는 것이다. 다시 말하면, 좁은 이해관계를 더 높은 공공의 가치 차원에서 제어할 수 있을 가능성, 자신의 주장을 다른 사람들의 입장에서 성찰할 수 있는 비판 인식의 가능성, 그리고 이러한 공공의 가치에 기꺼이 헌신하고자 하는 행위의 가능성들이 있는가 하는 점이다.

사실 서구에서의 민주주의 이론과 제도는 자신들의 역사 경험을 통하여 독특한 문화를 형성하면서 확립되었다. 나아가 그러한 문화는 오늘날 서구의 정치 이론과 제도들을 떠받치고 있는 토대로서 작용하고 있다. 그렇기 때문에 서구의 이론과 제도를 받아들이기 위해서는 그러한 이론과 제도를 뒷받침하고 있는 문화의 전제들을 반드시 검토해야 한다. 특히 외부로부터 민주주의를 받아들이는 우리의 경우 이러한 작업은 반드시 필요한 일이다.[10]

그런데 우리 사회의 문제는 서구의 제도는 들여왔으나, 우리 사회의 문화가 이러한 제도들을 제대로 뒷받침하고 있지 못하다는 데에 있다. 오히려 우리 문화는 민주스러운 대화와 소통의 가능성을 방해하고 있다고 지적된다. 많은 사람들은 '가족주의,' '경제주의,' '연고주의,' '권위주의,' '감정 우선주의,' '이중 규범주의,' '갈등 회피주의'

---

10 대화와 토론에 관한 서구 이론의 전제들에 대해서는 이승훈, 윗글(2010)을 볼 것.

등을 한국 사회에 깊이 내재된 문화 바탕으로 파악하고 있다.[11] 접근방식이나 표현에서의 차이가 있기는 하지만, 한국의 정치와 관련하여 이들이 공통적으로 지적하고 있는 것은 비슷하다. 이러한 가치지향성들은 개인의 자율성이나 성찰성, 보편 윤리의 가능성 등을 제한하기 때문에, 대화와 토론 등에 필요한 시민으로서의 미덕이나 자격의 형성을 심각하게 방해하고 있다는 것이다. 한국 사회 정치의 위기가 깊은 차원에서 문화의 위기라고 하는 이유가 여기에 있고, 한국 시민사회에 '시민 종교'를 요청하는 것도 이러한 문화를 넘어설 수 있는 초월의 가치가 필요로 하기 때문이다.[12]

그렇다면 우리 사회의 이러한 정치 문화를 어떻게 바꿀 수 있을 것인가? 지금까지 지적한 것처럼, 우리 사회의 정치의 위기가 깊은 차원의 문화의 위기라고 한다면, 단순히 갈등을 토론할 수 있는 제도의 마당을 마련한다고 해결될 수 있는 것이 아니다. 좁은 이해관계나 특수주의 가치를 초월하고 제어할 수 있는 초월성이 전제되지 않으면, 대화의 마당은 언제든지 강한 자의 논리가 정당화되는 수단이 될 것이기 때문이다. 따라서 바람직한 정치는 자기 성찰성과 공공의 미덕을 갖춘 시민을 그 전제로 한다. 그리고 그 시민은 공공성 문화의 토양 속에서 태어나고 양육될 수 있는 것이다. 무엇이 먼저인가는 중요하지 않다. 공공의 시민은 공공성의 문화를 만들어가는

11 박영신, 『역사와 사회 변동』(서울: 한국사회학연구소/민영사, 1987), 7장; 민문홍, "한국인의 사고방식," 일상문화연구회(엮음), 『한국인의 일상 문화: 자기 성찰의 사회학』(서울: 한울, 1996); 최재석, 『한국인의 사회적 성격』(서울: 현음사, 1994); 정수복, 『한국인의 문화적 문법: 당연의 세계 낯설게 보기』(서울: 생각의나무, 2007).

12 박영신, "잊혀진 이야기: 시민사회와 시민 종교," 『현대 한국사회와 기독교: 변화하는 한국사회에서의 교회의 역할』(서울: 한들출판사, 2006).

주체이며, 공공 문화는 다시 그런 시민들이 양육되는 토양이기 때문이다.

다음 단락에서는 한 사회의 문화가 정치 영역, 곧 시민들의 의사소통과 토론의 영역에 어떤 방식으로 영향을 미치는지, 한나 아렌트의 '정치 판단 이론'을 통하여 좀 더 자세하게 살펴보고자 한다. 문화와 판단 이론에 대한 아래의 논의는 이후 정치에서의 인문학의 역할을 논의하는 데에도 깊은 관련성이 있다.

2) 정치 판단과 문화

현대와 같이 이해관계가 복잡하고 가치가 다양화된 사회에서, 대화와 토론은 어떻게 이뤄지는가, 더 나아가 합의와 타협의 가능성은 존재하는 것인가? 아렌트에 따르면, 정치는 진리의 영역이 아니다. 이것은 물론 정치가 거짓의 영역이라는 말은 아니다. 거짓과 위선은 정치 영역에 들어서기 이전에 미리 배제되어야 할 것들이다. 아렌트가 정치가 진리의 영역이 아니라고 말하는 것은, 정치 판단이 인지 영역이나 과학에서의 진리와는 그 성격이 다르기 때문이다. 보기를 들어, 만일 어떤 사람이 "하늘이 푸르다"거나, "둘에 둘을 더하면 넷이 된다"라고 했을 때, 그것의 타당성은 토론을 통해 얻어지는 것이 아니다.[13] 이러한 진리는 그 자체로 옳은 것이기 때문에 다른 사람들의 의견을 전혀 필요로 하지 않는 반면, 정치는 여론이라는 다른 사람들의 의견에 의존해야만 한다. 따라서 진리는 본질상 강요되는 것인 반면, 정치는 토론을 통해 다른 사람을 설득하는 것이다.[14] 곧

13 한나 아렌트, 『칸트의 정치철학 강의』(김선욱 옮김)(서울: 푸른숲, 2002), 139쪽.

진리의 영역에서는 나와 다른 모든 것은 비진리이기 때문에 폭력이 정당화되는 반면, 정치의 영역에서는 정당성이 다른 사람들에 대한 호소력과 설득에 근거하기 때문에 대화라는 형식을 취하게 된다.

정치 영역이 가지고 있는 딜레마는 여기에 있다. 모든 사람들의 이해관계와 가치들이 존중되어야 한다면, 합의의 객관적인 가능성은 어떻게 찾을 수 있을 것인가라는 점이다. 물론 의사소통의 목적이 합의에 있지 않다는 주장들이 있기도 하다.[15] 하지만 현실 정치에서 중요한 갈등을 조절해야 할 경우나 논란이 되는 정책 결정을 해야 할 경우, 합의와 타협을 목표로 하는 의사소통은 불가피하다. 이 경우 진리가 아닌 주관적인 의견들을 조정할 수 있는 객관적인 가능성을 어떻게 찾을 수 있겠느냐는 문제가 제기되는 것이다. 이러한 맥락에서 한나 아렌트의 정치 판단 이론은 매우 중요한 시사점을 제공한다.

대화와 토론, 의사소통에서 '판단'은 매우 중요한 위치를 차지한다. 정치에서 대화와 토론이란 말과 행위를 통하여 공공 영역에 참여한다는 것이다. 그 때 공공 영역에서는 두 종류의 판단 행위가 일어난다. 하나는 행위자의 판단이고, 다른 하나는 관찰자의 판단이다. 먼저 행위자는 말과 행위 이전에 자신의 말과 행위에 대한 스스로의 판단을 해야 한다. 전통이나 관습 또는 규칙에 따른 행위라 할

---

14 윗글, 191쪽.

15 리오타르는 의사소통의 목적이 합의에 있는 것이 아니라고 말하며(장-프랑수아 리오타르, 『포스트모던적 조건』(이현복 옮김)(서울: 서광사, 1992), 14쪽), 가라타니 고진은 동일한 문화를 공유한 사람들끼리의 대화는 합의라기보다는 다른 문화를 가진 내부자들에 대한 억압이자 외부자들에 대한 배제라고 주장한다(전규찬, "독백공간의 탈구축, 교통공간의 복구: 가라타니 고진의 사유에 대한 커뮤니케이션 이론적 고찰," 『한국방송학보』 제21권 제2호(2007), 556쪽).

지라도 판단 행위는 일어난다. 다만 그런 반복적인 일들의 경우에는 판단 행위가 의식되지 못할 뿐이다. 하지만 전통이나 규칙이 변하는 상황이 발생하면 의식의 판단은 매우 중요한 역할을 하게 되는 것이다. 물론 행위자의 판단이라고 해서 고립된 상태에서 일어나는 것은 아니다. 그것은 언제나 의미있는 타자의 판단을 고려함으로써 발생한다. 마음 속에 타자와 상상 속의 대화를 통해서 우리는 판단을 내리는 것이다. 따라서 아렌트는 칸트를 인용하며 판단력이란 곧 '확장된 심성'이라고 말한다. 인간은 상상력을 통하여 "다른 사람의 마음 속에 우리 자신을 넣을 수 있는," '확장된 심성'(enlarged mentality)를 가질 수 있고, 그로 인하여 판단이 가능해진다는 것이다.[16] 이것은 미드의 '일반화된 타자'(generalized other)의 개념과 매우 유사하다. 미드는 인간을 자극에 수동적으로 반응하는 존재가 아니라, 적극 상황을 해석하고 판단하는 행위자로 파악한다. 그런데 이 해석과 판단 과정은 자신을 다른 사람의 입장에 둠으로써, 또 그 입장에서 자신을 바라봄으로써 가능한 것이라고 주장한다.[17] 다른 사람의 범위가 추상적인 공동체의 입장에까지 확장될 때, 이를 '일반화된 타자'라고 부르는 것이다. 따라서 판단은 '확장된 심성'이나 '일반화된 타자'의 바탕 위에서 가능하다고 할 수 있을 것이다.

공공 영역에서 일어나는 두 번째 종류의 판단은 관찰자의 판단이다. 앞서 지적한 것처럼, 행위자의 사유 속에서 이미 관찰자의 판단이 전제되어 있다. 하지만 이것은 상상 속의 관찰자일 뿐, 실제 관찰자들의 판단 행위는 행위자의 말과 행위 이후에 발생한다. 그리고

16 한나 아렌트, 윗글(2002), 143쪽.
17 허버트 블루머, 『사회과학의 상징적 교섭론』(박영신 옮김)(서울: 민영사, 1990), 44쪽.

그 관찰자들의 판단이 모아져서 여론이라고 하는 것이 형성되는 것이다. 관찰자는 사건이나 현상으로부터 관련되어 있지 않기 때문에, 직접적인 참여로부터 물러나, 전체의 관점에 도달할 수 있는 것이 가능하다. 이런 의미에서 아렌트는 "재판관이 판결을 내릴 때 동원하는 일반적인 관점에 도달 할 수 있는 것은 행위자가 아닌 관찰자"라고 주장한다.[18]

이러한 틀에 비추어 보자면, 정치 또는 공공 영역에서 일어나는 대화와 토론이 조절될 수 있는 가능성은, 행위자의 행위가 관찰자들의 판단에 동의를 얻을 수 있느냐, 없느냐에 달려 있다. 그리고 행위자가 관찰자들의 동의를 호소할 수 있다는 것은, 달리 말하면, 각각의 사람들의 감각 속에 행위자나 관찰자가 공통으로 가지고 있는 무엇인가가 있다는 뜻이다. 그것은 크게 두 가지로 지적할 수 있다. 하나가 형식의 측면이라면, 다른 하나는 내용의 측면이라고 할 수 있는 것이다. 첫째는 '공동체 감각,' 또는 '공통 감각'이라고 하는 것이다. 인간은 '공통 감각'이 있기 때문에 상상력을 통해서 다른 사람에 입장에 서 볼 수 있는 것이고, 또 다른 사람의 입장에 설 수 있기 때문에 서로 간의 의사소통과 동의가 가능해지는 것이다.[19] 앞서 말한 '확장된 심성'이 가능한 것도 바로 이 '공통 감각' 때문이라고 할 수 있다.

'공통 감각'이라는 요인이 형식 측면에서의 대화와 토론의 가능성이라고 한다면, 두 번째 요인은 실제 내용 측면에서의 가능성이라고 할 수 있다. 그것은 '예증적(examplary) 타당성' 개념이다. 칸트는 '도

18 한나 아렌트, 윗글(2002), 114쪽.
19 윗글, 143쪽.

식'이 인식에 기여하는 역할처럼, '예'는 판단에 매우 중요한 역할을 한다고 보았다.[20] 보기를 들어, 우리는 '도식'이 없다면 어떤 것도 인식할 수 없다. 우리가 "이 탁자"라고 말할 때, 탁자의 일반 이미지, 곧 '도식'이 우리 마음에 떠올라 그 "이"가 탁자임을 알아차릴 수 있게 된다는 것이다. 그런데 이 '도식'과 동일한 역할을 판단에서는 '예'가 수행하게 된다.[21] 아렌트가 직접 들고 있는 사례를 인용하면 아래와 같다.

> 사람들이 어떤 행위가 용기 있는 행위라는 것을 어떻게 판단 또는 평가할 수 있을까? 사람들은 판단을 내릴 때 어떤 일반적인 규칙들에서 도출하지 않고 즉각적으로 "이 사람은 용기가 있다"고 말한다. 만약 그가 그리스인이라면, 그는 "그의 마음 깊은 곳에" 아킬레우스의 예를 가지고 있을 것이다 (줄임) 우리가 어떤 사람에 대해 좋은 사람이라고 말할 때, 우리의 마음 깊은 곳에서 성 프란체스코나 나사렛 예수의 예가 있다. 판단은 그 예가 적절하게 선택되는 정도에 따라 예증적 타당성을 가진다.[22]

이와 같이 아렌트는 '공통 감각'과 '예증적 타당성' 개념을 통하여, 지극히 주관적인 판단의 객관적인 조건을 모색하고 있다. 이런 맥락에서 볼 때, 사람들이 대화와 토론을 통하여 합의를 지향해나갈 수 있는 것은 그들이 공유하고 있는 '공통 감각'과 '예증적 타당성' 때문이다.

앞 단락에서 한국 정치의 위기를 깊은 차원에서의 문화의 위기라

20 윗글, 151쪽.
21 윗글, 156쪽.
22 윗글, 157쪽.

고 진단하였다. 이를 정치 판단 이론의 틀에서 다시 보자면, 한국 정치의 위기는 우리 사회 구성원들이 지나치게 원자화되어 있어서 '공통 감각'을 갖고 있지 못하거나, 아니면 대화와 토론을 뒷받침해 줄 수 있는 바람직한 문화의 '예'들을 가지지 못하고 있기 때문에 발생한 것이라 볼 수 있다. 앞서 지적하였다시피, '가족주의,' '경제주의,' '권위주의,' '감정 우선주의,' '갈등 회피주의' 등은 대화와 토론 등과 같은 민주스러운 의사소통을 방해하는 우리 문화의 '예'들이라 할 수 있을 것이다.

그렇다면 이에 대한 해결책은 무엇인가? 민주 정치를 가능케하는 바람직한 문화의 '예'들을 새롭게 개발하고 만들어가는 일일 것이다. 우리 전통 문화 가운데 자유와 정의를 강조하는 예들을 발굴하고 많은 사람들과 공유하는 일, 우리 사회에서 시민으로서의 미덕을 보여주었던 사례들을 찾아내고 이야기로 만들어내는 일 등이 그러한 사례에 속한다고 볼 수 있다.

다음 단락에서는 그런 대안의 하나로 인문학이 어떤 역할을 할 수 있는가를 살펴볼 것이다. 정치 위기에 대안으로서 인문학을 거론한다는 것은, 시민으로서의 자기 성찰성과 공공성 형성에 인문학이 일정한 역할을 하고 있다는 인식에 근거한 것이다. 물론 인문학만이 '시민됨'[23]의 형성에 기여하는 것은 아니다. 기존의 이론에 의하면,

---

23 '시민됨'이란 시민으로서 갖추어야 할 자질을 언급하기 위해 사용한 개념이다. "시민이란 태어나는 것이 아니고 만들어지는 존재이다"라는, 과정의 의미를 강조하기 위하여 사용했다. 보통 '시민됨'과 비슷한 뜻을 지닌 개념들로 '시민권' 또는 '시민성' 등이 있기는 하지만, '시민권'의 경우 지나치게 법률상의 권리 개념이 강하고, '시민성'의 경우는 과정의 의미를 담지 못할 뿐 아니라, 오늘날 영어권에서 그 의미가 '정중함'이나 '공손함' 등의 의미로 사용되고 있어서, '시민됨'이라는 용어를 사용하고자 한다(이승훈, 『한국 사회의 '시민됨' 형성 과정: 자발 결사체 참여 경험을 중심으로』(연세대

'시민됨'을 형성하는 근원은 매우 다양하다. 자발 결사체, 종교, 가정교육, 학교, 작업장 등도 시민을 키울 수 있는 중요한 근원으로서 거론된다.[24] 다만 이 글에서는 교양으로서의 인문학 읽기가 '시민됨'의 형성과 바람직한 정치 문화 형성에 어떻게 기여할 수 있는지를 살펴보려는 것이다.

3. 인문학의 정치적 중요성

이 글은 정치 영역에서의 인문학의 역할에 대해서 논의하고 있지만, 분명 인문학은 정치 영역으로부터 분리되어 있다. 앞서 말한 바와 같이, 정치는 진리의 영역이 아니지만 인문학은 진리를 추구한다. 인문학의 관심은 사사로운 이해관계들 사이의 갈등과 분쟁을 넘어 공동체다운 삶의 기초를 이루는 사회의 가치들을 유지할 공유 공간을 만드는 데 있다.[25] 따라서 인문학의 입장에서 정치를 바라본다는 것은 정치 영역 외부로부터 정치를 들여다본다는 의미이기도 한다. 오히려 정치의 외부에 위치함으로써 인문학은 불편부당성과 전체의 관점을 가질 수 있으며, 또 가져야 한다. 이러한 인문학의 불편부당성은 정치 공간에서 행위자가 상상력을 통해 다른 사람들을 입장에 서봄으로서 얻게 되는 판단의 불편부당성과는 다른 것이다. 인문학의 객관성 또는 불편부당성은 정치 영역으로부터 벗어나 있다는 특별한 위치로부터 얻어지는 것이다. 그렇기 때문에 진리를 말하

학교 사회학과 박사학위 논문, 2002), 12쪽).

24 Miranda Yates/James James(엮음), *Roots of Civic Identity: International Perspectives on Community Service and Activism in Youth*(Cambridge University Press, 1999)

25 도정일, 윗글, 17쪽.

는 사람은 "인간사에 직접 개입하여 설득이나 폭력의 언어로 말하려고 하면 자신의 입장—그가 말해야 하는 것의 타당성도 함께—을 상실"하게 되는 것이다.[26] 다시 말하면, 인문학의 불편부당성은 상황으로부터 벗어난, 관찰자의 시선으로부터 얻어질 수 있다. 인문학의 이러한 중립적이고 사심없는 진리 추구의 전통을, 아렌트는 "호메로스가 아키아인뿐만 아니라 트로이인의 행적을 전파하기 시작하고, 자기 동족의 영웅 아킬레스뿐만 아니라 적이자 패배자인 헥토르의 영광을 찬양한 순간"까지 거슬러 올라갈 수 있다고 말한다.[27] 공평한 시선으로 친구와 적, 성공과 실패를 바라보는 것이다. 오늘날 인문학의 고전들이라고 하는 것들은 어떤 의미에서 이러한 불평부당하고 공평한 시선으로 인정받은 지식들이라 할 수 있을 것이다. 고전이라고 하는 것들은 여러 시대를 거치면서 오랜 시간 동안, 여러 사람들에 의해서 그 보편성과 객관성의 가치를 인정받은 것들이기 때문이다.

그렇다면 인문학은 어떻게 정치에 영향을 미치는가? 아래에서는 인문학의 정치적 중요성을 '비판적 자기 성찰'과 '문화의 '예' 만들기'라는 두 가치 차원에서 논의하고자 한다.

1) 비판적 자기 성찰

공평한 인문학의 시선으로 세상을 바라본다는 것은 무엇을 뜻하는 것일까? 그것은 혼란스럽고 복잡한 사실들의 세계에 인간들이 이

26 한나 아렌트, "진리와 정치," 『과거와 미래 사이』(서유경 옮김)(서울: 푸른숲, 2005), 348쪽.

27 윗글, 352쪽.

해할 수 있도록 의미를 부여한다는 것이다. 사실들의 세계는 그 자체로서는 아무런 의미도 지니지 못한다. 그것이 하나의 '이야기' 형식으로 재구성될 때 비로소 사실로서의 의미를 지니게 된다. 아렌트는 실재는 사실과 사건들의 총체 이상의 것이며, 이 총체는 어떤 방식으로도 확인할 수 없다고 본다. 다만 실재는 사람들의 이야기 속에서 사건과 사실들이 가지는 우연성을 상실하고 인간이 이해할 수 있는 의미를 획득하게 된다. 그녀는 이를 '실재와의 화해'라고 부른다.[28] 그런 의미에서 "우리 인간은 자신의 삶과 그러한 삶이 영위되는 세계를 이해하기 위해서 '이야기'를 만들게끔 되어 있다"고도 볼 수 있을 것이다.[29]

인문학 지식은 그 불편부당함과 공평한 시선으로 인해 공공성의 위치를 얻게 된다. 따라서 정치의 외부에서, 정치 영역 내의 사사로운 이해관계와 가치들을 상대화할 수 있는 준거로 작용하게 된다. 행위자의 입장에서 보면, 무엇보다도 인문학의 진리는 현실로부터 비판적인 거리를 유지할 수 있게 함으로써 자기 성찰을 가능케 하는 역할을 한다. 행위자가 현실에 절박하게 직접 연결되어 있을 경우, 자기 성찰을 위한 최소한의 비판 거리를 허용하지 않으며, 나아가 토론과 협의라는 지루한 정치 과정을 인내하지 못하게 된다. 하지만 인문학의 중립적이고 불편부당한 관점은 이것을 가능케한다.

아렌트는 독일이 히틀러 시기의 과거를 다루는 방식을 논의하면서, 인문학의 이러한 역할을 언급한다.[30] 그녀는 지난날의 현실을

---

28 윗글, 351쪽.

29 장원철, "문학과 역사의 거리," 경상대학교 인문학연구소(엮음), 『새로운 인문학을 위하여』(서울: 백의, 1993), 240쪽.

30 한나 아렌트, 『어두운 시대의 사람들』(권영빈 옮김)(서울: 문학과지성사, 1994),

직시하지 않고 역사의 어두운 측면을 망각하는 것이 능사인 것처럼 행동하는 독일 내의 경향을 비판한다. 하지만 동시에 "과거를 극복해야 한다"고 주장하는 입장에 대해서도 실제로 이뤄질 수 있는 일은 아무것도 없다고 말한다. 어두운 과거를 다루는 최선의 방법은 "과거가 무엇이었던가를 정확히 알아서 여기서 얻어진 지식을 인고하면서, 이 지식과 인고에서 무엇이 일어나는가를 기다리면 지켜보아야 한다"는 것이다. '비극'이라는 문학 형식이 이러한 인식의 과정을 가장 잘 보여준다. 비극의 주인공은 회고하는 기억을 통해 고난을 재경험하게 되고, 이러한 재경험을 반복함으로써 행위의 보편 의미를 확정하게 된다는 것이다. 물론 이러한 서술이 과거를 해결하지도 못하고 고통을 무마시키는 것도 아니다. 하지만 끊임없이 반복되는 서술을 통하여 과거의 의미를 확정하고 그것을 받아들일 수 있도록 할 수 있다. 이런 맥락에서 아렌트는 "우리가 과거를 취소할 수 없듯 과거를 극복할 수 없다. 그렇지만 우리는 과거를 단념할 수는 있다"라고 했으며,[31] 아리스토텔레스를 인용하면서 "시인의 정치적 기능은 카타르시스의 작동, 즉 인간이 행동에 돌입하는 것을 막을 수 있는 모든 감정을 씻어내거나 축출하는 것임을 발견"하는 것이라고 말했던 것이다.[32]

인문학의 정치적 기능에 대한 이러한 주장은 추상적인 사변 속에서만 가능한 것은 아니다. 실제 현실에서 인문학의 이런 정치적 기능을 성공적으로 실현한 사례들이 있기 때문이다. 쇼리스가 시작한

28-30쪽.

31 윗글, 30쪽.

32 한나 아렌트, 윗글(2005), 351쪽.

'클레멘트 코스'가 대표적이라 할 수 있다. 이 실험은 가난한 사람들에게 필요한 것은 경제 지원만이 아니라는 인식으로부터 시작하였다. 이들이 소외되지 않고 진정한 사회의 구성원이 되도록 하기 위해서는 이들을 '정치 주체'로서 세워야 할 필요 또한 절박하다는 것이다. 그리고 그 역할을 인문학 고전을 읽는 것으로부터 찾았다. 그가 이러한 인식을 하게 된 경험이 흥미롭다. 여러 명의 학생들이 테니스 코트 하나에 라켓 두 개를 나눠써야 하는 상황에서 중산층 가정의 아이들과 가난한 지역의 아이들이 보인 행태의 차이를 발견하게 되었고, 이것이 이들의 삶을 결정하고 있다는 인식에 이르게 되었던 것이다. 이런 상황에서 중산층 지역 학교의 아이들은 서로 먼저 테니스를 치겠다고 경쟁을 하긴 했지만 일단 순서가 정해지면 자기 차례를 지킬줄 알았다. 하지만 가난한 지역 학교의 아이들은 매번 교대 시간이 될 때마다 줄이 흐트러지고 그때마다 다시 정렬을 해야 했다. 두 지역 아이들의 가장 큰 차이는 '정치적 삶의 규칙'을 알고 있느냐 여부였다. 규칙을 알지도 못하고 이 규칙에 따라 스스로를 제어할 수도 없는 아이들은 정치 규칙보다 무력의 법칙에 따라 반응하게 된다는 것이다. 결국 더 크고, 힘이 세거나, 더 공격적인 학생들이 매번 라켓을 차지하게 되었던 것이다. 이로부터 쇼리스는 가난한 이들에게는 자신 스스로를 다스리는 일에 참여하는 정치 인간이 되도록 도와주는 것이 필요하다고 느꼈다는 것이다.[33] 그 방법으로 얼 쇼리스가 발견한 방법이 바로 인문학의 고전을 함께 읽고 토론하는 일이었다. 인문학을 함께 읽음으로써, 정치적 삶의 법칙,

33 얼 쇼리스, 『희망의 인문학』(고병헌 · 이병곤 · 임정아 옮김)(서울: 이매진, 2010), 61쪽.

곧 외부의 자극에 대하여 즉각 대응하는 대신 성찰적인 사고를 하고, 무력 대신에 다른 사람들과 함께 협력하는 힘을 사용할 줄 알게 되었으며, 결국 경제 측면을 포함한 삶의 여러 분야에서 성공의 사례들을 낳을 수 있게 되었다는 것이다. 인문학을 통해서 가난한 사람들을 가족에서 이웃과 지역 사회로, 그리고 한 걸음 더 나아가, 국가로 이어지는 '정치적 삶'으로 이끌어낼 수 있었던 것이다.

오늘날 통신 기술문명의 발전은 눈부실 정도이다. 하지만 통신 기술이 발달했다고 해서 그만큼 사람들 간의 소통의 밀도나 정도가 높아졌는가 라고 묻는다면 그렇지 않다라고 대답할 것이다. 그 이유는 사회에서의 소통에 필요한 사고력, 곧 상상력과 타자에 대한 공감의 능력이 더 나아졌다고 보기 어렵기 때문이다. 오히려 컴퓨터를 비롯한 각종 디지털 매체는 사고력 증진에 별 도움이 되지 못한다는 조사 결과들이 있다. 그러한 매체에 과다 노출은 사고력 발전에 나쁜 영향을 준다는 것이다.[34] '클레멘트 코스'의 실험은 바로 인문학 읽기가 이러한 사고력 발전에 도움을 준다는 사실을 확인해주었다는 데에 있을 것이다.

2) 인문학과 '예' 만들기

위에 보았던 것처럼, 인문학은 공평하고 불평부당한 진리의 생산을 통해서, 정치의 밖에서 정치를 제한하는 역할을 할 수 있음을 보았다. 진리는 사건의 전체 의미를 밝혀줌으로써 정치 영역의 한계를 정해줄 뿐만 아니라, 개인들에게 즉각적인 행동이 아닌 자기 성찰을

34 도정일, 윗글, 21쪽.

하게 함으로써 대화와 토론이라는 민주스러운 행위를 가능케한다는 것이다. 여기에 더하여 인문학이 정치에 영향을 미치는 또 다른 하나의 역할을 지적할 수 있을 것이다. 그것은 정치 판단의 토대로서 작용하는 문화의 '예'를 만드는 역할이다.

인간의 모든 말과 행위는 일정한 판단 행위를 바탕으로 하고 있다. 특히 이 판단은 대화와 토론, 그리고 합의라는 정치 과정에서 매우 중요한 역할을 한다. 그런데 아렌트에 따르면, 이 판단은 이성에 따른 논리 과정이 아니다. 한 사회의 문화 속에 내재되어 있는 '예'의 바탕 위에서 직관적으로 일어나는 것이다. 따라서 판단은 지극히 주관적인 것이지만 거기에는 객관적인 토대의 가능성이 존재하며, 그 바탕 위에서 대화와 토론이 가능해지는 것이다. 여기에서 문화의 '예'를 만드는 데 인문학이 깊이 관련되어 있다.

보통 인문학의 기능은 한 사회 안에서 작용하고 있는 인간상의 형성과 관계되어 있다고 말한다. 사람이 하는 모든 일에는 "사람이란 어떠한 존재이다"라는 전제가 들어가 있기 마련이다. 그리고 이 전제는 의식 차원에서 반성과 성찰의 대상이 될 때도 있지만, 대부분 무의식 차원에 함축되어 있는 경우가 많다.[35] 인문학은 바로 무의식 차원에서 작동하는 이러한 인간 이해를 분명하게 밝히고, 나아가 올바른 인간상 형성을 자신의 과제로 삼고 있다. 이런 맥락에서 인문학은 분명 문화의 '예'를 형성하는 것과 긴밀하게 관련되어 있다. 정의나 올바른 인간상에 대한 인문학의 이해는 그 사회의 '예'를 형성함으로써 사람들이 어떤 사건이나 현상을 판단하는 데 기준으로 작

35 김우창, 윗글, 9쪽.

용하게 된다.

보통 인문학은 "일회적인 일화에 불과한 듯 하면서도 어떤한 전이 가능성을 가지고 있으며, 법칙적인 엄밀한 필연성을 지니고 있는 것은 아니면서 어떤 정형성을 보여주는 범례에 깊이 관계되어 있는 것"이라고 말한다.[36] 다시 말하면 인문학은 한 사회의 범례, 곧 문화의 '예'를 형성하는 것과 깊은 관련이 있다는 것이다. 인문학의 지식은 필연의 법칙을 찾아내는 데 관심이 없다. 그렇다고 모든 인간 행위와 사회 현상을 한 번 뿐인 우연성으로만 설명하는 것도 아니다. 인문학은 인간 행위의 범례를 보여줌으로써, 자유롭지만 그 자유의 한계와 방향이 어떠해야 하는가를 논의하고 있는 것이다.

문학도 비록 가상의 범례이기는 하지만 이러한 역할을 수행한다. 박 영신은 "포착하기 힘든 삶의 도덕 차원에 주목하여 그 세계의 미묘함을 포착하는 데 재능을 발휘해 온 것은 과학자가 아니라 작가이다"라는 말로,[37] 범례 형성에 있어서 문학의 역할을 인정하고 있다. 그는 『카라마조프 가의 형제들』을 보기로 들면서, 독자들은 도스토예프스키 소설의 주인공들이 어떻게 자신의 세계를 성찰하고 그 세계를 초월할 수 있는 계기에 맞딱뜨리는지를 읽음으로써, 자신들 또한 그 세계와 초월의 계기에 동참하게 된다고 말한다. 곧 도스토예프스키의 소설은 인간 행위 방향을 강제하고 있지는 않지만, 범례를 제공하여 바람직한 삶에 대한 성찰을 이끌어내고 있다고 할 수 있을 것이다. 파라 역시 인문학의 이러한 범례 형성의 역할을 주장한 사람 가운데 하나이다. 그녀는 아테네의 정치 이론에 관한 저술에서,

36 윗글, 18쪽.

37 박영신, 윗글(2010), 28쪽.

아테네에서의 비극은 당시의 정치 상황과 딜레마에 대한 하나의 범례로서 역할을 했다고 본다. 당시 아테네의 정치는 큰 문제 상황에 직면해있었다. 그것은 곧 시민의 자유와 폴리스의 질서를 어떻게 조화시킬 것인가의 문제였다. 고귀함, 용기, 명예, 영광 등과 같은 소수의 귀족들의 자질들로 여겨졌던 것들이, 이제는 자유롭게 자신의 목표를 추구할 수 있는 시민들의 정치적 자유를 통해서 계발되고 드러나야 했던 것이다. 이때 아이스킬로스(Aeschylus)의 연극처럼, 고대 그리스의 비극들은 이러한 질문과 딜레마에 나름대로 해석과 대답을 제공해주는 역할을 했다고 한다.[38] 이것 또한 인문학이 정치 영역 외부에서 정치 문제에 대한 '예'를 제공한 사례로 해석할 수 있을 것이다. 따라서 아테네의 '철학자-시민'의 탄생은 인문학의 부흥과 같은 시기에 발생한 것이 우연으로 치부할 수 없다고 말하는 것이다.[39]

이처럼 문화의 '예'를 제시한다는 관점에서 볼 때, 인문학에서는 역사와 전통이 중요하게 다뤄질 수 밖에 없을 것이다. 결국 역사와 전통이란 과거의 '예'들의 집적이라고 할 수 있기 때문이다.[40] 인간의 경험이라는 것은 하나의 이야기를 통해서 의미를 획득하게 되고, 이 이야기가 전승됨으로써 개인의 경험은 공동의 소유인 문화의 '예'로서 구성되는 것이라 하겠다. 이야기를 통해서 경험은 반복되고 이를 통해서 규범으로 굳어지게 되지만, 동시에 이 규범은 인간의 경험을 성립 가능하게 하는 하나의 조건으로 작동하게 되는 것이다.[41]

38 Cynthia Farrar, *The origins of democratic thinking : The invention of politics in classical Athens*(Cambridge: Cambridge University Press, 1988), 30-31쪽.
39 얼 쇼리스, 윗글, 196쪽.
40 김우창, 윗글, 18쪽.
41 장원철, 윗글, 243쪽.

하지만 문화의 '예'가 역사와 전통 속에 용해되어 있는 것이라고 해서, 무지각이나 무반성의 상태에 내맡겨져 있는 것은 아니다. 평상 시에는 무의식의 차원에서 자연스럽게 전제되어 있는 것이라 할지라도, 위기나 사회 변동의 상황 속에서는 가장 핵심이 되는 도덕의 문제로 드러나게 마련이다. 또 다른 한편 문화의 '예'는 편협하고 독단적이며 복고적인 정통성의 이름으로 모든 개인들에게 강제될 수 있는 것도 아니다. 그것은 새로운 상상력과 물음을 통하여 현실과 전통을 초월할 수 있고, 이로써 새로운 '예'를 형성할 수 있는 가능성에 항상 열려있기 때문이다. 이 글에서 우리 사회의 정치적 위기의 대안으로서 인문학의 가능성에 주목했던 이유는, 바로 무지각이나 무반성의 상태도 아니고 독단의 정통성 확립도 아닌, 대화와 소통을 통해서 새로운 문화의 '예'를 형성하는 그 가능성을 인정하기 때문이다.

4. 결론을 대신하여

지금까지 정치 영역에 인문학이 끼칠 수 있는 긍정적인 역할에 대하여 논의하였다. 그것은 다시 말하면, 인문학이 어떻게 전체로서의 사회의 공공성 향상에 기여할 수 있는가에 대한 논의였다. 대화와 토론, 협의와 합의로서의 정치는 일정하게 공공성의 문화를 전제했을 때 제대로 작동할 수 있기 때문이다. 이 글에서는 그 역할을 크게 두 가지로 나누어 살펴보았다. 첫째는 인문학은 비판적 자기 성찰을 가능케 한다는 것이었고, 둘째는 판단에 근간이 되는 문화의 '예'를 만들고 공유할 수 있도록 한다는 것이다. 먼저 인문학은 정치 영역 외부에 위치하기 때문에, 특정한 정파의 이익에 치우치지 않고서 불평부당하고 공평한 시각에서 진리를 생산할 수가 있다. 인문학의 이러한 진리는 사건이나 사실의 전체적이고 객관적인 의미가 무엇인지를 확정해주기 때문에, 공공선이나 공익의 관점에서 사사로운 이해관계나 가치를 상대화할 수 있는 가능성이 있다. 다시 말하면, 행위자로 하여금 외부의 시각, 곧 전체의 시각에서 자신을 상대화하기 때문에, 자기 성찰을 가능케하는 비판적인 자기 거리를 유지할 수가 있게 되는 것이다. 이로써 인문학은 대화와 토론으로서의 정치에 필요한 기본 조건들을 충족시켜준다. 정치 영역에 끼치는 인문학의 두 번째 기여는 인문학은 판단의 근거가 되는 문화의 '예'를 생산할 수 있다는 것이다. 아렌트의 논의에 따르면 판단은 이성에 따른 논리 과정이 아니고, 문화의 '예'에 근거하여 이뤄지는 직관의 과정임을 밝히고 있다. 인문학은 인간상의 형성을 그 과제로 하고 있다는 점에서, 또한 시대의 상황에 대한 다양한 범례의 사례들을 제시해준다는 점에서, 한 사회의 구성원들이 문화 차원에서 공유하고 있는 '예'를 밝혀줄 뿐 아니라 새롭게 형성하는 역할도 할 수 있다. 곧 정의, 명예, 선함 등에 대한 문화의 '예'들을 보여줌으로써, 정치 영역에서 일어나는 다양한 사건과 현실을 판단할 수 있는 준거를 제공해주는 것이다. 동시에 인문학은 모든 종류의 물음에 열려있다는 점에서, 새로운 질문을 통해 주어진 현실의 한계를 초월하여 새로운 '예'를 형성할 가능성을 항상 가지고 있다.

그렇지만 인문학의 이러한 가능성들이 현실에서 어떻게 실현될 수 있을까? 인문학의 이러한 정치 역할에 주목하여 새롭게 여러 움직임들이 등장하는 것도 사실이다. 학계 내부에서 일고 있는 '공공 철학'이나 '공공 사회학'에 대한 요구도 이런 움직임들의 하나로 볼 수 있다. 벨라는 일찍이 사회과학이 지나치게 분과 학문화되고 전문화됨으로써 공공 영역을 황폐화시켰다고 비판하면서, 사회과학과 인문학의 경계를 헐고 대중들을 학문 대화의 장으로 참여시킴으로써, 학문과 사회의 공공성을 형성할 수 있어야 한다고 주장한다.[42] 그는 이것을 '공공 철학으로서의 사회과학'이라고 부른다. 최근에 뷰러웨이 또한 공공사회학의 필요성을 주장하는 학자 가운데 한 사람이다. 그는 사회학 지식의 유형을 "누구를 위한 것인가?" 그리고 "무엇을 위한 것인가?"라는 질문에 따라 네 가지 유형으로 나눈다.[43] 이 기준에 따르면, 공공사회학은 학계 외부의 대중들을 위해 성찰적 지식을 생산하는 유형에 해당한다. 다른 유형의 사회학의 역할을 인정하면서도, 뷰러웨이는 국가와 시장이 공모하여 인간성을 황폐화시키고 있는 신자유주의 상황에서, 공공사회학은 어느 때보다도 시급한 시대의 과제라고 주장한다. 진리와 정치와의 경계에 대한 입장의 차이가 있을 수는 있겠지만, 넓은 의미에서의 인문학이 공공성을 회복함으로써 정치 영역에 영향을 미쳐야 한다고 보고 있다는 점에서, 인문학의 정치적 중요성을 강조하고 있다고 볼 수 있을 것이다.

그렇지만 인문학의 정치적 가능성은 학계 내부에서보다는 외부에서 더 활발하게 전개되고 있는 것 같다. 앞서 언급한 쇼리스의 '클레멘트 코스'가 대표 사례이지만, 우리 사회에서도 이러한 종류의 인문학 코스들이 제도권 밖에서 여러 형태로 개설되고 있기 때문이다.

---

42 Robert Bellah 등, *Habits of the Heart: Individualism and Commitment in American Life*(Berkeley: University of California Press, 1985), 299-302쪽.

43 Michael Burawoy, 윗글, 276쪽.

'클레멘트 코스'를 벤치마킹한 시민인문학 강좌가 여러 곳에서 개설되고 있으며,[44] 연구 공간 '수유+너머'에서 벌어지는 인문학 공부와 시민 강좌,[45] 청소년들과 인문학 고전을 읽고 함께 소통하는 공부 모임인 '인디고 서원',[46] 그리고 인문사회과학의 고전 강독을 통해 참다운 인간됨과 사회됨을 추구하며 삶의 공동체를 가꿔나가고자 하는 '작은대학 운동'[47] 등이 그것들이다. 이들이 인문학 고전을 함께 읽으면서 얻는 것들은 단순히 지식이 아니라, 자신과 사회에 대한 성찰성 그리고 바람직한 삶의 모습에 대한 '예'들이라는 점에서, 지극히 정치적인 기능을 수행하고 있다고 볼 수 있을 것이다.

앞서 보았듯이 한국 정치의 위기는 깊은 차원에서의 문화 위기임을 보았다. 그것은 사사로운 가치와 범위를 뛰어넘지 못하는, 공공성의 문화가 부재함으로써 비롯된 것이다. 많은 학자들이 한국 사회의 이러한 모습을 비판하고 있지만, 과연 어떻게 이것을 극복할 것인가에 대해서는 많이 논의가 되고 있지 못한 것이 사실이다. 이런 맥락에서 이 글에서는 인문학의 정치적 중요성을 확인하고, 새로운 공공성 문화 형성의 한 가지 대안으로서 인문학의 역할에 대하여 고찰해보았다.

이승훈. 『현상과 인식』 제35권 제3호. 2010 가을.

---

44 신승철 · 우기동, "신자유주의 시대에 인문학의 역할," 『인문학 박물관에서』(서울: 인물과사상사, 2010), 293쪽.
45 고미숙, 『아무도 기획하지 않은 자유』(서울: 휴머니스트, 2004).
46 아람샘과 인디고 아이들, 『인디고 서원, 내 청춘의 오아시스』(서울: 궁리, 2005).
47 작은대학 운동에 대해서는 http://www.smallcoll.com/v2/를 볼 것.

제 3 부

공공의 시민 만들기

제7장

관심과 운동 세력 :
우리 시민 운동 내다보기

1. 들어가는 말

앞서 나는 사회 운동은 '상징', '지식', '실행'의 세 영역의 힘이 서로 맞물리고 있는 맥락 안에서 일어나는 사회 과정이라는 점을 밝힌 바 있다.[1] 특정 사회 운동의 성격과 지향성 그리고 그 전통과 관례에 따라 이 세 가지 구성 요소 가운데서 어느 하나의 힘과 그 힘의 영역에 집중될 수는 있으나 어떤 방식으로든 서로 이어져 있다는 논지였다.

'상징'은 삶과 실재의 밑뿌리에 겨냥되어 있는 '궁극'의 물음 곧 가장 기본이 되는 관심 세계의 차원을 말한다. 아주 넓은 뜻에서 삶의 의미와 지향성 및 목적 의식을 주어 행위의 목표를 설정케 하고 이에 대한 동기를 불어넣어 주는 근원의 힘을 자아내고, 실재의 의미

1 이렇게 사회 운동을 파악하고 있는 나의 주제 발표문, "사회 운동의 역동 구조: 상징, 지식, 실행"(한국사회운동학회 봄학술모임/1999년 6월 10일/연세대학교 알렌관) 볼 것.

를 이해하는 인식의 바탕과 틀을 규정하는 '세계 인식'의 핵심을 마련해 준다. 이러한 이유 때문에 이 관심의 차원은 사회 행위의 연구에서 언제나 중요하게 다루어지는 항목이다. 궁극의 가치를 어디에 두고 있으며 이에 대한 헌신의 깊이와 폭은 어느 정도인가 하는 것이 삶의 방식과 행위 지향성을 규정하는 데 커다란 영향을 미치기 때문이다.[2] 마찬가지로, 사회 운동 또한 이러한 차원과 뗄 수 없게 이어져 있다. 왜 특정 사회 운동을 하지 않으면 안 되며 어떤 방향으로 운동을 이끌어가야 하고 또 운동에 왜 적극 참여해야 하는지에 대한 근본 바탕을 마련해 준다. 넓게 말하여 이러한 관심의 세계를 '문화' 영역으로 이해할 수 있으며, 이러한 관심의 차원이 사회 운동의 자기 '참모습'(identity)을 규정해 준다 할 수 있다.

'지식'은 사회 세계가 뿌리내리고 있는 '궁극의 관심' 세계를 현실을 향하여 그리고 사회 구성원을 향하여 조리 있게 해석하고 일목요연하게 논리화하는 인식의 세계를 가리킨다. 오늘날 과학 지식이라고 하는 것이 이에 속한다. 이러한 점에서 객관성과 타당성의 잣대에 따라 평가하고자 하는 경험 과학이라 하는 것도 상징의 차원과 뗄 수 없게 이어져 있다. 과학은 주어진 가치에 적절성을 갖지 않고는 인정받지 못할 만큼 특정 과학의 권위는 문화 가치와 연결되어 있다.[3] 이 영역은 사회 운동에서도 빼놓을 수 없다. 근본이 되는 궁

2 이에 대한 글은 많이 있으나 편리한 것으로 특히 로버트 벨라, 『사회 변동의 상징 구조』(박영신 옮김)(서울: 삼영사, 1981), 여러 곳 볼 것. 이 글은 Robert N. Bellah, *Beyond Belief*(New York: Harper & Row, 1970)에서 주로 뽑은 것이다. 그리고 벨라의 생각을 풀이하고 있는 박영신, 『사회학 이론과 현실 인식』(서울: 민영사, 1992), 10장 볼 것.

3 이 문제와 관련하여, 후기 실증주의 또는 탈실증주의(postpositivism)의 입장을 논하고 있는 Jeffrey C. Alexander, *Theoretical Logic in Sociology 1: Positivism, Presuppositions, and Current*

극의 '상징' 영역을 현실의 삶과 직결되는 차원으로 풀이하여 체계 있게 전달할 수 있어야 하며, 그러기 위하여 필요한 지식 내용을 탐구하고 동원할 수 있어야 한다. 기존의 지식과 대립하고 이를 비판할 뿐만 아니라 새로운 지식의 영역을 만들어내기도 해야 한다. 이러한 '지식'의 영역은 '상징'의 영역으로부터 나오나 또한 그 영역에 새로운 자극도 준다.

'실행'은 동기와 목표를 가진 행동과 주어진 상황 사이에서 벌어지는 다양한 과정이다. 세 요소 가운데서 이른바 현실이라는 것 한 가운데 가장 가까이 자리하여 주어진 상징과 지식을 현실에 연결시킨다. 이러한 뜻에서 실행은 문화의 의미와/또는 지식의 내용을 만들기보다는 이를 활용하는 쪽이라 할 수 있다. 그러나 현실 속에 다른 요소들을 단순 대입하는 것이 아니라 현실 상황에 대한 실행 나름의 인식과 판단에 따라 상징과 지식을 현실과 의미 있게 이어놓으려 한다. 따라서 실행은 이들 요소에 의하여 일방으로 결정되기보다는 이를 취사선택하고 조정할 수 있는 자율성과 자발성을 갖는다.

이처럼 사회 운동은 삶의 조건 안에 자리한 상징, 지식, 실행의 요소를 갖추고 있어야 한다. 그렇지 않은 사회 운동은 생각할 수 없다. 두 구성 요소를 빠뜨린 '상징'은 현실에 뿌리를 내릴 수 있는 어떤 가능성에 대해서도 문을 닫아둔 채 기껏 각성과 사색의 깊고 높은 뜻을 담아낼 수 있을 뿐이다. 다른 두 구성 요소를 갖추지 못한 '지식'은 단순한 정보와 자료의 보고를 지키고 늘릴 따름이다. 나머지 두 가지에 이어지지 않은 '실행'은 방향을 잃은 한낱 무의미한 움

Controversies(Berkeley: University of California Press, 1982) 볼 것.

직임이나 무모한 행동으로 떨어지고 만다. 한 요소에만 집중하지 않고 이 세 가지 요소를 '의미 있게' 함께 엮어놓을 때 비로소 사회 운동이 태어난다.

2. 지식의 세력화

위에 적은 것은 이념형의 틀이다. 세 관심 영역이 세 요소가 되는 세 뿔의 세모꼴로 그려볼 수 있는 사회 운동의 역학 구조이다. 현실 상황에서는 물론 고르게 바른 세모꼴로 나타나는 것이 아니라 어느 한 곳으로 치우쳐 기울어질 수 있다. 아래의 두 환경 운동이 보기가 될 수 있다.

하나는 1992년 강원도 원주시가 홍업면 사제리의 협곡에 광역 쓰레기 매립장을 세우겠다는 계획을 내놓았을 때 일어났던 '쓰레기 매립장 반대 운동'이다.[4] 이때 중심 역할을 맡은 운동 세력은 전문가 집단이다. 이른바 합리화 과정을 밟으면서 오늘의 사회가 점차 전문지식이 무게를 더하게 되고 그 지식의 소유 계급이 오름세를 보이면서 지식 세력의 지배력은 더욱 커지게 되었다.[5] 막강한 행정 관료 체제가 날로 더욱 굳혀 가고 있는 것은 전혀 놀라운 일이 아니다.

---

4 이 집합 운동에 대한 자세한 논의는 박영신, "환경 운동의 계급적 재구성과 문화적 지평," 「현상과 인식」 제16권 제3/4호(1992년 가을/겨울), 또는 박영신, 『우리 사회의 성찰적 인식』(서울: 현상과인식, 1995), 10장 볼 것.

5 Max Weber, *The Theory of Social and Economic Organization*(Talcott Parsons 엮음)(New York: Free Press, 1968), 그리고 이를 풀이하고 있는 박영신, 『역사와 사회 변동『(서울: 민영사, 1987), 4장 "현대 사회의 구조화와 새계급의 지배" 볼 것. 그리고 Alvin W. Gouldner, *The Future of Intellectuals and the Rise of the New Class* (London: Macmillan Press, 1979) 또는 A. V. 굴드너, 『지성인의 미래와 새계급의 성장』(박영신 옮김)(서울: 이화대학교 출판부, 1983) 볼 것.

이들 중심부의 전문가 세력이 쓰레기 매립장 설치와 같은 정책을 기획·입안하여 집행하고 있다. 이들 중심부의 전문 지식 세력에 맞서 이들이 내놓은 정책에 대항하기 위하여 또 다른 전문가 집단이 나타났다. 중심부의 전문가 세력에 대한 주변부 전문가 세력의 맞붙음이었다.

애초 사제리에 살면서 농사를 짓고 있는 농민들이 집합 운동을 이끌어냈었다. 시위도 하고 농성도 하였다. 그들의 삶과 일터를 이룬 공동체에 원주시의 쓰레기가 들어오는 것에 대하여 반발하였다. 이들의 집합 운동은 그들 사이에서 그치지 않았다. 지역 농민들의 움직임이 곧바로 연세대학교 원주 캠퍼스의 다양한 세력으로 파급되었다. 그러나 이내 이 집합 운동도 전문가 지식 세력이 주도하는 집합 사태로 넘어갔다. 이들 세력은 당시 환경학과, 보건행정학과, 산업보건학과와 같이 5개 학과를 둔 우리나라 유일의 보건과학대학에 진치고 있던 막강한 전문 지식 집단이었다. 이들 대학의 전문 지식 소유 세력이 행정 관료와 그 후원 세력으로 구성된 중심부의 전문 지식 세력과 맞섰으며, 그렇게 맞설 수밖에 없었다. '지식'으로 모아져 갔던 환경 운동이었다.

다른 보기 하나는 국립 공원인 북한산 관통 도로 계획에 반대하는 불교 신자 중심의 집합 운동이다. 지난 2002년 3월 5일 늦은 오후 찬비가 내리는 아주 쌀쌀한 날씨였다. 환경 단체를 대표해서 내가 '연대사'를 맡게 되었는데, 그 때 나는 그 사찰 경내의 분위기를 지난날 새만금과 같은 문제 때문에 함께 모였던 곳, "생태계를 지키기 위하여 뜻 있는 사람들이 모였던 '거룩한 마당'이라"고 되새기고는, 그러한 뜻에서 그 날의 모임을 "성지에 함께 자리"한 것이라고 표현

했었다.[6] 조계사 경내의 불자들과 그 밖의 환경주의자들은 결의에 차 있으면서도 경건한 느낌에 모두들 침통해 했던 날이었다.

이들 모두는 생태계 파괴와 함께 오랜 역사 동안 수행의 전통을 지켜 왔던 사찰의 평화를 마구 깨버리는 개발 행위를 견딜 수 없었다. 이것은 전국 방방의 사찰 조직의 망을 통하여 참여하였던 불자들의 '실행' 행위였다. 환경 운동 단체들도 이들과 합세하여 연대하였다. 모든 힘을 모아 국립공원인 북한산을 관통하는 도로 건설 계획을 반대하고자 했다. 이 집합 사건은 분명 '실행'에 모아졌던 불자들의 운동이었다. 그러나 이 사태는 또다시 전문가 세력의 손아귀로 들어갔다. 환경을 비롯한 여러 문제를 검토하고 평가하여 관통 도로의 건설 문제를 결정하도록 했다.[7]

이 두 사건 속에 시민 운동이 맞아야 할 운명의 그림자가 드리워져 있다. 첨예한 갈등과 대립의 상황을 빚게 되는 시민의 집합 운동이 맞닥뜨리게 되는 마지막의 모습이 잘 그려져 있기 때문이다. 집합 운동이 최후의 심급을 맡게 되는 전문가들의 판단으로 넘어가 운동의 마당은 사라지고 그 자리에 전문 지식 소유자들로 구성된 재판 행위의 장기 놀이터가 들어섰다. 이들 지식 소유자들은 과학의 객관성을 이해하지 못하는 소박한 길거리의 군중에 맞서 거룩한 과학의 도성을 지키는 수호자이며, 오로지 자신들만이 군중이 토해대는 감

---

6 '자연환경 보전과 수행환경 수호를 위한' 범불교도 결의대회 연대사는 녹색연합 상임대표로 자격으로 한 것이었기 때문에 나의 연대사 내용은 그 직후 녹색연합 홈페이지에 실려 있었다.

7 이 문제는 아직도 명쾌하게 해결하지 못한 채로 남아 있다. 새로운 정부가 들어서 새롭게 사태를 바라보고자 하지만 여전히 그것은 전문가의 결정 사항으로 넘겨질 낌새이다.

정의 도가니로부터 자유스러운 객관의 판단을 내릴 수 있다고 자처한다.

두말할 나위도 없이 이러한 지식 세력의 오름세는 어제오늘의 일도 아니며 우리나라만의 문제도 아니다. 그것은 오랜 세월에 걸쳐 이룩한 보편 역사의 한 모습니다.[8] 문명권마다 지식 세력의 지배 과정과 현상이 똑같을 수 없었으며 실제로 같지 않았다. 그러나 근대 세계에 접어들면서 전문 지식은 그 어느 시대보다 확산·증폭하기에 이르렀다. 더구나 범세계화의 정도를 더해가면서 더욱 그러한 현상이 두드러지게 되었다. 삶과 일 자체가 더욱 분화되면서 지식도 더욱 분화되어 전문화되고 있으며, 뒤바꾸어 전문화된 지식에 대한 요구도 더욱 커지고 있다.[9]

이 과정에서 전문 지식은 '과학'이라는 이름으로 지식의 힘을 한껏 들어올릴 수 있게 되었으며, 나아가 지식 소유 세력은 그 과학의 힘을 등에 지고 더욱 손쉽게 지배의 자리로 올라섰다. 과학은 이전의 지식과는 다르게 객관의 기준을 가지고 있으며 모든 것을 과학의 잣대로 재어볼 수 있다고 강변하기에 이르렀다. 이들 지식 세력은 과학이란 전혀 가치판단을 하지 않고 어떠한 감정에도 치우치지 않으며 어떠한 편견의 유혹으로부터도 자유롭다고 주창한다. 마치 지금까지 역사에 드리워진 모순은 '과학 이전'의 무모한 역사가 낳은 결과물이기 때문에 오늘의 과학이 이 모든 모순을 단숨에 해결해 주겠다고 약속도 한다. 과학에 대한 새로운 신앙의 전파 행위였다. 오늘

8 달음 (5)에 더하여, 박영신, 윗글(1987), 1장, 5장 볼 것.

9 이러한 현상을 앞질러 분석하고 있는 Emile Durkheim, *The Division of Labor in Society* (Glencoe, Illinois: Free Press, 1947) 볼 것.

날 그 믿음은 뿌리를 내리면서 점차 그 나무가 무성해지고 있다. 이데올로기로의 지배 현상이다.[10]

이와 같은 과학 이데올로기와 여기에 일정한 이해 관계를 맺고 있는 전문 지식 소유 세력이 휘두르는 힘은 사회의 모든 영역으로 침투해 들어갔다. 시민 운동에도 들어섰다. 운동 단체에서 일하는 상근 활동가들도 전문 지식의 지배 현상을 순순히 받아들이지 않으면 안 되는 상황으로 빠져들고 있다. 상근 활동가들도 전문 지식의 필요성을 감지하기에 이르렀다. 활동 현장에서는 얻기 어려운 전문 지식을 획득하지 않고서는 전문화 추세에서 적응하여 '살아남을 수 없다'고 판단하여 각종 대학원 과정에 들어가는 추세이다. 활동가의 재교육과 재충전은 지극히 당연하고 권장할 일이다. 그러나 이것과는 별개로 이들 상근 활동가들조차 전문 지식의 소유 세력으로 변해가고 있다는 것을 놓쳐서는 안 된다. 시민 운동의 '실행' 차원에 집중하는 세력이 '지식' 집중의 현상에 가세하는 흐름을 보여주는 사태이다.

벌써부터 오름세를 보여 왔던 전문 지식 세력에 뜻하지 않게 시민 운동의 상근 활동가 세력까지 합세하여 전문 지식 세력은 기대치 않은 원군을 얻은 셈이다. 이제 전문 지식 세력은 자체의 거점을 더욱 단단하게 굳혀 '상징'이든 '실행'이든 그 어떤 사회 운동 영역의 세력도 넘볼 수 없는 막강한 진지를 점거할 수 있게 되었다. 이렇게 하여 시민 운동은 '지식'의 영역에 쏠리고 있는 '기울어진' 세모꼴로 나타나고 있다 할 수 있다. 운동 지평에 커다란 바람을 몰고 나타난

---

10 박영신, 윗글, 특히 42쪽 아래.

전문 지식의 지배 현상, 곧 시민 운동의 '지식 경도화'가 오늘의 운동 상황이다. 더욱 강조해 말한다면 이 상황은 '운동'의 이름을 달고는 있지만 그것은 활력 넘치는 운동으로 남아있기보다는 정책 입안을 심의하기 위해 정보와 자료를 주고받는 전문 지식의 경쟁 마당으로 바뀌고 있는 상황이다. 문제를 던지고 새로운 삶의 대안을 꿈꾸는 시민 운동의 운동성이 전문 지식의 힘에 함몰되면서 천천히 아주 천천히 쇠잔하고 있다.

3. 파트너십의 상황

1992년 리우에서 열린 '유엔 환경 및 개발 회의'의 선언문에서 내보였고 10년 뒤인 지난 해 요하네스버그에서 모인 세계정상회의(World Summit on Sustainable Development)에 이르기까지 실제로 제도의 수준에서 구체화되어 나타났던 바, 국제 사회는 환경 문제를 포함하여 모든 문제를 해당 시민의 참여를 통해서만 가장 잘 해결할 수 있다고 하였다. 이 파트너십의 원칙은 이제 모든 나라가 거부하지 못하고 받아들이게끔 되었다.[11] 나아가 리우 회의에서는 9개의 '주요 집단'을 들어 이들이 정부와 정부간 조직들과 정당하게 협력하고 지원을 받을 수 있게도 하였다. 여성, 아동 및 청소년, 원주민, 비정부조직(NGO), 지방 정부, 노동, 농민, 기업, 과학 기술을 대표하는 집단이 곧 그것이다. 이들이 서로 이해하고 존중하며 책임을 나누어 갖는 '파트너십'을 통하여 '지속 가능한 발전'을 효과 있게 이행할 수

11 "The Rio Declaration on Environment and Development" 볼 것. 이 문서는 http://www.pcsd.gp.kr/로 편리하게 찾아볼 수 있다.

있도록 하는 선언의 지침으로서 '의제 21'(Agenda 21)을 내놓았다.[12]

요하네스버그 이후 모든 국가는 이러한 파트너십을 범세계 수준에서 그리고 국내의 여러 수준에서 받아들여 제도화시키지 않으면 안 되게 되었다. 세계 정상들이 모여 '리우 선언'의 정신을 다시 확인하고 이의 실천을 다짐하기에 이르렀기 때문이다. 리우 회의의 뜻을 요하네스버그 회의가 실천 과제도 구체화한 것이었다 할 수 있다. 앞으로 모든 시민 운동 단체는 이러한 범세계 수준의 파트너십이라는 틀을 활용하는 혜택을 누리는 동시에, 그 안에서 움직일 수밖에 없는 조건 상황에 던져지게 되었다.[13]

민선 자치단체장 시대가 문을 열면서 서울의 경우 1996년 초 시민이 참여하여 자치 도시를 만든다는 뜻을 가지고 '녹색서울시민위원회'가 만들어졌다. 이 위원회는 기존의 자문 기구와는 달리 시민의 자율성과 활동을 통하여 '행정에 참여하는' 시민 참여 기구라는 것을 명백히 하고 있다. 시민 참여를 제도로서 보장하였다.[14] 이후 조례의 개정과 함께 제도의 손질을 더해 2002년 제4기 녹색위가 구성되었다. 다양한 배경을 가진 시민이 시의 행정에 참여하도록 하기 위하여 이 위원회는 시민 단체 27인, 전문가 23인, 기업인 24인, 시

---

12 이에 관해서는 『사회운동연구』 제2권 제1호(2001년 11월)의 특집 〈범세계화, '리우+10' 환경회의 그리고 한국 사회〉에 실린 박영신 · 차명제 · 김제남과 염태영 · 박은경, 그리고 정영근이 각각 싣고 있는 글 볼 것.

13 이것은 2002년 12월 5일 서울 YMCA 6층 소강당에서 한국사회운동학회와 서울특별시 녹색서울시민위원회가 함께 마련하여 연 〈세계지속가능발전 정상회의(WSSD) 이후 서울의 대응전략 마련 워크숍〉을 한결같이 꿰뚫고 있었던 점이다. 발제한 차명제 · 이창우 · 황진택, 이 세 사람의 발표 내용을 담고 있는 위의 자료 볼 것.

14 이에 대해서는 정규호, "지속가능성을 위한 도시 거버넌스 체제에서 합의 형성에 관한 연구: 녹색서울시민위원회를 사례로"(서울대학교 대학원 박사학위논문/2002), 특히 2장 4절 볼 것.

간부 8인, 시의원 5인, 자치구 대표 5인, 기타 8인으로 하여 100인 이내의 위원으로 구성하도록 하였다.[15]

이렇듯 다양한 배경을 지닌 시민의 참여가 제도의 수준에서 보장되어 있다는 것은 시민 운동 쪽에서 보아 그럼직하고 또 바람직하다. 그럼에도 불구하고 녹색위가 다양한 시민의 생각과 목소리를 담아내고 있는가 하는 것은 의문이다. 특히 이 위원회에서 다루는 문제가 행정 전문 지식을 요구하는 것으로 좁아지고 있기 때문에 논의의 내용과 과정은 주로 전문 지식의 틀 안에 머물러 있기 마련이다. 시민의 소리는 '소박하다'는 평을 받기 일쑤이고 이들 시민들의 대변자인 시민 대표 스스로 시민의 목소리를 내기보다는 '전문 지식'의 부족을 아쉬워하곤 한다. 주요 결정에 앞서 언제나 전문 지식 소유자의 판단에 기댄다. "전문 지식이 없어서…!" 하며 알고 모르는 사이에 푸념도 한다. '지식'과 지식 소유 세력에 대한 의존성을 그대로 드러내는 소리가 익숙해지고 있을 뿐 아니라 그것을 당연한 도리인 것처럼 여기고 있을 정도다. 간단하게 말하면, 지식 소유 세력에 대한 시민의 굴복 행위이다.

이것은 전문 지식 소유자가 득세하고 있다는 오늘의 운동 상황을 잘 드러내 보여주는 것이며, 그 동안 이들 지식 세력의 오름세를 위하여 그들이 노력한 결과가 이제 밖으로 드러나 결실을 걷고 있음을 분명하게 일러 주는 것이기도 하다. 아무리 파트너십이라 하여 시민의 참여폭을 넓히고 그것을 조례로 보장하고 있다 손치더라고 시민

---

15 구성과 운영에 대해서는 "서울특별시 녹색서울시민위원회설치 및 운영조례," 그리고 "녹색서울시민위원회 4기 구성을 위한 위원위촉 수락 요청"의 문서와 함께 "녹색서울시민위원회 현황 및 주요 활동 내역" 볼 것.

은 단순하다 하여 전문 지식 세력에 의하여 옆으로 밀치거나 뒷전으로 밀리는 형국이다. 그런데다 전문가는 더욱 힘을 더하면서 자리를 굳혀가고 있다. '확실한' 지식으로 무장한 능력꾼으로 인정받으며 파트너십 그 한 가운데로 올라서 거기에 단단히 진을 치고 있다. 이와 함께 시민 스스로 시민된 자신 특유의 능력과 가능성을 낮추어 이들 지식 세력의 군림을 직접 간접으로 부추기고 있다. 시민은 '시민다움'을 잃어가고 있는 가운데 전문 지식 세력이 올라서고 있다. 지식 세력이 지배하게 되는 과정이자 지식 지배의 현상이다.

이들 파트너십의 참여 세력이 언뜻 보기에 매우 다양한 배경을 가지고 있는 것 같아 다양한 목소리를 낼 수 있을 것이라고 기대하는 것은 착오이다. 이들 모두는 상당 기간 동안 시민 운동의 중심부로 들어선 전문 지식 세력의 '지식'에 압도되어 그 지식의 지배를 당연하게 여겨 왔고 그 지식의 힘을 정당화해 왔다. 이러한 사태에 모두들 길들여지게 되었다. 다른 말로, 파트너십의 참여 세력 모두 '지식'의 지배를 순순히 받아들이고 그 지식을 중심으로 한 곳으로 몰리고 그 지식의 발아래 허리를 굽히고 있다. 그 지식의 테두리를 넘어 '상징'의 차원을 이야기할 수 있는 능력은 아무도 지니고 있지 않으며, 앞에서 적었듯이 '실행'의 운동 차원은 더욱 졸아들어 '실행'의 담당 세력은 하루가 다르게 축소되어 기력을 잃고 있다.

더욱 슬픈 것은 시민 운동 세력이 예외 없이 이 '지식'의 언저리에 모여 범세계의 무대 위에서 무엇이 일어나는지를 재빠르게 알아차려 어떻게 대처해야 하는가 하는 등속의 문제에 얼굴을 파묻고 있다. 그렇게 할 수 있는 것마저 다행스럽게 여겨야 할 판국이라고도 한다. 세계의 중심부에서 무엇이 어떻게 돌아가고 있는지도 모르고

뒷짐지고 있었다는 것을 나무래야 할 것이기 때문이다. 여기에다 시민 운동 세력은 '국익'을 염두에 두고 움직이기도 한다. 범세계 시민으로 범세계 수준의 가치 의식의 차원에 맞닿아 있기보다는 국가주의의 찌꺼기를 아직 떨쳐내지 못하고 그 안에 갇혀 있다는 뜻이다. 이러한 제한된 틀 속에서 이들 운동 세력은 더욱 커다란 문제와 씨름하고 더욱 높은 가치를 만들어가기 위하여 범세계 솔리다리티를 기획할 수 있는 능력도 키우지 못하고, 앞서 나온 '지속 가능성'의 가치와 방향을 끊임없이 이야기의 마당 위로 끌어올려 논쟁에 참여할 수 있는 안목도 가꾸어내지 못하고 있다.

그리하여 우리나라 시민 운동은 언제나 뒷북치기다. 잘 알려진 바와 같이 오늘날의 환경 의식과 그 운동의 불길은 서양으로부터 번져왔다. 1960년대 초 카아슨이 비장하게 기록한 『봄의 침묵』에 녹아 있는 환경 생태계에 대한 깊은 생각으로부터 1970년대에 들어서자마자 나온 『성장의 한계』와 스톡홀름에서 열린 '유엔 인간 환경 회의' 속에 담긴 '생태 발전'이라는 생각을 거쳐, 1987년 이른바 '브른트란트 보고서'를 통하여 '인류의 공동 미래'를 함께 걱정하면서 널리 쓰여지게 된 '지속 가능한 발전'(sustainable development) 개념은 지구 저편 서쪽에서 일궈 나온다.[16] 이것은 실로 엄청난 영향을 미치게 되었다. 물론 수많은 정책 문건으로 정리되어 나왔지만 그 핵심은 지구의 미래에 대한 공동의 관심을 피력하고 그 미래를 앞질러 설계해야 한다고 한 가치 차원의 진술이었다. 다른 말로, 그것은 '지

16 여러 글이 있으나, 편리한 것으로 Phil McManus, "Contested Terrains: Politics, Stories and Discourses of Sustainability," *Environmental Politics*, 5권 1호(1996년 봄), 특히 49-54쪽 볼 것.

식'이고 '실행'의 차원에 이어져 있는 것이었지만 본질에서는 '상징'의 차원에 연결되어 있는 것이었다.

사회 운동의 힘은 어느 한 차원이 독점할 수 있는 것이 아니다. 그 힘은 세 차원에 퍼져 있다. 성격을 달리하는 세 힘이 어우러져 있어야 한다. 그러나 그 힘의 파급 효과와 영향력으로 보면 '상징'의 차원이 가장 뚜렷하다. 운동의 근본이 되는 기본의 '방향'을 결정짓는 데서는 가장 힘있는 운동 요소이다.[17] 그러한데도 우리의 시민 운동은 이러한 데에는 전혀 관심을 쏟지 않고 있다. 앞날의 세계를 새롭게 엮어가야 한다는 '상징'의 논술은 해 뜨는 동쪽 어느 문화권에서 끌어들여 만들 것이 아니며, 이러한 상징의 영역에 시민 운동 세력이 기여한 것이란 아무 것도 없고 기여할 엄두도 내고 있지 못하다. 오늘날 우리나라 시민 운동의 궁핍함이 여기에 있다.

파트너십에서 마냥 '지식'으로 기울어지고 있고 나아가 그러한 추세를 당연한 것으로 받아들이고 있는 것은 우리나라 시민 운동이 지녀야 할 균형 감각을 놓치고 마구 한 쪽으로 달려만 가려는 어리석은 일일 수 있다. 뿐만 아니라, 이것은 범세계 수준에서 큰 틀을 짜는 일에 참여할 수 있는 가능성과 능력을 동시에 잃고 무기력하게 뒤처진 자리에 머무르고야 말 조건을 스스로 만드는 격이라 할 수 있다. 범세계 공동체에 정당하게 참여하기 위해서는 범세계 수준의 담론과 논술을 터득하여 이를 정책으로 변형시키는 데 머물지 않고 새로운 미래를 설계하여 짜는 일 바로 그 과정에 참여하여 기여할 수 있어야 한다. 이것은 단순히 수단의 '지식' 이야기 차원 그 너머

17 이러한 이론을 체계화한 Talcott Parsons, *The System of Modern Societies*(Englewood Cliffs, New Jersey: Prentice-Hall, 1971) 볼 것.

'상징'에 대한 관심을 요청한다.

시민 운동은 전문 '지식'의 영역에 파묻혀 그 너머 다른 상상의 세계를 바라볼 수 없게 된 자기 궁핍화의 운명에 시달리고 있다. 그러므로 시민 운동은 이 운명을 뚫고 나아갈 수 있는 결의에 차 있어야 한다. 그것은 지금껏 업신여겨 온 다른 영역에 대한 관심의 표명으로 나아가야 하며, 그렇게 할 때 비로소 대안의 상상력을 잃고 있는 오늘의 운동 그 자체를 더욱 풍요롭게 재활력화할 수 있을 것이다.

4. 시민의 외소화

흔히 우리나라의 시민 운동 단체를 가리켜 '시민 없는 시민 운동'이라고 한다. 시민 운동 단체 스스로 자기 성찰하려는 뜻이 전혀 없는 것은 아니지만 그것보다는 바깥 기존 세력 쪽에서 시민 운동 단체를 빈정거리며 헐뜯고자 하는 뜻으로 널리 퍼져 입에 오르내리고 있는 말이다. 회비와 후원금을 내는 회원의 뒷받침 없이 몇몇 명망가들이 대중 앞에 나와서 시민 세력을 대변하는 듯이 떠들어내는 것이 못내 마음에 들지 않고 거슬린다. 이 말은 어느 만큼 사실이었을 것이며 사실일지도 모른다. 그러나 그와 같은 점은 점차 바뀌고 있다. 주요 시민 운동 단체가 회원의 회비에 기대어 운영하는 비율이 분명 커지고 있기 때문이다. 이 점에서 시민의 참여는 확장되고 있다 할 수 있다. 지금껏 '시민 없는 시민 운동'이라는 말이 행사해 왔던 설득력이 이렇게 하여 점차 그 힘을 잃어가고 있다 할 수 있다.

이 말은 그러나 전혀 새로운 맥락에서 설득력을 얻고 있다. '시민'이 힘을 잃어가고 있다는 뜻에서 그러하다. 오늘의 정황을 살펴보면

'시민 없는 시민 운동'이라는 말속에 새삼스럽게 다가오는 특별한 뜻이 있다. 앞에서 적어두었듯이, 전문 지식 소유자가 득세하여 시민 운동의 마당 그 한 가운데로 들어서 확실하게 중심부를 점거하면서 전문성을 갖추지 않은 다른 세력은 점차 변두리로 밀려나기에 이르렀다. 시민된 자의 목소리를 내고 시민의 삶으로부터 우러나오는 힘을 떨쳐 드러내기가 더욱 어려워지고 있다는 말이다. 이러한 뜻에서 오늘의 시민 운동은 '시민 없는' 운동이라 할 수 있다는 말이다. 바꿔 말해, '시민'이라는 바로 그 이유만으로 운동 주체가 되어 당당히 참여할 수 있다고 믿었던 그 시민의 자리가 급속히 사라져 가고 있다. 오늘의 시민 운동이 시민의 참여와 회비로 움직이지 않고 명망가와 상근 전임 활동가 중심으로 움직이고 있다는 뜻에서 '시민 없는 시민 운동'이 아니라, 상근 전임으로 일하든 않든 그 '시민'이 전문 지식 소유 세력에 의하여 중심부로부터 가장자리로 떠밀려나고 있다는 뜻에서 '시민이 없는 시민 운동'으로 변질되고 있다는 말이다. 앞서 이른바 여성 해방 운동에서 전문 지식을 소유한 여성들이 해방의 이름으로 운동의 중심부를 탈취하여 교육받지 못한 뭇 여성들을 옆으로 밀쳐내어 여성 지식 계급의 이익을 챙겨올 수 있었던 것이 좋은 보기이다.[18] 이와 같이 환경 운동과 같이 새롭게 떠오르게 된 오늘의 시민 운동에서 평범한 '시민'이 목소리를 낼 수 있는 터전을 잃어가고 있는 형국이다.

풀뿌리의 삶을 살아오면서 가까이 그 삶의 문제를 소리내어 외칠

18 이러한 문제를 논의의 대상으로 삼고 있는 박영신, "현대 사회와 남여 평등," 연세대학교 여학생처(엮음), 『남여 평등과 인간화』(서울: 현상과인식, 1986), 또는 박영신, 윗글(1987), 6장 볼 것.

수 있었던 시민, 그 시민의 우렁찬 목소리가 오늘에 와서 지식 소유자의 차가운 전문 용어로 바뀌고 그 시민의 느낌과 생각이 지식 세력의 담담한 언어로 변형되어 나오고 있다. 최근 노년층의 인구가 급증하면서 노인의 문제가 급부상하고 있지만 그것 역시 노인들의 삶으로부터 생생한 이야기를 듣고 그들의 참여 속에 일을 진행시키기보다 전문 관료 세력의 통계 수치로 처리하고자 하는 타성에서 벗어나지 못하고 있다. 노인층은 참여의 기회조차 얻지 못하고 있는 더 가장자리에 머물러 있는 객체일 따름이다.[19] 이러한 일 처리 방식이 정상이고 거역할 수도 없고 거역할 필요도 없는 흐름이라고 이해한다. 이것이 우리 모두가 빠져들게 된 정황이다. 운동의 마당을 이끌어 가는 것은 더 이상 '상징'의 사람도 아니려니와 '실행'의 마당을 주름잡아 왔던 참여 세력의 주체인 시민도 아니다. 적어도 그러한 관심 세력이 운동의 마당에서 바래져 희미해지게 되었다. '지식' 주체인 전문 지식 세력이 전횡하게 된 것이다.

앞으로 범세계화의 폭을 더해가면서 시민 운동은 득세해 가는 전문 지식의 위력 앞에 더욱 쉽게 무릎꿇게 될 조짐이다. 지난 리우회의에 이르는 10년보다 지난 해 요하네스버그에서 가진 세계정상회담 이후에 전개될 앞으로의 상황에서, 시민 운동 세력은 더욱 더 전문 지식의 지배를 당연시하고 부추기게 될 것이다. 다만 세계 무대에서 공인 외국어로 무리 없이 의사 소통할 수 있는 언어 능력을 필요로 할 뿐만 아니라 범세계 수준에서 협의하고 협상하면서 합의

19 나는 노인시민연대의 이름으로 이러한 점을 되풀이하여 주창해 온 바다. 최근 이러한 점을 밝히고자 한 발표 준비문 박영신, "노년층의 새로운 과제 제안," 한국사회운동학회 학술대회, 〈WSSD이행계획의 실천을 위한 사회 운동의 역할〉(2003년 6월 14일/홍사단 3층 강당) 볼 것.

된 내용과 지침에 따라 국가별 실천 계획을 세울 때, 전문 지식과 전문 지식 소유자를 더욱 필요로 하고 그들의 활동 범위는 더욱 커질 것이 분명하다. 이러한 변동의 추세에 따라 시민 운동 세력은 전문 지식 세력에 더욱 크게 의존하게 될 것이다. 한 운동 전문가가 바라보고 있는 대로, 파트너십이 정착되게 될 앞날에 "NGO의 전문성 제고"가 일어나게 될 것이며 이러한 차원의 경쟁도 비정부 기구들 사이에서 "가속화" 될 전망이라고도[20] 한다. 아무리 파트너십을 이야기한다 하더라도 시민 대표성은 겉뿐이고 실제는 전문 지식 세력의 그림자 안에 들게 될 것이라는 분석이다.

전문 지식 없이는 시민 운동 자체의 존속도 어려운 상황에 와 있다 할 수 있다. 이미 삶 한 가운데서 살아가고 있는 '시민'으로부터 동떨어지고 있다는 비난을 받고 있는 시민 운동 단체의 실무자들도 시민을 대변하기 위해서 전문 지식에 기댈 수밖에 없는 상황을 맞고도 있다. 시민은 있으나 그것은 말뿐이고 실제는 '지식'으로 치장하고 '지식'으로 무기를 삼아 움직이는 그러한 '실행'의 상황이다. 시민이 시민 사회의 주인이 아니라 지식 소유 세력의 보조역을 맡는 그러한 '실행'의 담당자로 변신하고 있다.

아마도 전문 지식의 오름세는 베버가 앞서 내다보았듯이 그 속도를 멈추지 않을 것이다. 아니 오늘의 삶 그 자체가 벌서부터 모르는 사이에 '쇠우리'에 갇히고 우리 스스로 차꼬에 채워져 있는 지도 모른다.[21] '상징', '지식', '실행'의 세 힘이 균형을 잃고 '지식'으로 기울

---

20 〈세계지속가능발전정상회의(WS) 이후 서울의 대응전략 마련 워크숍〉에서 발표한 차명제, "WSSD 이후 한국 시민 사회의 대응," 10쪽 볼 것.

21 Max Weber, *The Protestant Ethic and the Spirit of Capitalism*(New York: Charles Scirbner's Sons, 1958), 181-182쪽, 그리고 이 문제를 논하고 있는 박영신, "현대 사

어져 '상징'의 힘과 '실행'의 힘을 다 놓치고 한 쪽으로 기울어진 세모꼴의 운동 형체를 짓고 있다는 뜻이다. 바로 이러한 이유 때문에 오늘날 시민의 존재와 그 존재 양식에 대한 위협을 꿰뚫어보고 이에 대한 각별한 감수성을 자아내야 할 시대 상황에 들어서 있다 할 수 있다.

이 상황의 돌파 가능성을 그렇게 크지 않다. 그렇다고 해서 불가능할 것은 아니다. '쇠우리'를 돌파할 수 있는 '상징' 차원의 카리스마가 언제나 가능성으로 남아 있기 때문이다.[22] 그러나 이 일은 그 어느 것보다 시민 운동 세력 자체의 자기 성찰로부터 시작되어야 한다. 공동체의 삶에 적극 참여하는 시민이라면 전문 지식 세력이 정책의 과학화와 전문화를 요란스럽게 떠들고 있는 정황 그것은 무엇을 말하며 어떤 결과를 낳게 될 것인지에 대하여 깊이 헤아릴 수 있어야 한다. 시민 스스로 지식의 지배 현상을 비판 없이 받아들이고 있는 것은 아닌지 새겨볼 수 있어야 한다. 이른바 성장주의와 경제주의와 같은 지배 체제[23] 밑에서 알고 모르게 소비 문화에 물들어 그 문화의 가치를 떠받들고 있는 '경제주의의 신도'가 된 것은 아닌지 되물어 볼 수 있어야 하듯이 말이다. 범세계 수준에서 1980년대를 일컬어 '소비의 시대'라고 할 수 있다면 그것은 아무런 저항 없이 묵묵히 소비를 즐겨온 대다수 시민의 동조가 있어 가능했던 것이며,

---

회의 구조화와 실존적 참여: 〈프로테스탄트 윤리〉의 재인식," 『현상과 인식』 제4권 제4호(1980년 겨울), 또는 박영신, 『현대 사회의 구조와 이론』(서울: 일지사, 1981), 9장 볼 것.

22 달음 (19) 볼 것.

23 우리 사회의 역사 경험을 이러한 눈으로 따져보고 있는 것으로 박영신, 윗글(1995), 여러 곳 볼 것.

1990년대를 '환경의 시대'라 부를 수 있을 만큼 환경에 대한 의식의 물결이 세차졌다면 그것은 뜻 있는 어느 문명권의 다수 시민이 뜻을 같이 했던 공동의 관심이 커져 널리 퍼졌던 데서 비롯되었다. 그 어느 경우이든 이렇게 저렇게 시민이 개입하고 있었음을 부인하지 못한다. 그러므로 시민은 이 모두에 일정한 책임이 있으며 이 모두에 공과를 물을 수 있어야 한다. '쇠우리'가 영원한 지배의 성벽일수 있다면 그것 역시 시민된 인간이 기대고 있는 '상징'의 힘과 그 인간의 마음가짐과 결의에 달려 있다.

시민은 '생각'할 수 있는 주체로 서 있어야 한다는 뜻이다. 전문지식의 오름세에 압도되어 그 차원의 영역에 휘말려 들어 그 '지식'에 쏠려 있는 나머지 사회 행위의 또 다른 주요 관심 영역인 '궁극의 가치' 영역에 대해서는 등한히 해 온 점을 시민 모두가 되새겨야 한다. 이 영역은 단순히 지식의 축적으로 산출해 낼 수 있는 것이 아니라 깊은 생각의 우물에 맞닿아 있는 영역이며 거기로부터 뿜어 나오는 것이기 때문에 생각하는 사람일수록 이 원천으로부터 거리를 둘 아무런 이유를 갖지 않는다. 전문 '지식'의 차원 못지 않게 '상징'의 차원에 대한 관심을 쏟아야 한다는 말이다. 심원한 '상징' 차원과의 만나 함께 이야기를 나눌 수 있을 때 전문 '지식'에 짓눌려 지식 편중으로 '기울어진' 시민 운동의 답답한 공간을 벗어날 수 있다.

시민은 스스로 '생각'하는 주체로서 살아가고자 하는 마음가짐과 그러한 삶의 방식에 대한 믿음도 갖추고 있어야 하며, 궁극의 가치 차원에 모든 관심을 기울이고 있는 지성의 세계와 지성의 사람을 존중할 수 있는 눈도 갖고 있어야 한다. 전문 지식의 고착화를 불러오는 관료제화의 과정에 도전하면서 그 경직된 벽을 돌파하기 위해서는 '상징화'에 대한 헌신과 관심이 필요하다는 말이다. 이것은 베버의 표현으로 '통상화' 과정에 빠지고 있는 운동의 침체화 현상을 카리스마의 분출을 통하여 갱생시켜 재활력화[24]할 수 있어야 한다는 주장이기도 하다.

'실행'의 차원은 상징과 지식의 영역을 창출하기보다는 이를 끌어들여 운동 현장에 적용하는 데 관심이 집중되어 있다. 그렇다 하더라도 그 두 요소들을 기계의 부속처럼 끼여 넣기만 하는 것은 아니다. 실행의 영역은 현장의 경험을 통하여 상징과 지식에 투입시킬 자료도 제공할 수 있다. 그러한 과정을 밟아 상징과 지식의 영역을 현실과 의미 있게 이어놓게 된다. 다른 말로, 이들 요소가 가하는 압력을 받고 실행의 영역이 즉각 단순 결정되는 것이 아니다. 서로 작용하면서 조정할 수 있는 자율성의 영역도 확보하고 있다. 바로 여기에 '지식'에 기운 오늘의 시민 운동을 '상징'에 이어 바른 세모꼴 쪽으로 다시 고르게 만들기 위하여 시민된 세력이 한 걸음 내디디고 나가야 할 '실행'의 사명이 있다 할 수 있다.

5. 나오는 말

지금까지 사회 운동에 대한 연구 관심은 주로 역사의 눈으로 현실을 바라다보려는 통시의 접근 방식에 기울어져 왔다. 특정 사회 운동의 발발 원인과 과정에 관심을 쏟아왔다. 이러한 연구의 관심에 따라 미시의 사태로부터 거시의 역사 운동에 이르는 여러 영역에서

24 박영신, 윗글(1981).

기록할 만한 많은 업적을 내었다. 이것은 누구도 과소평가하지 못할 정도이다. 이 점에서 이 일은 아주 보람된 것이었다. 그러나 사회 운동의 내면 세계를 면밀히 들여다보아 깊이 파헤쳐 보려는 운동의 역학 관계에 대해서는 그렇게 커다란 관심을 쏟지 않았으며, 따라서 이러한 영역에 대한 연구 성과도 그다지 뚜렷하지 않다. 적어도 통시의 접근에 견주어 볼 때 이른바 공시의 접근 방식에 대해서는 이렇다 할 관심을 쏟아 붓지 않았다는 말이다.[25] 이 글에서 관심 세계와 운동 세력을 이어보려 한 것은 이러한 연구 현황에 대한 불편함에서 나온 한 조각의 이론 관심을 살리기 위한 것이었다 할 수 있다.

그러나 통시와 공시의 접근 방법 그 어느 하나에 매달릴 필요는 없다. 그 둘이 하나로 이어질 필요가 있다. 사회 운동 연구가 피할 수 없이 사회 변동의 과정과 맞물려 있기 때문에 시간의 축과 함께 내면의 역학 구조에 초점을 맞추는 축을 함께 바라볼 수 있어야 한다. 한 마디로 두 축이 맞물려 이어져 있는 모습을 볼 수 있어야 한다는 말이다. 나의 말로 '역사·구조의 접근 방식'을[26] 채택하지 않을 수 없다. 그러할 때 역사성과 구조성을 다차원의 눈으로 뜯어보아 사물을 더욱 온전하게 볼 수 있게 된다.

---

25 집합 운동에 대한 허버트 블루머의 미시 관심과 니일 스멜서의 체계 접근은 예외라고 할 수 있다. 물론 스멜서의 경우는 체계 접근의 틀에서는 그러하다. 그러나 이들의 연구 관심 이후 어떤 주요한 이론의 분기점도 뒤이어 나타나지 않았다. 아래의 두 사람의 글 볼 것. Herbert Blumer, "Elementary Collective Behavior"(1969), Louis E. Genevie(엮음), *Collective Behavior and Social Movements*(Itasca, Illionois: F. E. Peacock, 1978), 그리고 Neil J. Smelser, *Theory of Collective Behavior*(New York: Free Press, 1963).

26 오래 전에 사회학 이론의 상황을 비판하면서 그 대안의 논지로서 제안해 둔 바 있는 사회 분석론이다. 박영신, "역사·구조적 접근의 일반 원리," 『사회학연구』, 첫째 책(1984), 또는 박영신, 『사회학 이론과 현실 인식』(서울: 민영사, 1992), 6장 볼 것.

위의 논의는 이러한 이론의 눈으로 우리나라 시민 운동을 다시 한 번 되새겨보고자 한 것이었다. 시민 운동에 대한 분석이자 그 됨됨이에 대한 성찰이었다. 상징, 지식, 실행의 세 요소로 이루어진 세모꼴이 '지식'으로 기울어지고 있다는 점을 들어 시민의 활력이 쇠잔해지고 있다는 것을 들추어내고자 한다. 객체가 아닌 새로운 생각의 주체로서, 어느 한 요소에 집중되어 한쪽으로 기울어진 운동의 상황을 고쳐 균형을 갖춘 시민 운동을 지켜낼 수 있는 주체로서, 시민의 자기 성찰과 책임에 대한 논의를 멈추지 않아야 한다는 당위의 소리이기도 하다.

박영신. 『사회이론』 통권 22호. 2002년 가을/겨울.

제8장

한국 사회운동가들의 정체성 형성과정

1. 들어가는 말

사회운동 참여를 통한 참여자들의 정체성 변화에 관한 연구는 사회운동이론의 중요한 주제 가운데 하나이다. 무엇이 개인들로 하여금 사회운동에 참여하게 하는가? 사회운동에의 참여를 통하여 개인들은 어떤 경험을 하게 되는가? 그리고 그 결과 개인의 정체성은 어떤 변화를 겪게 되는가? 이 글은 이러한 질문들에 대한 대답을 찾고자 한다. 사실 정체성의 변화가 사회운동의 직접적인 목표인 경우는 많지 않다. 최근 '새로운 사회운동'에 관한 논의에서 집단 정체성의 구성이 사회운동의 주요한 목표이자, 운동의 동학을 이해하기 위한 핵심 요소로서 제시되고는 있다.[1] 하지만 대부분의 사회운동은 사회구조와 정책의 변화를 목표로 한다.[2] 그럼에도 불구하고, 모든 사회

1 Albert Melucci, "The Process of Collective Identity," H. Johnston(엮음), *Social Movements and Culture*(Minneapolis: University of Minnesota Press, 1995).

2 특히 한국의 사회운동의 경우가 그렇다. 90년대 이후 등장한 한국의 시민운동이 서구

운동은 집단 정체성을 참여자들의 개인 정체성의 일부로 통합시키려 한다는 점에서, 정체성 형성은 사회운동의 또 다른 목표라고 할 수 있다.[3] 그것이 사회운동에의 헌신과 참여를 이끌어내는 중요한 요소이기 때문이다.

그동안 한국의 사회운동에 대한 분석은 거시 수준의 구조 분석에 초점을 맞춰왔다. 사회운동이 등장하게 된 사회구조적 원인, 또는 사회운동의 성공을 위한 자원 동원과 조직의 특성 등을 밝히는 것이 분석의 주된 목표였다. 반면 사회운동의 미시 분석, 곧 사회운동이 참여자들의 정체성에 미치는 영향은 소홀히 다뤄진 것이 사실이다. 그렇지만 참여자의 자발적 의미형성 과정이 없이는 사회운동에의 참여가 일어나지 않는다. 사회 구조적인 문제 상황, 지도자의 능력, 성공적인 자원동원, 정치적 기회구조 등 사회운동이 형성될 수 있는 다른 조건들이 충족된다 할지라도, "이런 여러 변수들이 하나의 의미세계로 짜여져 잠재적 참여자들의 관심과 만나 공명하지 않는다면 사람들은 사회운동에 참여하지 않을 것"이기 때문이다.[4] 사회운동 연구에서 의미 체계나 미시 분석의 필요성이 여기에 있다.

또한 이러한 분석은 한국 시민사회와 관련하여 시사하는 바가 크다. 많은 사람들이 우리 시민사회가 시급히 해결해야 할 과제로 공공성과 시민참여의 부재를 지적한다. 이들에 따르면, 유사 가족주의 문화와 경제주의라는 상황은 우리를 자신의 좁은 이해 관계와 혈연

에서 논의되고 있는 '새로운 사회운동'의 맥락에서 다뤄질 수 있는지는 또 다른 차원의 분석을 요구한다.

3 Jill Kiecolt, "Self-Change in Social Movements," Selden Stryker(엮음), *Self, Identity and Social Movements*(Minneapolis/London: University of Minnesota Press, 2000), 110쪽.

4 정수복, 『시민 의식과 시민 참여』(서울: 아르케, 2002), 137쪽.

이나 지연이라는 울타리 속에 가둬버리고, 타인과 공동체에 대한 삶의 지향성을 갖지 못하게 한다고 주장한다.[5] 90년대 이후 급격하게 등장한 여러 시민 단체들에도 불구하고,[6] 여전히 시민들의 참여를 어떻게 끌어낼 것인가를 두고 씨름하고 있는 것이다. 실제로 우리나라 사람들이 이웃이나 공동체를 위해 사용하는 '참여 또는 봉사 활동' 시간이 하루 평균 4분에 불과한 것으로 나타났다.[7] 이런 맥락에서 사회운동 참여자들의 정체성과 의미세계에 대한 분석은 공공성 부재에 대한 대안의 전통과 그 가능성을 확인하는 기회가 될 수 있다.

사회운동은 공공성의 결과이자, 동시에 공공성 형성의 원인이다. 보통 사회운동은 공공 의식에 따른 결과로서 파악하지만, 사회운동 참여를 통해 공공의 정체성이 형성 또는 발전하는 경우도 있다. 이를 페이트만은 "참여함으로써 참여하는 법을 배우"게 된다고 말한다.[8] 따라서 이 글은 한국 사회운동가들이 공공성 부재의 상황에도 불구하고 사회운동에 참여하게 된 요인이 무엇인지, 그리고 사회운

5 우리 사회의 공공성 부재 원인으로는 크게 두 가지가 지적된다. 하나는 '유교'나 '가족주의'와 같은 문화 변수를 강조하는 입장이고, 다른 하나는 우리의 역사 경험을 강조하는 입장이다. 앞의 입장을 보기 위해서는 박영신, "두 갈래의 윤리 지향성, 그 울을 넘어," 한국사회이론학회(엮음), 『윤리와 우리 사회』(서울: 현상과인식, 1992)을 볼 것. 그리고 뒤의 입장을 보기 위해서는 김동노, "국가의 정당성 결여와 생활 세계의 왜곡," 『현상과 인식』 제21권 제1호(1997) 그리고 김인용, "한국과 이탈리아의 (저)신뢰 비교," 김인영(엮음), 『한국 사회 신뢰와 불신의 구조: 거시적 접근』(서울: 소화, 2002)를 볼 것.

6 1999년 한 조사에 따르면, 한국의 사회운동 단체 숫자와 회원의 규모는 결코 적지 않다고 한다. 그럼에도 불구하고 대부분의 회원들이 소극적인 참여에 머무르고 있다(조대엽, "세계화와 한국 시민 사회의 '역웅성': NGO 및 시민운동부문을 중심으로," 『경제와 사회』 제54호(2002), 126-127쪽).

7 『한겨레신문』, 2002년 3월 3일자.

8 Carole Pateman, *Participation and Democratic Theory*(Cambridge: Cambridge University Press, 1970), 105쪽.

동에의 참여가 공공성 형성의 학교로서 역할을 하고 있는지를 분석하려고 한다. 동시에 이것은 우리 사회의 공공성 형성의 가능성을 살펴보는 일도 될 것이다.

따라서 이 글은 다음과 같은 순서로 구성된다. 먼저 사회운동 이론에서 정체성 관련 논의가 등장하게 된 배경과 그 중요성을 간략하게 서술할 것이다. 이어서 사회운동 참여, 과정, 그리고 그 결과를 분석하는데 검토해야 할 다양한 변수들을 확인하고, 이후 경험 분석을 위한 모델을 제시할 것이다. 사실 사회운동 참여가 공공 정체성 형성에 영향을 미친다는 연구 결과는 있으나, 구체적으로 사회운동에서의 어떤 경험들이 그러한 결과를 이끌어내는가에 대한 논의는 그렇게 많지 않다. 따라서 사회운동 참여를 통해서 겪게 되는 다양한 상호교섭의 내용을 구체화하고, 그것이 어떻게 정체성에 영향을 미치는지에 대한 이론적 틀을 마련하는 것도 나름대로 의미있는 작업이 될 것이다.

2. 사회운동이론과 정체성 논의

사회운동이론에서 행위자의 의미세계나 정체성에 관한 논의는 비교적 최근의 일이다.[9] 따라서 앞서 지적한 것처럼, 사회운동 이론에서 정체성과 관련된 체계적 논의가 그렇게 많지는 않다. 이번 단락에서는 그런 논의들을 모아 분석을 위한 변수들을 구별하고, 분석을 위한 모델을 제시하려고 한다.

---

9 정수복, 윗글, 135쪽.

1) 사회심리학 모델의 재등장

1960년대는 사회운동 이론에서 분기점을 이룬 시기라고 할 수 있다.[10] 1960년 이전의 초기 사회운동 이론은 사회심리학 모델에 기초하여 구성되었다. 르봉과 타르드(Tarde)는 프랑스 혁명에 대한 반응으로서 군중 행동의 비합리성, 그리고 사회생활의 기초로서 모방에 분석의 초점을 두고 있다. 블루머의 집합행동 모델 역시 사회운동을 사회와 개인 차원에서의 혼란을 해결하기 위한 노력으로 파악하고 있다. 이밖에도 사회운동의 발생을 설명하는데, 콘하우저는 '소외'를, 거어(Gurr)는 '상대적 박탈감'을, 그리고 호퍼(Hoffer)는 '부적응의 행위' 등의 개념을 사용한다. 이들에 의하면, 결국 사회운동은 절제되지 못한 충동이나 비합리적인 행위의 산물로 파악된다.

하지만 1960년대를 지나면서 반론이 제기된다. 사회운동은 비합리적 감정의 표출이라기 보다 지극히 합리적인 행위라는 것이다. 이들은 기존 사회운동의 이론이 전제하고 있었던 부정적, 비합리적, 병리적 이미지를 극복하기 위하여, 또 다른 극단의 방향으로 나간다. 모든 사회심리학 이론들을 인간행동에 관한 비합리적 모델로 치부하면서 사회운동 이론에서 몰아낸 것이다. 곧, 이들은 사회운동에 사회심리학 이론이나 개념을 적용시키는 것이 무의미하다고 주장한다. 자원동원이론이나 정치과정이론이 여기에 해당한다. 하지만 이 이론들 역시 '합리적 인간'이라는 심리학적 모델을 수용하고 있으며, 때문에 사회운동에 참여하는 모든 사람들이 동일하다는 심리학적

10 Sheldon Stryker 들, "Social Psychology and Social Movements: Cloudy Past and Bright Future," Sheldon Stryker(엮음), *Self, Identity and Social Movements* (Minneapolis/London: University of Minnesota Press, 2000), 2-3쪽.

전제를 하고 있다.

사회운동이론의 합리적 모델은 분명 과거 사회심리학 모델이 설명할 수 없었던 다양한 현상을 설명하는데 도움을 준다. 하지만 이러한 접근은 구조나 제도 수준의 현상을 설명해줄 수는 있지만, 문화나 참여자들의 의미 세계에 대한 분석은 소홀히 다루게 된다. 이들은 "불만은 상존하며 그것을 틀 지우는 이념이나 의미틀도 쉽게 만들어지는 것으로 가정하면서 자원 동원과 정치 기회, 그리고 자원의 배치가 운동의 성패에 미치는 영향에 분석을 초점을 맞추"고 있다.[11] 따라서 이들은 동일한 사회구조 환경과 이데올로기 지향을 가진 사람들 중에서도 사회운동에 참여하는 사람들은 극히 소수에 머문다는 현상을 설명하지 못한다.[12] 최소한 사회운동, 곧 공공 활동에 참여하게 되는 경험을 설명하기 위해서는 사회구조 또는 이데올로기 차원의 설명을 넘어서, 의미세계 형성 과정에 대한, 미시 분석을 필요로 하는 것이다. 최근 사회운동이론에서 사회심리학 모델이 다시 주목받기 시작한 것도, 이러한 비판과 맥을 같이 하고 있다.

2) 사회운동 참여와 정체성의 변화

사회운동 참여가 개인의 자아 또는 정체성에 미치는 영향을 분석하고자 할 때 사회심리학 모델이 매우 유용하다. 하지만 사회심리학 모델에서 자아나 정체성의 개념은 매우 다양한 맥락에서 여러 가지 의미로 사용된다. 앞으로의 논의를 위해서, 여기서는 가장 보편적이고 일반적인 개념 규정을 따르려고 한다. 보통 '자아 개념'은 "안정되

11 정수복, 윗글, 137쪽.

12 Sheldon Stryker 들, 윗글, 3쪽.

고, 상대적으로 지속적인 자아에 대한 인식"으로 규정된다. 이 '자아개념'에는 정체성 또는 개인적인 특성이나 특색 등이 포함된다. 이때 정체성이란 "역할에 대한 내면화된 규범"이자, "행위, 사고, 지각에 관한 규범을 포함하는 사회적 범주들"을 의미한다.[13] 이러한 개념에 기초하여, 사회운동에의 참여가 개인의 정체성 변화에 미치는 영향을 참여 원인, 참여 과정, 그리고 그 결과로 구분하여 논의해 보고자 한다.

(1) 사회운동 참여 원인

사회운동의 참여 원인은 여러 가지 수준으로 나눠볼 수 있다. 사회운동의 취지에 공감해서일 수도 있고, 어떤 특별한 사건 때문일 수도 있으며, 자신의 전공을 살릴 수 있는 직업으로서, 또는 개인의 불만이나 주변 사람의 권유 때문에 참석한 경우도 있을 것이다. 다만 이 글에서는 논의의 목적상 자신의 문제 해결을 위한 사사로운 관심에서 참여하게 되었는지, 아니면 타인과 사회에 대한 공공의 관심에서 참여하게 되었는지를 구분할 것이다. 사회운동에의 참여 원인을 이렇게 사사로운 관심과 공공의 관심으로 나눠보는 것은 이후의 분석을 위해 매우 유용한 구분이다. 사실 참여의 원인을 둘 중의 하나로 명확하게 구분지을 수 있는 것은 아니다. 하지만 이후 사회운동 참여 결과를 분석할 때 참여 원인에 대한 분석은 반드시 필요하다. 곧, 사사로운 관심에서 참여했으나 참여과정을 통해 공공의 정체성을 형성했다면, 그것은 사회운동에의 참여가 공공성 형성의

13 Jill Kiecolt, 윗글, 111쪽.

원인이 되었다고 볼 수 있을 것이다. 반면 처음부터 공공의 관심으로부터 사회운동에 참여하게 되었다면, 사회운동에의 참여는 공공성의 결과로서 해석될 것이다.

사실 사회운동에의 참여가 공공성 형성의 원인인가, 아니면 그 결과인가에 대한 논란이 있는 것이 사실이다. 상식적으로 사회운동에의 참여는 어느 정도 공공의 관심을 전제로 한다고 생각할 수 있다. 하지만 반드시 그렇지만은 않다. 사사로운 목적으로 자원 결사체에 참여한 사람들이 참여 과정을 통하여, 자기 이익과 친밀감이라는 최초의 동기가 차츰 공공선이나 희생이라는 동기로 변화하는 과정을 겪게 된다는 연구 결과들이 있다.[14] 곧, 처음에 개인의 이익이나 관심에서 참여하게 되었어도 참여 과정을 겪으면서 공공의 관심과 정체성을 가지게 된다는 설명이다.

한편 처음부터 공공의 관심으로부터 참여하게 된 사람들이 있다. 이 경우 공공의 정체성을 갖게 된 원인을 사회운동이 아닌, 다른 곳에서 찾아야 할 것이다. 가족 배경, 학교에서의 교육, 종교 등의 변수들이 공공성 형성의 원인으로 지적될 수 있다. 그렇지만 처음부터 공공의 관심으로부터 출발했다고 할지라도, 참여 과정을 통해서 정체성은 일정한 변화를 겪게 된다. 기존의 정체성이 포기되거나 약해질 수도 있는 것이고, 반대로 심화되거나 확대될 수도 있을 것이다. 따라서 이러한 변화가 어떻게 일어나는지를 또한 주목해야 한다.

14 Robert Bellah 들, *Habits of the Heart: Individualism and Commitment in American Life* (Berkeley: University of California Press, 1985), 167쪽.

(2) 참여 과정

참여 과정에 대한 분석은 사회운동 활동을 통한 상호교섭의 내용들, 그리고 그러한 상호교섭을 통한 내면화과정으로 크게 나누어 볼 수 있다.

보통 사회운동 참여를 통하여 사람들은 자신들의 정체성 작업을 수행하게 된다. 곧, 사회운동에의 참여는 자신의 정체성을 형성하고, 확인하며, 나아가 변화시키는 계기를 구성한다는 것이다. 사회운동 과정에서 겪게 되는 다양한 상호교섭은 이러한 정체성 작업을 자극하게 된다. 그렇다면 사회운동의 어떤 상호교섭이 정체성 작업을 쉽게 하는가? 크게 네 가지의 상호교섭을 들 수 있다.[15] 이야기(narrative), 텍스트(text), 의례(rituals), 그리고 사회운동의 적대자들이나 외부인들과의 상호교섭과 충돌 등이 그것이다.

첫째, 정체성 작업의 가장 보편적인 형태로 '이야기'(narrative)를 지적할 수 있다. 어떤 조직이나 공동체에 속하여 이야기를 한다는 것은, 사람들로 하여금 스스로 자신의 경험을 조직화할 수 있게 해주는 요인이 된다. 의도했던 의도하지 않았던, 사회운동 참여자들은 자신에 대하여 이야기함으로써, 자신과 타인의 자아 개념 중 특별한 측면에 주의를 기울이도록 한다는 것이다. 다른 사람들의 이야기를 들으면서 자신의 경험을 해석하게 되고, 또한 자신의 이야기를 함으로써 자아의 특정한 측면을 더욱 부각시키게 되는 것이다. 우스노우의 표현대로, "집단 내의 사람들은 단순히 이야기만을 하는 것이 아니다. 그들은 스스로 자신들의 이야기가 된다"고 할 수 있다.[16]

---

15 Jill Kiecolt, 윗글, 121-124쪽.

16 Robert Wuthnow, *Sharing the Journey: Support Groups and America's New Quest for Community*

둘째는 텍스트를 통한 상호교섭이다. 사회운동 조직에서는 다양한 형태의 정보를 제공하게 되고, 개인들은 자신들의 경험의 의미를 거기에 기초하여 설명하게 된다. 텍스트를 통해 집합적 정체성을 재확인함으로써, 사람들의 정체성 형성에 도움을 준다는 설명이다. 소집단에 관한 '자기 범주화 이론'에 의하면, 집단 내에서 개인의 인식에 영향을 미치는 요인으로서 '정보'와 '집단'의 균형있는 역할을 강조한다.[17] 이들에 따르면, 사람들은 새로운 정보나 자극이 주어지면, 먼저 자신의 준거틀에 기대어 스스로 판단 과정을 거치게 된다. 그리고 자신의 판단을 의미있다고 생각하는 사람들이나 준거 집단의 구성원들과의 토론을 통해 정보의 타당성을 결정하게 된다는 것이다. 곧 개인의 판단 과정과 구성원들의 동의 과정이 반복되면서 사람들은 자신의 가치와 태도를 구성해나간다. 단순한 정보 제공이 아니라, 일종의 친밀한 공동체적 상황에서 제공되는 정보만이 개인에게 영향을 미칠 수 있다는 설명이다. 보통 사회운동 조직은 친밀한 소집단 상황을 구성하게 되므로 이 안에서 제공되는 텍스트들은 구성원들의 인식이나 정체성에 일정한 영향을 미치게 된다고 할 수 있을 것이다. 이런 의미에서 '이야기'와 '텍스트'는 연속되는 하나의 과정으로 볼 수 있다.

셋째는 '의례'(rituals)를 통한 상호교섭이다. 사회운동은 그 과정을 통하여 자신들만의 노래 또는 스스로를 알아볼 수 있는 특별한 신호나 몸짓 등을 발전시키게 된다. 이러한 의례를 통하여 사회운동 참여자들은 자신들의 공통의 가치를 재확인하고, 개인과 집합의 정체

(New York: Free Press, 1994), 301쪽.

17 John C. Turner, *Social Influence*(Pacific Grove: Brooks/Cole, 1991), 160-162쪽.

성을 조율하게 된다. 뒤르케임은 원시종교에 대한 연구를 통하여 '종교의례'가 어떻게 집단의 결속을 강화시키는지를 잘 설명해주고 있다.[18] '의례'는 그것이 진행되는 동안 구성원들로 하여금 공유된 가치나 관념들에 대해 집합적 감정을 강렬하게 불러 일으키게 하여, 집합체를 그러한 가치로 재충전한다. '의례'에 참가함으로써 사람들은 성과 속, 혹은 선과 악에 대한 명확한 도덕 판단을 하게 된다는 것이다. 결국 사회운동 참가자들은 다양한 의례 참석을 통하여 사회운동 조직의 집합 가치를 다시 한번 확인하게 되고, 이를 통하여 집단의 목표에 자신의 정체성을 재조정하는 기회를 갖게 된다.

마지막으로 사회운동 조직의 외부자 또는 적대자들과의 상호교섭을 통해 자신의 정체성을 발전시키게 된다. 지금까지 논의한 '이야기,' '텍스트,' 그리고 '의례'는 모두 사회운동의 주요 목표라기 보다는, 과정으로부터 파생되어 나온 결과라고 할 수 있다. 또한 모두 내부 구성원들과의 상호교섭이라는 특징을 가진다. 하지만 외부자 또는 적대자들과의 상호교섭이나 충돌은 사회운동의 목표와 직접 관련을 가지며, 사회운동 외부 구성원들과의 상호교섭이라는 점에서 다른 상호교섭과 구별된다. 사회운동 참여자들은 데모에 나간다거나, 신입회원을 모집하는 등의 활동을 하면서 다양한 사람들과 접촉을 하게 된다. 이를 통해 참여자들은 집단 내부와 외부의 구분을 명확히 인식하게 되며, 자신의 정체성을 더 명확히 인식하고 확고히 하게 되는 것이다.

한편 이러한 상호교섭을 통해 개인들은 자신의 정체성을 내면화

---

18 박선웅, "문화, 의례와 정치변동: 한국의 민주적 변환," 『한국사회학』 제32집(1998), 37쪽.

하게 된다. 내면화 과정은 크게 두 가지 방식으로 일어난다.[19] 하나는 '인지부조화'를 통한 내면화 과정이고, 다른 하나는 '선별적 구성'의 방식이다. '인지부조화'는 자신의 행동과 자아 개념이 불일치할 때, 또는 기존의 가치와 새로운 인식이 충돌하게 될 때, 충돌하는 두 요소를 조정하기 위해 일어난다. 이 과정을 통해서 개인들은 정체성의 변화를 겪거나 새로운 정체성을 형성하게 된다. 반면 '선별적 구성'은 개인의 행위가 자아의 특정 측면에 초점을 맞춤으로써, 자아의 요소 가운데 한 부분이 강조되는 과정을 말한다. 이것은 이미 정체성이나 개인 특성의 일부로서 존재하고 있던 자아의 한 부분이 특별히 강조되면서 일어나는 내면화 과정을 말한다. 따라서 '인지부조화'가 새롭게 공공 정체성을 수용하는 과정에서 주로 나타난다면, '선별적 구성'은 초보적인 형태의 운동 정체성이 심화, 확대되어 가는 과정을 의미하는 것이다.

(3) 참여 결과

사회운동 참여를 통한 결과는 당연히 참여자의 정체성에 어떤 변화가 있었는가 하는 점이다. 많은 연구 결과들에 의하면, 정체성 변화의 양태는 여섯 가지로 분류된다. 이를 통해 사회운동 참여가 어떤 형태의 정체성 변화를 낳게 되는지 구분할 수 있을 것이다. 여섯 가지 정체성 변화의 형태를 각각 살펴보면 다음과 같다.[20]

먼저 '정체성 체계'라는 범주에서의 변화를 지적할 수 있다. 사람들은 다양한 여러가지 정체성을 동시에 가지고 있으며, 보통 그것들

19 Jill Kiecolt, 윗글, 120쪽.
20 Jill Kiecolt, 윗글, 112-113쪽.

은 중요도 등에 따라서 위계적으로 구조화되어 있다. 이 구조화된 체계에 변화가 일어난 경우 우리는 정체성 체계에서의 변화라고 할 수 있는 것이다. 정체성 체계에서의 변화는 다시 세 가지로 나눠볼 수 있다. 첫째, 구조적 변화이다. 이것은 새로운 정체성이 더해지거나, 기존의 정체성이 포기될 때 나타나는 변화이다. 보기를 들어, 사람들이 '활동가'로서의 정체성을 얻거나, '피해자'로서의 정체성을 버리는 경우 등이 여기에 해당된다. 둘째, 수준에서의 변화이다. 이것은 새로운 정체성이 더해지거나, 기존의 정체성이 포기되는 것이 아니라, 기존 정체성이 그 수준에서 변화된 경우이다. 동정적이지만 방관자였던 입장에서, 적극적인 활동가로 변화되는 경우가 그 보기라 할 것이다. 셋째로는 자기기준의 변화이다. 이것은 역할 정체성에서의 순위나 중요도가 변하는 경우를 말한다. 사회운동가로서의 정체성이 강조되면서, 가족 구성원으로서의 역할이 상대적으로 약해지는 경우가 여기에 해당한다 할 수 있다.

다음으로는 '정체성 의미'라는 범주와 관련된 정체성의 변화이다. '정체성 의미'란 자신의 정체성을 스스로가 어떻게 생각하고 있는가와 관계된다. 특히 3가지 측면이 정체성 의미의 변화에 포함된다. 첫째는 '기능'에 대한 인식의 변화이다. 여기서 '기능'이란 자신의 역할을 통해 달성할 수 있는 정도에 대한 스스로의 믿음을 의미한다. 사회운동에의 참여는 정체성의 기능에 대한 개인의 평가, 그리고 사회운동가로서의 자신의 역할을 통해 달성할 수 있다고 믿는 믿음의 정도를 변화시키게 된다. 곧, 사회변동을 이끌어낼 수 있다는 긍정적인 신념을 이끌어낸다는 것이다. 둘째는 표상으로서, 자신의 역할에 투사된 이미지를 의미한다. 자신의 역할이나 정체성에 대한 이미지는 긍정적이거나 부정적일 수 있는데, 사회운동에의 참여는 참여자들로 하여금 자신의 정체성을 좀 더 우호적인 이미지와 결합시킬 수 있게 한다는 것이다. 미국에서의 시민권운동 당시, "흑인의 긍지"(black pride)를 통해 흑인들이 자신들의 정체성을 긍정적으로 인식할 수 있었던 것이 그 보기라 하겠다. 셋째는 정체성들의 상관성에 대한 인지에서의 변화이다. 보기를 들어, 여성 노동조합원이 자신의 정체성을 페미니스트이자, 동시에 노동자로서 인식하는 경우가 여기 해당된다. 여기에서 페미니스트와 노동자라는 정체성이 아무런 갈등 없이 관련되어 인식되는 것이다. 이처럼 정체성들의 상호 관련성에 대한 인식이 변했다고 한다면 일종의 정체성의 변화로 파악할 수 있을 것이다.

따라서 우리가 사회운동에의 참여 결과로 정체성의 변화과정을 겪었다고 할 때, 그 의미는 위에서 말한 여섯 가지의 형태 가운데 어느 하나를 뜻하는 것이 된다.

지금까지의 논의를 바탕으로 사회운동 참여를 통한 정체성 형성 과정에 대한 모델을 그림으로 나타내면 다음과 같다. 다음 단락에서는 이 모델에 기초하여 한국의 사회운동가들에 대한 분석을 하고자 한다.

〈그림 8.1〉 사회운동 참여를 통한 정체성 형성 모델[21]

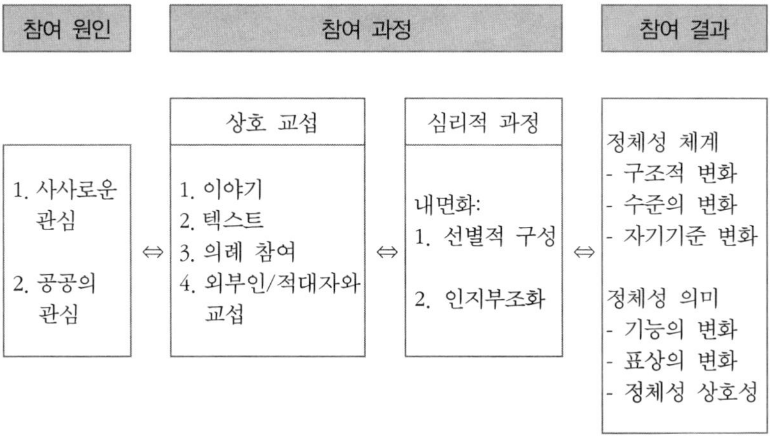

3. 한국 사회운동가들의 정체성 형성

앞서 제시한 이론 모델에 기초하여 1960년대 이후 한국의 사회운동에 참여한 활동가들의 정체성 변화를 분석하고자 한다. 이를 위해서 사회운동 활동가들에 대한 인터뷰 자료와 설문조사 결과, 그리고 사회운동 조직에 대한 설문조사 결과를 활용하였다.[22] 자료는 90년

21 이 그림은 Kiecolt의 "사회운동에서의 자아 개념 변화 모델"을 재구성하여, 이 글의 목적에 맞게 수정한 것임(Jill Kiecolt, 윗글, 119쪽).

22 자료는 지난 2년 동안 1960년대 이후 한국의 사회운동 활동가들과 조직에 대한 설문조사, 중요 사회운동가들에 대한 심층 면접, 그리고 해외 민주화운동 관계자들에 대한 심층 면접 등을 통해 모아졌다. 하지만 이 글에서는 국내 사회운동가들과 조직에 관한 자료만을 사용하여 분석하고 있다. 한편 설문조사는 다시 90년대 이전과 이후로 나뉘어져 실시되었다. 본문에서 사용되는 모든 통계자료는 90년대 이전 활동가 64명과 90년대 이후 활동가 467명에 대한 설문조사 결과를 통계 처리한 것이다. 그리고 인터뷰 자료는 10명의 사회운동 활동가의 구술사 자료와 14명의 조직 구술사 자료를 활용하였다.
면접 내용은 괄호로 표시한다. 앞의 영어 알파벳은 자료집의 종류를 나타낸다. 곧, A는 활동가 인터뷰 자료집이고, B는 조직 인터뷰 자료집이다. 그리고 이어서 나오는 대 이전과 90년대 이후 사회운동으로 구분하여 수집하였다. 하지만 인터뷰 자료가 90년대 이전 사회운동가들을 중심으로 진행되었던 만큼, 아래에서의 논의도 90년대 이전의 자료들을 중심으로 분석할 것이다.

1) 참여 원인: 공공의 관심

한국 사회운동가들은 대부분 어느 정도 공공의 관심에서 사회운동에 참여하게 된다. 다시 말하면, 사회운동에의 참여는 공공 정체성의 결과이지 그 원인은 아니라는 것이다. '참여 동기'에 대한 설문조사 결과가 이를 잘 나타내주고 있다. 사회운동가들이 처음으로 사회운동에 참여하게 된 동기로 43.8%의 응답자가 "조직의 목적과 활동 내용을 알고 공감해서"라고 답하고 있다. 처음부터 명확한 목표를 가지고 사회운동에 참여하게 되었다는 대답이다. 한편 "특정한 정치적, 사회적 사건을 계기로"라는 응답과 "사회적 현실에 대한 불만 때문"이라는 응답까지를 포함하면, 93% 가까이 이르고 있다. 다음과 같은 경우가 그러한 사례들이다.

> 그런 일이나 열심히 했지. 정치 문제는 그렇게 큰 관심을… 관심을 안 가지기 보다 가질 여유가 없었겠지 (줄임) 그런데 내가 목사 안수를 받고 60년 4·19 때에 내가 4·19 현장에 있었어요. 4·19에서 총맞고 또 피 흘리고 나오는 것을 보니까, 내가 굉장한 가책을 느낀거지. 하루종일 울고

아라비아 숫자는 피면접자를 가리키며, 뒤에 '남'과 '여'라고 한 것은 성별을 일러주고 있다. 마지막에 나오는 숫자는 자료집의 쪽수를 나타낸다. 보기를 들어, (A10, 남, 110)이 의미하는 것은, 활동가 자료집의 10번째 남자 피면접자를 나타내며, 그와의 면접 내용은 자료집 110쪽에 나와 있다는 것을 말하는 것이다.

다녔어요 (줄임) 그 4 · 19가 나에게는 큰 충격이었어요. (A4, 남, 95)

그러나 그 때 꼭 사회의식이 있었다고 보기는 어렵습니다. 일본에서 고등학교까지 마쳤는데, 우리나라에 와서 사회의식이라는 것을 가지게 됐죠. 그것은 우리 사회의 너무 비참한 현실을 보면서 그랬습니다. (A6, 남, 131)

하지만 이들의 이야기는 본격적으로 사회운동에 참여하지 못했다는 것이지, 사회운동이나 공공에 대한 관심 자체가 없었다는 이야기는 아니다. 이들의 이야기를 살펴보면, 사회운동에 참여하기 이전 이미 그런 문제에 대한 관심이 있었음을 알 수 있다. 그렇다면 무엇이 이들로 하여금 공공의 문제에 관심을 갖게 하고, 사회운동에의 참여를 이끌어낼 수 있었는가? 많은 사람들이 가족에서의 성장 과정을 이야기한다.

뭐, 사실은 우리 아버지가 참 진보적인 사람이었거든요. 우리 아버지가 날 붙들고 뭐 어쩌고 이런 얘기는 안해도… 자기들끼리 이야기하는 거를 뭐, 귀동냥으로 듣고, 민주화운동을 좀 생각을 해봐야겠다. 남을 위해서 뭐 좀 해봐야 하는 것 아니냐, 뭐 이런 정도지…. (B1, 남, 27)

사실 우리 사회의 공공성 형성을 어렵게 하는 것으로서, 많은 학자들이 가족 중심 문화를 들고 있다. 하지만 공공 정체성을 형성하는 출발 또한 가족을 통해서임을 알 수 있다. 다른 연구 결과들도 이러한 사실을 뒷받침하고 있다. 시민운동 단체의 상근자들을 인터뷰한 한 연구에 의하면, 가족에서의 경험이 시민운동에 참여하게 된 중요한 배경이라고 지적한다. 많은 경우 시민운동의 활동가들은 "어릴 적부터 통상의 삶과는 다른 삶에 친숙해지고 그러한 삶을 눈여겨볼 수 있었던 사람들"이다. 말하자면, 자신들이 성장한 가족의 분위기는 "전래의 경직된 가족주의의 틀이 조금은 느슨"했다는 것이다.[23] 결국 어린 시절의 가족의 분위기가 정체성 형성에 중요한 요인으로 작용함을 알 수 있다.

물론 공공의 정체성을 형성할 수 있었던 곳이 가족에만 국한되는 것은 아니다. 학교와 종교 배경도 중요한 요인으로 언급된다. 독립운동과 관계된 선생님들이 많았던 보통학교 시절의 경험이 이야기되기도 하고, 중학교 시절 빈민촌에서 선교활동을 했던 목사님의 기억을 말하기도 한다(A4, 남, 93). 하지만 어떤 경험이든 어린 시절의 기억이 이후 사회운동에 참여하는 데 중요한 배경으로 작용하고 있다는 것을 알 수 있다.

이러한 배경이 특별한 사건이나 주변 사람의 권유 등을 계기로 하여, 각 개인들을 사회운동 참여로 이끌어 가는 것이다.

2) 참여 과정

사회운동 참여자들이 공공의 의식을 가지고 있다 할지라도, 사회운동 참여 과정은 이들의 정체성에 영향을 미치게 된다. 앞서 이야기한 것처럼, 초기의 정체성의 참여 과정을 통하여 일정한 변화를 겪게 되는 것이다. 처음의 공공 정체성이 약해지거나 사라질 수도 있으며, 또는 심화되거나 확대될 수도 있다. 그것이 어떤 변화이든,

23 박영신, "잿빛 도시의 한 작은 텃밭," 『현상과 인식』 제28권 제4호(2004), 119쪽.

그러한 변화의 원인은 사회운동의 참여 과정에서 찾아야 할 것이다. 이번 단락에서는 한국의 사회운동가들이 사회운동 참여 과정에서 어떤 상호교섭을 경험하게 되며, 또한 이를 통해 겪게 되는 내면화 과정이 무엇인지를 분석할 것이다.

(1) 학습 공동체: 친밀성과 학습

앞서 사회운동 내에서 정체성 작업을 촉진하는 과정으로서 네 가지 상호교섭의 과정을 구분하였다. 하지만 '텍스트'와 '이야기'라는 상호교섭의 과정은 특별히 구분되기 어려운 과정이다. 굳이 구분을 하자면, 텍스트는 조직 내부에서의 학습 과정을, 그리고 이야기는 친밀성을 바탕으로 한 일상의 대화를 의미하는 것이라 할 것이다. 그렇지만 실제 생활에서 두 과정을 구분한다는 것은 매우 어렵다. 사회운동이 특정한 이념의 실천 과정이라고 할 때, 자신의 이야기와 학습 과정은 끊임없이 서로를 수렴해가는 과정이기 때문이다. 두 과정이 명확히 구분되지 않는 이유가 그것이다. 따라서 이 두 과정은 학습 과정이라는 큰 테두리 안에서 논의될 수 있을 것이다.

90년 이전 대부분의 사회운동 단체들은 비합법 단체로 규정되어 있었기 때문에, 밖으로 드러나지 않았고, 학습 조직과 실천 조직이 구별되어 있는 경우가 많았다. 그렇지만 대부분의 사회운동가들은 어떤 형태의 학습조직에든 속해있는 것이 보통이었다. 아래의 보기는 보통의 소그룹 내에서 이루어지는 학습과 상호교섭 과정을 보여주는 것이다.

독자적으로 주변의 같은 사람들을 규합하기 시작합니다 (줄임) 한 서너 명 씩 핵심멤버로 규합을 하고… 그 다음에 이 사람들이 중심이 돼 가지고 인천 지역하고, 안양, 수원 지역, 안산 이 쪽에서 자기네들이 현장에 들어갈 수 있는 준비, 기술도 배우고, 다음에 연습 삼아서 노동자하고 접촉하는 훈련을 하는 거죠. 조그만 공장을 선택해 가지고, 이름없는 소써클을 만들어 나갑니다. 그러면서 그 때 당시의 운동권에서 벌어졌던 대부분의 논쟁들에 대해서 이 써클의 입장을 정리해 나가려고… 그래서 혁명의 성격을 둘러싼 문제나, 사회구성체에 대한 문제, 조직에 대한 문제, 이런 부분들에 대해서 이 써클이 자체적으로 입장을 정리해 나가려고…. (B4, 남, 73)

이처럼 사회운동가들은 일정한 형태의 소그룹에 속하면서, 현실에 대한 분석이나 사회운동의 목표에 대한 전략, 그리고 운동의 방법 등을 배운다. 이런 의미에서, 사회운동은 학습 조직이라는 특성을 가지게 된다.

이러한 학습 과정이 효과를 가지기 위해서는 어느 정도 친밀성을 전제로 한다. 앞서 지적한 것처럼, 모든 종류의 정보나 모든 사람의 이야기가 사람들에게 동일한 영향을 행사하는 것은 아니기 때문이다. 자신이 의미있게 생각하는 사람들의 정보나 이야기가 듣는 사람에게 의미있는 영향을 미치는 법이다. 따라서 개인의 인식과 행동 결정에 주변 사람들의 동의 과정은 매우 중요하다. 실제로 사람들이 갈등 상황에서 어떤 결정을 해야 할 경우, 도덕 원칙이라는 입장에서 행동을 결정하기 보다는 주변 사람들과의 '이야기'를 통해 결정하는 경향이 많다고 한다. '낙태 문제'가 그러한 보기라 할 수 있다. 보통 '낙태 문제'는 도덕 원칙이라는 차원에서 여성의 자기 몸에 대한 통제권과 태아의 생명권 사이의 갈등이라는 형태로 논쟁이 진행된다. 하지만 현실에서 많은 여성들이 '낙태 문제'를 결정할 때는 이웃한 다른 사람들과의 이야기 속에서 자신의 선택을 한다는 것이다.[24]

따라서 조직 내부의 친밀한 관계는 '텍스트'와 '이야기'가 개인에게 효과있기 위해 필요한 전제이다. 사회운동에의 참여로 맺어진 이들의 관계가 어떤 형태로든 현재까지 계속 이어져오고 있다는 점에서 참여자들의 친밀성을 확인할 수 있다. 거의 100%의 사람들이 어떤 형태로든 사회운동을 통해 만난 사람들과의 관계를 지속하고 있다. 이들의 관계는 혈연이나 지연 등과 같은 일차 관계를 넘어서, 자신에게 친밀한 관계를 형성하게 되는 것이다.

> 결국 운동하는 상태에서는 인제 그 본래 친했어야 할, 그러니까 지역적인, 내가 경상도 사람이면 경상도 사람하고는 친하지도 않고, 함경도 사람들하고도 일부 그렇고… 결국은 인제 이런 민주화운동에 뜻을 같이 하는, 소위 에큐메니칼, 인권문제나 민주주의 문제, 통일문제에 뜻을 같이 하는 사람들과 더 가깝게 지내고…. (A4, 남, 110)

이와 같은 친밀한 관계로 인하여 사회운동 관계자들은 각각 서로의 생각이나 행동에 큰 영향을 행사하게 된다. 물론 여기에서 이념이 친밀성에 우선하는가, 아니면 친밀성이 이념의 전제조건인가를 밝히려는 것은 아니다. 이념 차이로 인해 조직이 갈라지기도 하고, 또한 선후배라는 친밀한 관계가 오히려 이념 논쟁을 방해했다고 지적되기도 한다. 그렇지만 무엇이 먼저이든, '친밀한 관계'와 '정보'는

24 Alan Wolfe, *Whose Keeper?*(Berkeley: University of California Press, 1989), 238쪽.

개인의 정체성에 영향을 미치는 중요한 두 요소라는 것을 지적하는 것으로 충분할 것이다.

한편 90년대 이전의 사회운동가들에게 큰 영향을 끼친 또 하나의 소그룹 공동체가 있다. 그것은 감옥의 경험이다. 많은 운동가들이 감옥에서의 경험이 자신의 인식을 깊이있게 하는데 큰 역할을 했다고 말하고 있다.

> 나는 감옥에서도 운동이 있다고 한다면 (내 운동의 시작은) 감옥에서부터라고 이야기하고 싶습니다 (줄임) 감옥에서 운동이라는게 있다면, 그것은 북에서 내려온 사람이라든가, 빨치산 출신들도 굉장히 많았고, 단순 부역자들도 상당히 있었는데, 이런 분들이 사상전향을 거부함으로써 이런 분들의 대열에서 자연스럽게 살게 되었습니다. 그런 분들의 이런 감옥에서의 운동도 운동이라고 생각한다면 운동일 것입니다 (줄임) 노선적으로 이야기하면 역시 그 분들의 100%가 민족해방운동노선이었기 때문에, 나는 어렸을 때의 민족주의에의 동정에서 시작해서 감옥에서 민족해방운동의 대의에 참여하는 그런 자연스런운 길을 가게 되었다고 할 수 있습니다. (A6, 남, 132)

> (감옥의 장기수들) 그 양반들하고 이야기하고 그러면서 내가 이제 반공의 벽, 그걸 완벽하게 깼지. 그때 내가 사회주의자가 된다든가, 공산주의자가 된다든가 이런 것이 아니라, 그런 이념적 편견이나 선에서 벗어나게 되는 거야. 가정적인 그런 환경, 그런 것에서 완전히 벗어나게 되버렸어. (A7, 남, 165)

외부와 단절된 집단, 그리고 같은 처지에 있다는 현실은 그들로 하여금 서로에 대한 결속감과 그로 인한 서로의 영향을 심화시켰을 것이라는 점을 어렵지 않게 짐작할 수 있다. 그것을 한 운동가는 이렇게 표현한다. "그 징역살이 하면서 뭐, 토론을 오직 많이 하겠습니까? 한 방에 앉으면은…"(B1, 남, 26). 감옥 역시 학습 공동체로서 역할을 했다고 볼 수 있다.

(2) 의례 : 공동체성의 확인

의례는 이들에게 서로의 하나됨을 확인하는 기회이자, 사회운동의 목표와 현실 인식에 헌신할 수 있는 기회가 된다. 이미 의례적 행위를 통해 민주적 가치들이 집합의식으로 부상되는 과정들을 분석한 연구가 있다.[25] 의례적 행위들로는 비교적 제도화된 유형의 '추모식'과 '철야기도' 등과, 비제도화되고 우발적인 형태의 가두시위와 단식투쟁 등이 있다. 그에 따르면, "의례는 하나의 드라마이자 의사소통의 매체로서 의례가 지향하고 재현하는 상징과 가치의 성스러움을 관람자에게 전달하고, 공감대를 형성시키며, 성스러운 가치에 대한 잠재된 의식을 일깨우는 역할"을 한다.

무엇보다도 군사정권에 반대하면서 사회운동 세력들이 저항의 상징으로서 동원한 대표적 의례는 전통문화에서 찾을 수 있다. 이들은 지배세력의 문화적 지배를 저항하는 상징적 수단으로서 민중들의 전통문화를 선택했고, 이를 통해 자신들의 통합성과 유대감을 드러냈다. 이에 대한 경험을 한 사회운동가는 다음과 같이 표현한다.

25 박선웅, 윗글, 38쪽.

70년대 초반 봉산탈춤 이런 걸 통해서 한국의 전통문화를 복원하는 운동이 서울 문리대에서 발생하는데 그 첫 장이 데모대에 선봉으로 나타났어요. 이게 운동에 굉장한 충격과 자극을 주었습니다. (A1, 남, 9)

이후 시위 현장에서 농악이나 풍물패의 등장은 자연스러운 시위의 한 순서가 되었다. 이를 통해 시위 집단의 동질성을 이끌어내고, 자신들의 민중지향성을 확인하게 되는 것이다. 실제 1980년대 중반 무렵 거의 모든 노동조합에서는 풍물패, 탈춤반, 그외 다른 문화활동이 생겨난다. 이런 문화활동은 노동자들의 연대를 높이고, 수동적인 일반 노동자들을 노동운동에 끌어들이는 데 중요한 역할을 하게 된다. 노동자들은 나중에 간단한 북이나 징의 장단, 또는 농민 춤만으로도 심리적, 사회적 장벽을 넘어 동료의식을 느끼게 되는 것이다.[26] 물론 사회운동에서의 의례가 '전통문화'라는 형식에만 국한되지는 않는다. 시위는 말할 것도 없고, 기도회 등도 의례의 한 형태로서 기능하게 된다. 당시 시국 기도회에 참석했던 사회운동가는 그때의 경험을 다음과 같이 기억한다.

참 신선한 그룹 대화도 하고, 그러면서 철야기도를 했어요… 그리고 그날 우리가 모금을 했는데, 그 감격스러운 것은 어떤 수도자가, 73-4년에는 시계가 그래도 별난거야, 그 시계를 넣은거야. 이런 것도 있었고… 참 좋았어요. 그 마음의 체험이 참 아름다웠는데…. (A9, 남, 186)

무엇보다도 서로 간에 형성된 강한 친밀감 속에서 진행되는 대화

---

26 구해근, 『한국 노동계급의 형성』(신광영 옮김)(서울: 창작과비평사, 2003), 218-219쪽.

는 서로의 집합의식을 확인하고, 서로의 헌신을 다짐하는 자리이다. 또한 한 사람의 헌신이 전염되어 사회운동에 대한 모두의 헌신을 이끌어내는 계기로 작용하는 것이다.

시위 또한 의례적 성격이 강한 활동이다. 사람들은 시위 참가를 통해서 '우리' 집단에 응집력을 강하게 경험하고, 자신들의 활동에 대한 강한 도덕적 판단을 하게 된다.

> 근데 다리가 막 떨려. 처음이니깐, 데모를 해 본적이 없잖아. 지금은 잘 하지만… 그리고 다 제의를 입고 나갔잖아요. 우리가 그대로 그냥. 명동에 얼마나 8시에 사람들이 많아요? 쭉 뚫고 나갔는데, 쭉 나가서 로얄호텔 앞까지 갔는데, 근데 지나가는 사람들이 이걸 보고 박수를 치는 거야. 막 박수를 치는거야 (줄임) 그러니까 우리보고 데모하라고 했던 신자들이 너무 좋아하는거야. 그리고 그 분들이 글을 쓰는데 나중에 보지만… 아, 그때가 정말 살아있는 교회를 봤다고… 또 막 글을 쓰니까 그럼 우리가 또 힘이 나잖아.(A9, 남, 189)

의례 행위는 참여자들만의 결속감과 가치 판단을 촉진하는 것은 아니다. 그것을 지켜보는 관람자들까지도 자신의 집단에 통합시키고, 의식을 일깨우는 역할을 한다. 터너에 따르면, "의례는 하나의 드라마이자 의사소통의 매체로서 의례가 지향하고 재현하는 상징과 가치의 성스러움을 관람자에게 전달하고, 공감대를 형성시키며, 성스러운 가치에 대한 잠재된 의식을 일깨우는 역할"을 한다.[27] 위의 인용문에서처럼, '가두 시위'라는 의례는 참여자들의 결속감 뿐만 아

27 박선웅, 윗글, 38쪽.

니라, 그것을 보는 관람자들과의 일체감을 낳음으로써 외부 집단과 구별되는 '우리 집단'의 의식을 확장, 강화시킨다. 이것이 집단 정체성을 재확인하게 하며, 자신의 정체성을 집단의 그것과 조율하는 강력한 기회가 된다는 점은 당연할 것이다.

(3) 외부인 또는 적대자들과의 상호교섭

앞서 설명한 '텍스트,' '이야기,' '의례'와 같은 상호교섭은 주로 사회운동 집단 내부의 구성원들 사이에 벌어지는 것들이다. 하지만 외부의 구성원들 또는 적대자들과의 상호교섭의 기회도 갖게 된다. 신규 회원을 모집하기 위해 다른 사람들에게 자신이 속한 사회운동 조직을 설명해야 하는 경우나, 거리에서 시위를 벌이는 경우 등이 거기에 해당한다. 외부인들과의 이러한 상호교섭은 또 다른 형태로 '정체성 작업'을 돕는 역할을 한다.

먼저, 외부인들과의 접촉은 '시민 기술'을 배우는 기회가 된다. 여기서 '시민 기술'이란 푸트남이 사용한 개념으로, 사람들이 자원 결사체에 참여하게 되면서 배우게 되는 다양한 기술을 의미한다.[28] 곧, 다른 사람들 앞에서 자신의 주장을 펼치는 기회, 또는 공무원들과 협상하고, 회의 등 다양한 활동을 기획하는 가운데 얻게되는 다양한 능력을 일컫는 말이다. 실제 어떤 형태의 조직이든, 곧 사교조직이라 할지라도, 조직에 소속된 사람이 그렇지 않은 사람에 비해서 자신들의 정치 역량을 더 높이 평가한다는 연구가 있다.[29] 이것

28 Putnam, Robert, *Bowling Alone: The Collapse and Revival of American Community*(New York: Simon & Schuster, 2000), 290쪽.

29 Cabriel Almondl/Sidney Verba, *The Civic Culture: Political Attitudes and Democracy in*

은 조직에 소속됨으로써 사람들은 일정한 정치의 역할을 배우게 된다는 의미이다. 곧 조직 내부에서 참여에 대한 훈련을 받을 수 있는 기회를 제공해주고, 따라서 정치 영역에서의 참여에 대한 기대감과 개인의 정치 역량을 향상시키기 때문이라고 해석된다. 물론 90년대 이전 대부분의 사회운동 조직이 비합법 조직이었다는 점을 고려한다면, '시민 기술'이라는 것을 습득할 수 있는 기회가 많지 않았을 것이다. 하지만 비슷한 형태의 '참여 기술'을 배울 수 있는 기회는 있었다. 자신들이 지향하는 민중이나 노동자들과의 접촉을 통해서이다.

> 그때부터 시작한게 소위 농활도 해보고 공장활동… 방학을 기해서 농활도 해보고, 또 뭐 빈민활동도 들어가보고… 그 때 나는 주장하기를 일부러 범죄를 해서라도 감옥에도 좀 가고, 학생이… 이 기간 동안 여러 가지 사회의 그늘진 곳을 경험해 봐야 한다. 그게 나중에 KSCF가 정치운동에 참여하고 나중에 도시빈민운동이라던지 산업선교회라던지, 이런 데에 참여하게 되는 하나의 계기가 된 거 같아요. (A4, 남, 104)

앞서도 인용한 바가 있지만, 농촌활동이나 공장활동 등에 참여하면서, 사회운동가들은 "현장에 들어갈 수 있는 준비, 기술도 배우고," "노동자하고 접촉하는 훈련을" 하는 것이다. 그리고 자신과 뜻을 같이 하는 소그룹을 만드는 기회를 갖게 된다. 이러한 상호교섭은 사회운동가로서의 자신의 역량에 긍정의 역할을 하게 된다. 다시 말하면, 사회운동가로서 자신의 '정체성의 기능'에 대한 평가, 곧 할

Five Nations(Princeton: Princeton University Press, 1972), 309-312쪽.

수 있다는 자신감을 심어주는 역할을 하는 것이다.

또한 외부인들과의 상호교섭은 단순히 '기술적 능력'을 습득하는 기회일 뿐 아니라, 자신의 정체성을 재확인하는 기회가 되기도 한다. 외부인 또는 적대자들에게 자신의 활동을 설명하는 과정은, 다시 말하면, 자기 자신을 설득하는 과정이기도 하기 때문이다. 다른 사람을 설득하면서, 또한 그들의 도전을 받으면서, 자신의 정체성을 재확인할 수 있게 된다. 때문에 노동자들과의 만남을 통해서 운동의 방향이나 노선을 재정립하는 경우도 나오게 된다.

> 민중 속에서 민중이 사는 것처럼 살고 그 겪는 희노애락을 다 겪고… 그래야 그들과 함께 그 눈으로, 그 심정으로, 그 분노로 싸울 수 있다. 그래야 똑바로 보고 제대로 싸운다. (A2, 남, 28)

이처럼 '민중'은 이들에게 교육의 대상이기도 했지만, 동시에 자신들이 배워야 할 스승이기도 했다. 따라서 사회운동가들이 공장에 위장 취업을 하는 것은 노동자들을 조직하는 기회이면서, 동시에 자신들의 정체성을 다시 확인하고 정립하는 시간이기도 한 것이다.

(4) 내면화 과정 : 선택적 구성

결국 사회운동에의 참여를 통해서 경험하게 되는 다양한 상호교섭은 내면화 과정을 통하여 자신의 정체성으로 확립하게 된다. 앞서 내면화과정을 크게 '인지부조화'와 '선택적 구성'으로 구분한 바가 있다. 이 구분에 따르면, 사회운동 참여자들이 참여 과정을 통해서 얻게 되는 내면화 과정은 '선택적 구성'이라고 할 수 있다. 앞에서 분석했던 것처럼, 사회운동 참여자들은 처음부터 어느 정도의 공공에 대한 관심에서 출발하였다. 따라서 이들이 사회운동 과정에서 새로운 정체성을 획득하였다고 보기는 어렵다. 오히려 이들이 처음에 가졌던 문제의식이 사회운동 참여 과정을 통하여 좀 더 명확해지고 강렬해지는 경험을 하게 되었다고 볼 수 있을 것이다. 다음의 두 인용문을 사회운동의 참여가 어떤 방식으로 내면화되고 있는가를 잘 보여준다.

> (지학순 주교가 조건부로 석방되었는데) 그 날도 논의가 참 뜨거웠어요. 지금까지 그 이야기가 똑같은 건데, 교회가 변해야 된다, 교회가 민족과 함께 해야 된다, 정치도 변해야 된다, 사회도 변해야 한다. 그러니까 그 당시에 제 2차 바티칸 공의회에서 나온 모든 문서가 신자들의 입을 통해서, 수도자의 입을 통해서, 신부들의 입을 통해서 전부 다 나온 거예요. (A9, 남, 186)

> (구속자 가족들이) 모여서 정치범 동지회도 만들고, 가족들이 모여서 석방대책위도 만들고 그랬는데, 지속적으로 유지되지는 않았고, 그 시기 감옥에 들어가고 나오면 또 흩어졌다고, 사건 나면 또 모이고… 이런 과정들이었는데, 민가협은 그런게 상설화되는 거죠. 이전까지는 변호사 그룹이라든지, 종교쪽에 도움만 받던 입장에서 자기 얘기를 조직화하고 또 자기 얘기를 적극적으로 해 나가는… 그러면서 하나의 운동 단위로 서게 되는 그런 것이 민가협의 역사적 의미라고 볼 수 있겠구요. (B3, 남, 57)

두 인용문에서 알 수 있는 것처럼 이들에게 새로운 정체성이 생기거나 사라진 것은 아니다. 이들에게 사회 현실과 자신의 상황에 대한 이해도 이미 존재하고 있었다. 곧, "제2차 바티칸 공의회에서 나온 문서"를 이전에 몰랐던 것도 아니고, 또 구속자 가족들의 현 상황에 대한 이해가 없었던 것도 아니었다. 다만 사회운동 참여 과정, 곧 사회운동 안에서의 다양한 상호교섭을 통하여, 그 내용들을 자신들의 것으로 만들 수 있었던 것이다. 이러한 내면화 과정을 이들은 "신부들의 입을 통해서" 또는 "자기 얘기를 조직화하고 또 자기 얘기를 적극적으로 해 나가는" 등의 말로 표현하고 있는 것이다.

3) 참여 결과

릭터만은 환경운동 활동가들에 대한 그의 연구에서, 사회운동 조직을 두 종류로 구분하고 있다.[30] '공동체' 조직과 '개인' 조직이 그것이다. 이러한 조직의 특성은 정체성의 내용이 구성되는 방식과도 밀접한 관련이 있다. '공동체' 형태의 조직에 참여하는 사람들은 사회운동가로서 자신의 정체성을 연대 집단 정체성의 일부로서 인식한다. 다시 말하면, '민족,' '노동자,' '민중,' '교회' 등 자신들의 운동이 뿌리를 두고 있는 집단의 일부분으로서 자신의 정체성을 구성하는 것이다. 사회운동가로서의 자신의 역할을 '민족'이나 '교회'와 같은 집단 정체성의 일부로서 생각한다는 것이다. 반면 '개인' 형식의 조직에 참여하는 사회운동가들은 자신들의 정체성을 집단의 정체성의 일부로서 인식하지 않는다. 이들은 사회운동 조직과는 약한 결속으로만 연결되어 있으며, 개인의 선택에 따라서 다양한 사회운동으로 쉽게 이동한다. 또한 이들의 '정치화된 자아'는 직업, 가족, 그리고 여가 활동에까지 확장되어, 인생의 중요한 결정 뿐 아니라 일상생활

30 Paul Lichterman, *The Search for Political Community: American Activists Reinventing commitment* (Cambridge: Cambridge University Press, 1996), 116-117쪽.

의 작은 결정에까지도, 사회운동가로서의 자신의 정체성과 일치시키려고 한다.

이러한 구분에 비추어 볼 때, 90년대 이전의 사회운동은 대부분 '공동체' 형식의 사회운동 조직에 가깝다. 참여 동기 측면에서 보았을 때, 90년대 이후 활동가들은 58.2%가 사회운동의 목적에 공감해서 스스로 선택을 했다고 응답한 반면, 90년 이전의 활동가들은 그 비율이 43.5%로 상대적으로 낮은 비율이다. 더군다나 나이가 젊을수록 처음부터 자신의 선택으로 사회운동에 참여하게 되었다는 응답의 비율이 월등하게 높다. 이것은 90년대 이후보다 90년대 이전 사회운동가들이 자신들의 정체성을 집단 정체성의 일부로서 파악하고 있다는 사실을 간접적으로 보여주는 것이다. 이 점은 이들의 인터뷰에서 '민족,' '민중,' '노동자' 등이 강조되고 있다는 사실에서도 확인할 수 있다.

사회운동 조직의 이런 특성은 정체성 변화에 일정한 영향을 미친다. 앞선 분류 기준에 비추어 볼 때, 사회운동에의 참여가 이들의 '정체성 체계'에 급격한 변화를 야기시키지는 않는다. 곧, 새로운 정체성을 얻게 된다든지, 아니면 기존 정체성 체계에서 우선순위나 중요도의 변화가 일어난다고 보기는 어렵다. 그러한 변화는 사회운동 참여 이전의 경험에서 그 원인을 찾을 수 있을 것이다. 이들이 사회운동에 참여하면서 겪게 되는 정체성의 변화는 '수준의 변화'라고 할 수 있다. 민족의 일원으로서, 또는 성직자의 한 사람으로서 새로운 정체성을 얻게 된 것은 아니지만, 사회운동 과정을 통해서 사회운동가로서의 자신의 역할을 정체성 가운데 포함시키게 되는 것이다. 곧, 과거의 수동적 지지자로부터 적극적인 참여자로서의 변화 과정을 겪게 된다.

한편 사회운동에의 참여가 '정체성의 의미'라는 측면에서 미치는 영향 또한 확인할 수 있다. 곧, 사회운동 참여 경험은 정체성의 '기능'과 '표상'에 대한 자신들의 평가에 영향을 미친다. 먼저, 사회운동에 참여함으로써 사람들은 "할 수 있다"는 자신감을 얻게되고, 자신의 역할이 변화를 이끌어낼 수 있다는 믿음을 갖게 된다. 이것은 사회운동 참여를 통해 얻게 되는 가장 일반적인 변화이다. 실제 사회운동 참여 경험에 관한 인터뷰에 의하면, 사회운동 참여 경험은 스스로의 역량에 대한 자신감과 성취감을 낳게 하여, 사회운동에 대한 긍정의 인식을 갖게 한다.[31] 참여자들의 인식을 넓히며, 주체로서의 자신감을 갖게 되고, "해 봤자 별 볼 일 없다"는 패배 의식을 극복하고 자신의 역량을 확인하는 기회가 된다는 것이다. 따라서 사회운동에의 참여는 또 다른 참여를 이끌어내는 원인이 된다고 할 수 있다. 둘째, 사람들은 사회운동에 참여함으로써 자신들의 정체성을 좀 더 우호적인 이미지와 결부시킴으로써 정체성에 대한 표상들을 바꾸고 있다. 노동자로서 공장에 다니다가 뒤늦게 대학에 입학한 사회운동가가 있다. 그가 뒤늦게 대학에서 공부를 결심한 이유를 이렇게 설명한다. 같이 공장에서 일하던 친구들이 죽기도 하고, 손이 잘리기도 하는 등의 모습을 보면서, 노동자로서 환멸을 느끼게 되었다는 것이다. 노동자로서 권익을 찾으려 했기 보다는, 개인적으로 회피하기 위한 수단으로 대학 진학을 선택했다. 당시에는 영업직 사원이 부러웠기 때문이다. 하지만 사회운동 참여 이후 노동자로서의 부정

31 이승훈, 『한국 사회의 '시민됨' 형성 과정: 자발 결사체 참여 경험을 중심으로』(연세대학교 사회학과 박사학위 논문, 2002), 91-95쪽.

적 이미지를 버리게 된다.

> 내가 공장을 떠나온 게 무지하게 죄스럽고… 그런 일을 겪으면서 같이 어려운 사람과 어떻게 해결할 것인가가 아니라, 거기서 빠져나와서 대학에 들어와 신분상승을 꿈꾼 이 사고에 대해서 죄스럽더라고…. (B13, 남, 232)

노동자로서 자신의 신분에 대한 부정적 이미지를 버리게 된 것이다. 한국 노동계급 형성에 있어서 노동자들 스스로 자신들에 대한 긍정적 이미지 형성이 매우 결정적인 요소라고 지적된다. 과거 "공돌이 또는 공순이"라는 부정적 이미지를 벗어 던지고 "나는 노동자다"라고 말하게 될 때, 그것은 사회에서의 자신들의 위치를 긍정하고 동시에 다른 노동자들과의 연대의식을 표현하는 것이라 볼 수 있다는 것이다. 글쓴이는 그러한 변화의 원인을 집단적 투쟁의 경험과 진보적 교회나 학생운동과 연계된 야학 및 소모임 등의 활동에서 찾고 있다.[32] 이처럼 사회운동에의 참여 경험은 자신이 속한 집단을 우호적으로 규정하고, 다른 외부 집단을 비우호적으로 규정함으로써, 집단 의식을 형성하게 한다.

4. 나오는 말

앞서 밝힌 것처럼, 사회운동에의 참여는 공공성 형성의 결과이기도 하지만, 동시에 그 원인이 되기도 한다. 하지만 한국의 사회운동

32 구해근, 윗글, 209쪽.

가들의 경우, 사회운동 참여가 공공 정체성의 형성의 원인이라기 보다는, 그 결과로 해석된다. 사회운동 참여 동기가 공공의 관심으로부터 출발했기 때문이다. 이들이 타인이나 공동체 등에 대해 관심을 가지게 된 최초의 배경은 가족, 학교 교육, 종교 등과 같은 요인들에서 찾을 수 있었다.

하지만 이들은 사회운동 참여 과정을 통하여 초기의 공공 정체성을 확대 또는 심화시키고 있었다. 이러한 변화는 사회운동 내에서 경험하게 되는 다양한 상호교섭 때문으로 해석될 수 있다. 사회운동 조직에서 형성된 친밀한 관계, 그리고 그 안에서 진행되는 학습과 토론 과정, 시위나 문화행사 등과 같은 의례에의 참여, 또한 사회운동 외부 집단이나 적대자들과의 만남의 과정을 통해서 얻게 되는 다양한 기술과 지식 등이 사회운동 참여자들의 기존 정체성에 변화를 주는 요인으로 지적되었다. 이를 통해 사회운동 참여 과정에서 겪게 되는 구체적인 경험 내용을 확인할 수 있었다.

물론 이러한 상호교섭의 과정이 참여자의 정체성에 급격한 변화를 일으키지는 않는다. 하지만 기존 정체성의 특정한 부분을 심화하고 확대하는 역할을 하고 있다. 이를 '선별적 구성'이라는 내면화 과정을 통해 설명하였다. 결국 사회운동 참여자들은 정체성의 '수준', 그리고 '기능'이나 '표상'이라는 측면에서, 처음과는 다른 정체성의 변화를 겪게 되는 것으로 보인다.

하지만 지금까지의 논의는 90년대 이전의 사회운동가들을 중심으로 한 것이다. 당시의 사회운동이 대부분 비합법적 조직에서의 비공개 활동이었다는 특수성을 고려해야 할 것이다. 따라서 이러한 논의를 모든 사회운동의 경우에 일반화시키기는 힘들 것이다. 이를 보완하기 위해서는, 90년대 이후에 등장한 합법적 사회운동단체들에 대한 연구, 그리고 상근자 등과 같은 전문 활동가들 이외에 회원으로 참여하고 있는 일반 시민들에 대한 분석도 필요로 한다.[33] 그렇게 될 때, 사회운동에의 참여가 공공의 정체성에 미치는 영향을 총제적으로 파악할 수 있을 것이다.

이승훈. 『경제와 사회』 제66호. 2005년 여름.

33 90년대 이후 등장한 합법적 사회운동 단체 회원들을 대상으로 한 연구(이승훈, 윗글)에 따르면, 사사로운 관심에서 사회운동에 참여한 사람들이 참여 과정을 통해서 점차 공공의 정체성을 구성해가는 과정을 확인할 수 있다.

찾아보기 INDEX

ㅇ

한국의 시민과 시민 사회

- 사사로운 개인에서 공공의 시민으로

2010년 11월 25일 초판인쇄
2010년 11월 30일 초판발행

지은이 | 박영신 · 이승훈
펴낸이 | 이찬규
펴낸곳 | 북코리아
등록 | 제03-01240호
주소 | 121-801 서울시 마포구 공덕동 115-13번지 2층
전화 | 02-704-7840
팩스 | 02-704-7848
이메일 | sunhaksa@korea.com
홈페이지 | www.북코리아.com
값 13,000원

ISBN 978-89-6324-091-6 (93330)